Japandi Deko

Minimalismus im japanisch-skandinavischen Stil

SANDRA LOSCH
@chalet8_diy

Mit **ausführlichen** Anleitungen

CV

Inhalt

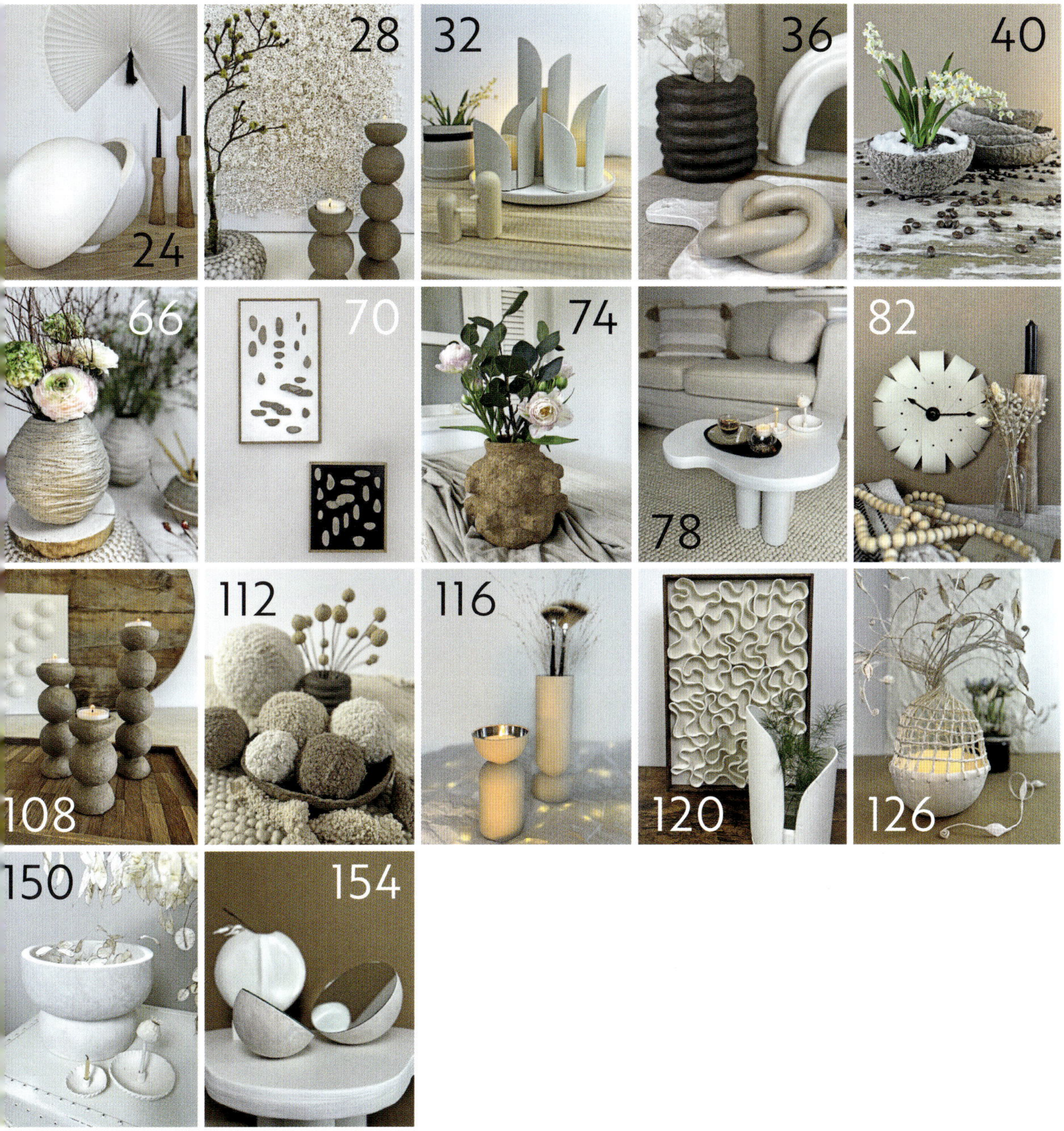
24
28
32
36
40
66
70
74
78
82
108
112
116
120
126
150
154

Japandi

Japandi ist ein Wohntrend, der Eindrücke aus Japan und Skandinavien miteinander vereint. Mischt man die Worte Japan mit Scandi, kommt Japandi dabei heraus.

Dieser Wohnstil zeichnet sich durch eine reduzierte Ästhetik aus, bei dem sehr auf Funktionalität geachtet wird, ohne dabei jedoch die Gemütlichkeit aus dem Blick zu verlieren. Die Wohnaccessoires im Japandi-Stil sind schnörkellos, oft geometrisch, klar und eher schlicht. Zum Teil sehen sie auch eher unperfekt aus.

Eng verwoben mit dem Japandi-Stil ist daher auch der Begriff ***Wabi-Sabi****. Wabi-Sabi steht für eine Ästhetik, die etwas unfertig, verwittert und fast schon ein wenig unbeholfen aussieht. Daher eignet sich dieser Stil wunderbar für DIY-Projekte. Es muss nichts perfekt sein, sondern gerade das Unperfekte, Improvisierte, Rudimentäre und mit Patina Behaftete hat seinen Liebreiz.*

Im Japandi-Stil darf aber keinesfalls zu viel Deko eingesetzt werden. Die Betonung liegt auf Statement-Deko und Minimalismus. Weniger ist mehr. Besonders die Bodenfläche sollte weitestgehend unverstellt und fließend sein. Beim Japandi-Stil legt man mehr Wert auf einige zielgesetzte Eyecatcher und Designerstücke. Damit geht der Trend auch weg vom Konsum und Klein-Klein-Nippes.

Bei aller Liebe zu Einfachheit und Purismus darf aber keinesfalls das Wohlbefinden zu kurz kommen. Die Dänen bringen es mit dem Begriff „hygge" gut auf den Punkt. Hygge bedeutet so viel wie Gemütlichkeit und umfasst nicht nur den Wohnstil, sondern ist mehr eine umfassende Lebensphilosophie. Lebe und wohne einfach und entspannt, ohne Kapriolen und Etikette.

Die Farbwelt im Japandi-Stil lässt sich am einfachsten als „unbunt" beschreiben. Helle, sanfte Töne wie Weiß, Beige, Nude herrschen gerne vor und paaren sich mit Akzenten von dunklen Erd- oder rauchigen Grünnuancen.

Beliebte Materialien bei diesem Wohnstil sind Bambus, Rattan, Baumwolle, Ton, Terrakotta, Steingut, Papier und Holz – dabei speziell die dunklen Holzarten.

Über dieses Buch

Dekorationsobjekte im Japandi-Stil kann man wirklich hervorragend selbst machen. Nichts muss hundertprozentig perfekt oder akkurat sein. Wer Freude dabei hat, mit den Händen plastisch zu gestalten, ist hier genau richtig. Es wird häufig gematscht mit diversen Werkstoffen wie Pappmaché, Betonpaste oder Modelliermasse. Ungewöhnliche und spannende Materialien wie Fugenfüllprofil, Spachtelmasse, Abwasserrohre, Verbandsmaterial usw. kommen zum Einsatz. Vieles, was hier verwendet wird, findet man sonst im Baugewerbe. Man muss aber keinesfalls ein Handwerk gelernt haben, um diese Projekte umzusetzen. Man sollte sich allerdings trauen, im Baumarkt nicht nur die Blumen- und Bastelecke zu betreten. Die Ideen in diesem Buch vereinen Basteln mit Werkeln. Das umfasst genau das, was ich persönlich unter ***DIY (Do It Yourself)*** *verstehe.*

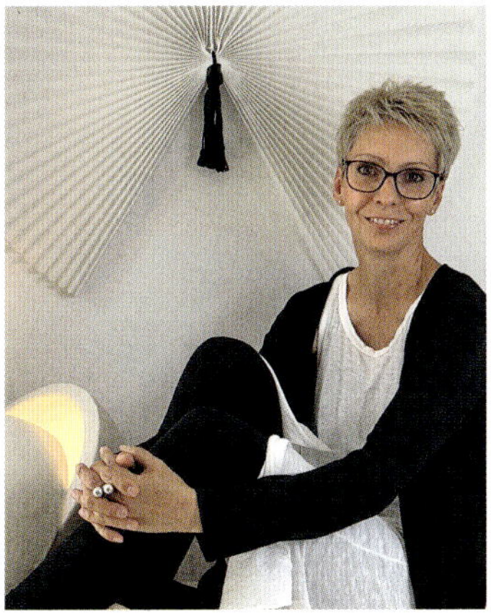

Über die Autorin

Sandra Losch ist DIY-Bloggerin und lebt im wunderschönen Chiemgau, nennt ihr Heim liebevoll ***„Chalet8"*** *und ist ein wahrer Kreativgeist. Ob kleinere Basteleien oder größere handwerkliche Holzarbeiten, sie nimmt jede kreative Herausforderung an. Dabei greift sie gerne zu sehr ungewöhnlichen Materialien oder nutzt Dinge, die eigentlich schon entsorgt werden sollten.*

Ihre fertigen Werke sollen möglichst lange das Herz erfreuen und gut miteinander harmonieren.

Frei nach Loriot sagt sie: „Ein Heim ohne selbst gemachte Deko ist nur ein Haus." Ihre kreativen Inspirationen teilt sie täglich auf Social Media und einen klassischen Blog betreibt sie auch.

Instagram: @chalet8_diy *Blog: www.chalet8.org*

Material und Tipps

KREIDEFARBE

Kreidefarben haften allgemein prima auf sämtlichen Untergründen, und das ohne große Vorbereitungen, was ihre Anwendung extrem angenehm macht. Die schönen matten Kreidefarben gibt es von verschiedenen Herstellern.

Empfehlenswert sind beispielsweise die Kreidefarben von Rust-Oleum. Es gibt sie in kleinen und größeren Gebinden zum Pinseln und auch als Spray. Besonders die Farben Antik-Weiß und Jute passen hervorragend zum Japandi-Stil.

Auf Spachtelmasse und Betonpaste hält die Kreidefarbe allerdings nicht so gut. Beim Trocknen entstehen Risse in der Farbe. Es ergibt sich dann eine Craquelé-Optik.

Dafür gibt es aber eine Lösung: Kreidefarbe mit Holzleim vermischen (3:1). Evtl. ein paar Tropfen Wasser dazugeben. Es soll eine homogene, streichfähige und deckende Masse werden. Der Leim verhindert, dass die Farbe beim Trocknen abplatzt.

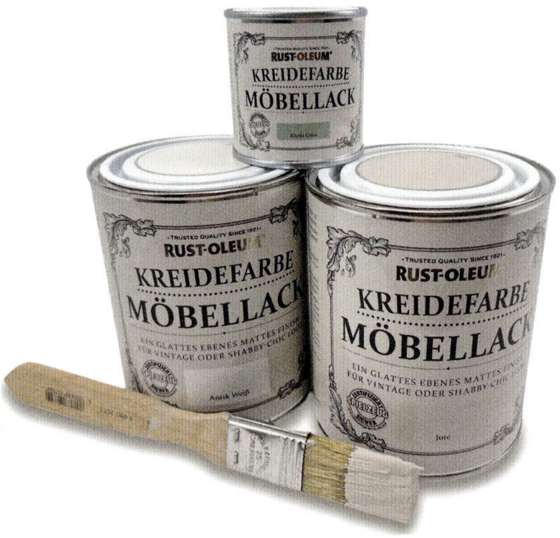

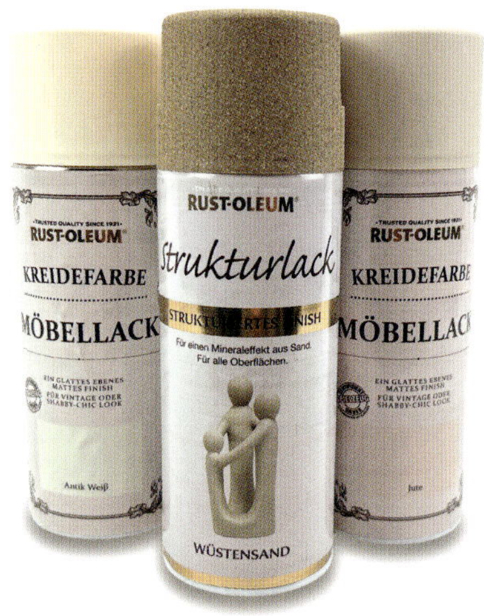

SPACHTELMASSE

Spachtelmassen sind super geeignet, um Übergänge zwischen Materialien zu kaschieren. Es gibt sowohl Spachtel zum Selbst-Anrühren als auch gebrauchsfertigen Spachtelmasse. Die gebrauchsfertigen haben eine quarkähnliche Konsistenz und sind äußerst komfortabel.

Sehr empfehlenswert sind gebrauchsfertige Spachtelmassen, die rissfest und für den Außenbereich geeignet sind. Diese Spachtelmassen härten stark aus. Daher sind sie hervorragend geeignet für weiche, flexible Untergründe, die man aber starr bekommen möchte. Beim Arbeiten mit Spachtelmasse sind Einmalhandschuhe nicht unbedingt notwendig. Wenn man allergisch oder empfindlich gegenüber der Inhaltsstoffe ist, sollte man aber besser Handschuhe tragen.

Ist der Untergrund bereits starr und man möchte nur die Oberfläche etwas glätten, kann man auch eine andere Spachtelmasse verwenden, die nicht explizit rissfest ist. Man kann jedoch ebenso aus dieser Sorte eine Masse zaubern, die für flexible Untergründe geeignet ist. Wie das geht, wird unter „Betonpaste“ beschrieben.

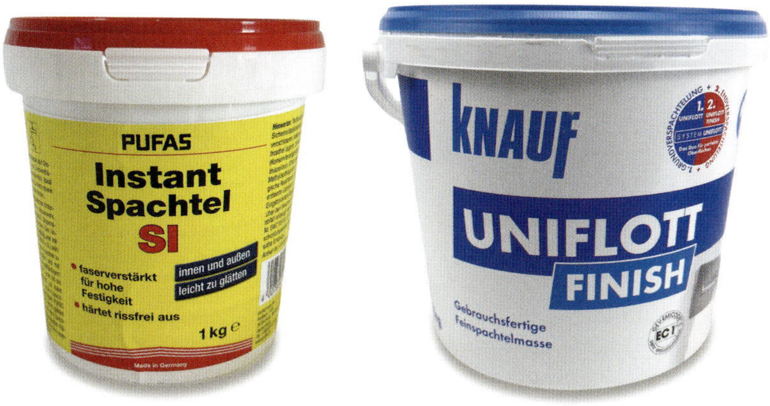

Material und Tipps

BETONPASTE

Betonpaste kann man fertig abgemischt im Bastelbedarf kaufen. Wenn man nur ein kleines Projekt realisieren möchte, ist das sehr empfehlenswert.

Man kann aber auch Betonpaste selbst machen: Betonpulver, Fertigspachtel, Wasser und ggf. Holzleim mischen.

MISCHVERHÄLTNIS

Eine genaue Mengenangabe ist schwierig, weil sie von vielen Faktoren abhängt. Es ist ein bisschen Gefühlssache. Als grobe Orientierung kann man erst mal mit 2 EL gebrauchsfertiger Spachtelmasse und 1 TL Beton anfangen.

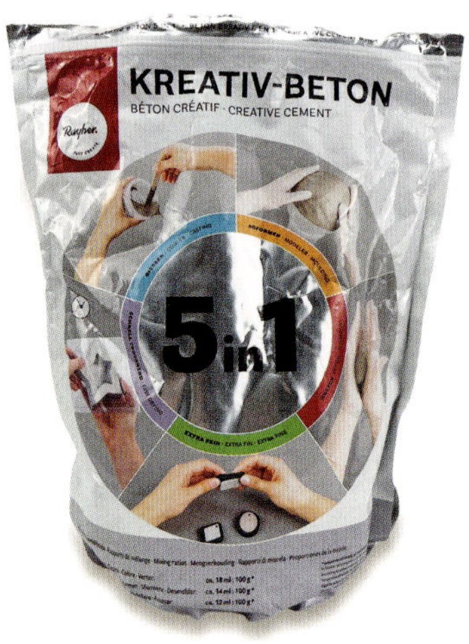

Formt man mit der Betonpaste noch Strukturen aus, ist eine grobe und feste Masse besser. Hierfür fügt man der Spachtelmasse entsprechend mehr Beton bei. Um feine Risse im Werk auszubessern, ist die Zugabe von einer Prise Beton ausreichend. Allerdings sollte man hier unbedingt Holzleim hinzufügen, der kittet den Riss zusätzlich.

Möchte man nur eine vorhandene Struktur fein überdecken, nutzt man die Spachtelmasse mehr oder weniger ohne Beton.

Die selbst gemachte Betonpaste hat den Vorteil, dass man die Konsistenz und Eigenschaften nach Belieben variieren kann, indem man das Mischverhältnis verändert. Der Nachteil ist, dass man die angemischte Masse nicht lange aufbewahren kann, weil sie innerhalb von Stunden eintrocknet. Die fertige aus dem Bastelbedarf trocknet allerdings auch nach einigen Monaten im Topf ein.

Beim Arbeiten mit Beton/ Betonpaste sollten immer Einmalhandschuhe getragen werden, da Beton ätzend ist.

SCHLEIFPAPIER

Andere Begriffe für Schleifpapier sind Sandpapier oder Schmirgelpapier. Man unterscheidet grundsätzlich zwischen Trocken- und Nassschleifpapier. Es gibt Schleifpapiere für verschiedene Materialien wie Holz, Metall oder Stein. Ferner unterscheidet man dann noch den Grad der Körnung. Je höher die Zahl der Körnung, desto feiner ist das Schleifpapier.

Man startet in der Regel mit einer groben Körnung und beendet den Schleifprozess mit einer feineren. Für die Projekte in diesem Buch eignen sich Trockenschleifpapiere für Holz sehr gut. Ebenso kann man auch Nassschleifpapiere für Metall verwenden, man muss diese nicht zwangsläufig nass nutzen. Es gibt auch spezielle Schleifblöcke und elektrische Schleifmaschinen. Entsprechend sind die Schleifpapiere für diese Geräte dann rund, dreieckig oder länglich. Für die DIYs, die hier vorgestellt werden, benötigt man solche Tools aber nicht zwingend. Man kann einfach einen Din-A4-Bogen Schleifpapier mit den Händen in Stücke reißen und damit über das Werkstück schmirgeln.

VERSIEGELUNG

Zur Versiegelung von Kreidefarbe oder Betonpaste kann man verschiedene Materialien verwenden. Beispiele:

matten Klarlack auf Wasserbasis
Acryl-Firnis
farbloses Cremewachs
Möbelwachs
Antikwachs
Triple Gloss Hochglanzlack auf Wasserbasis von Rayher

Welches Produkt man verwendet, ist persönliche Geschmackssache. Sehr angenehm ist das Cremewachs von Rayher. Es lässt sich gut mit einem Pinsel oder weichen Lappen auftragen oder mit den Fingern einmassieren.

Kunstharzlacke würde ich nur in Ausnahmen benutzen. Wenn man es glänzend und spritzwasserfest haben möchte, eignet sich der wasserbasierte Triple Gloss Hochglanzlack von Rayher sehr gut.

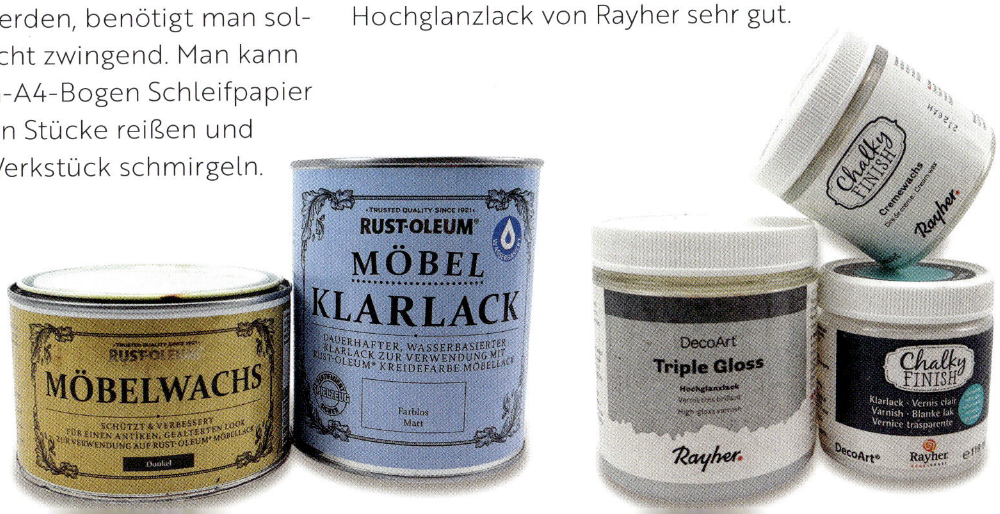

Projekte

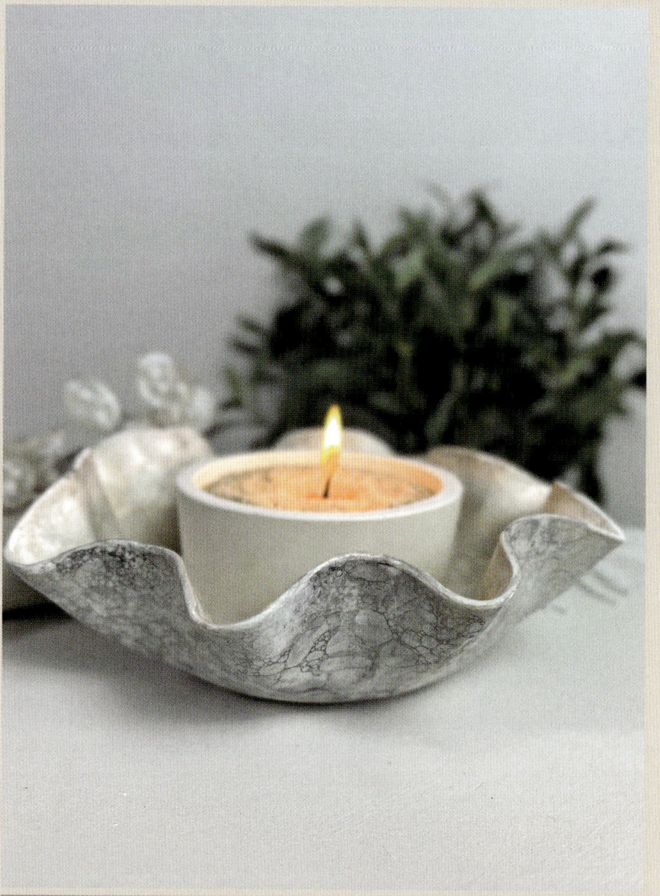

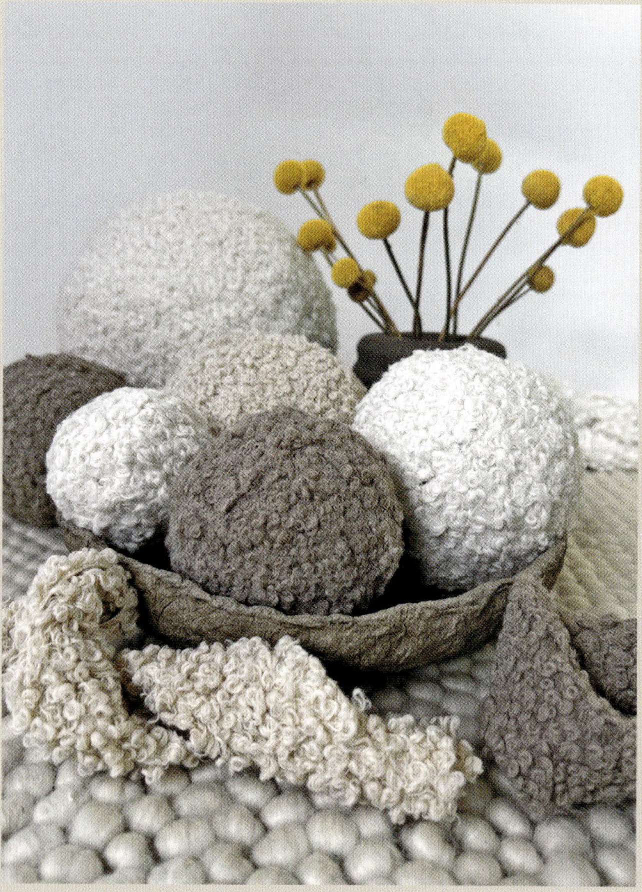

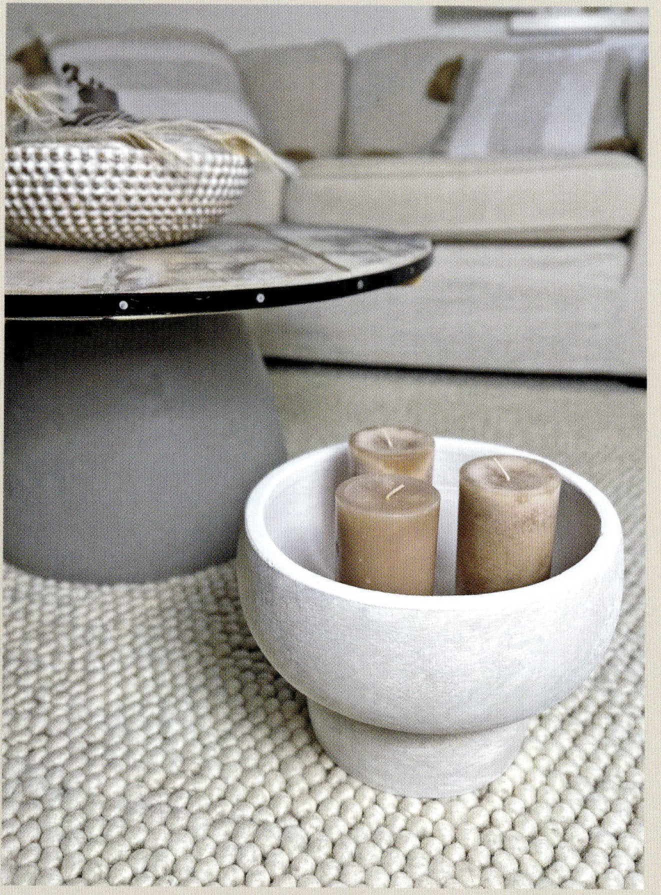

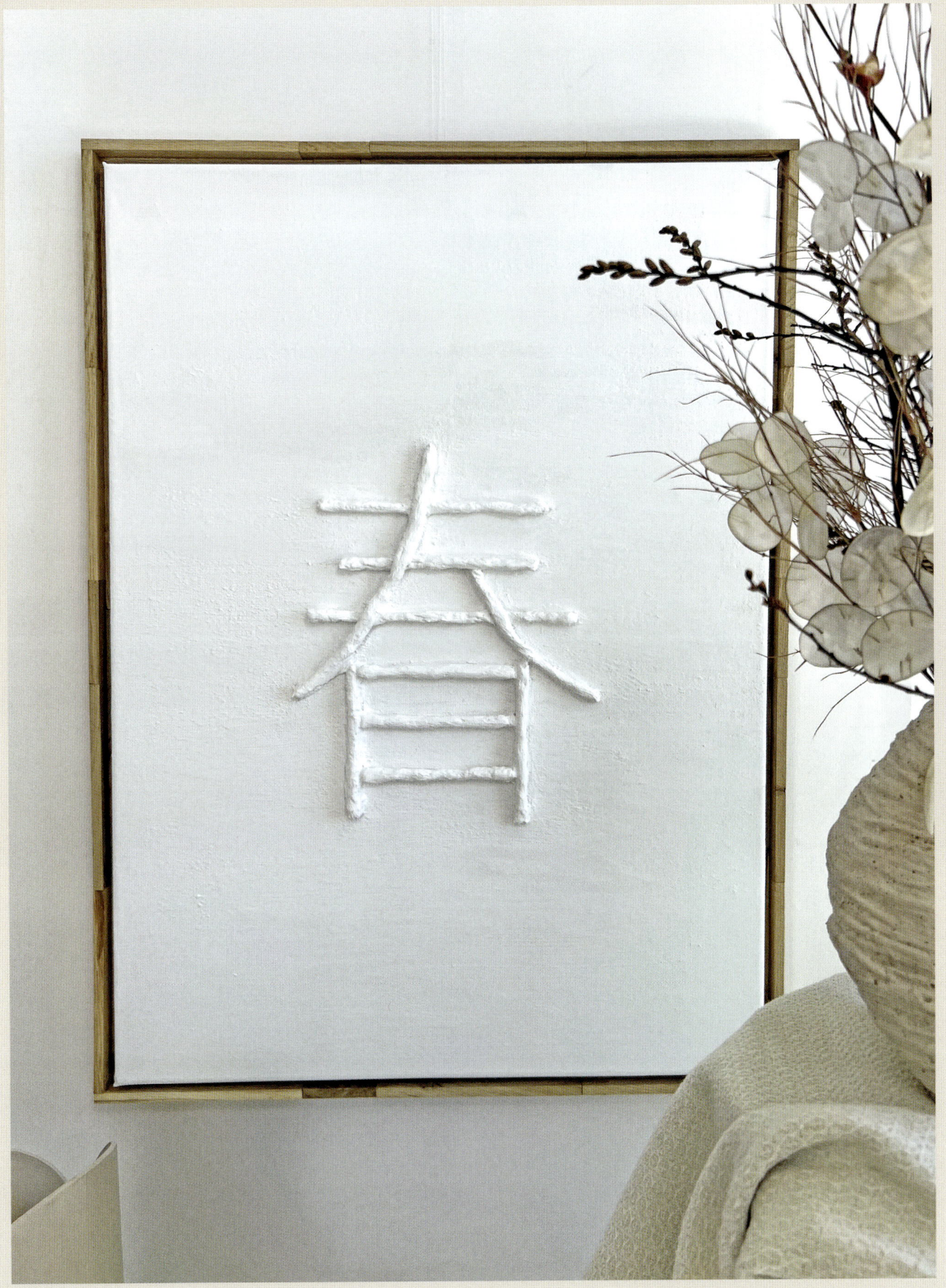
春

Marmorschale

Marmor ist wieder sehr gefragt in modernen Wohnstilen. Doch er ist nicht gerade günstig. Mit einem kleinen Trick aber kann man so eine Schale im Marmor-Look ganz einfach und für wenig Geld selbst zaubern. Man braucht nur etwas Puste. Okay, man benötigt natürlich außerdem noch ein paar Materialien. Als Blasrohr muss man nicht unbedingt einen langen Strohhalm oder Ähnliches verwenden; ein Stück unbenutzter Schlauch hat hier auch super funktioniert.

Das verwendete Glasgefäß hat sich ebenfalls als sehr praktisch erwiesen, weil beim „Blubbern" die Flüssigkeit nicht so schnell aus der bauchigen Form schwappt.

MATERIAL

Modelliermasse *(lufttrocknend; 500 g)*
Nudelholz
Wasserschale
Kugelvase *(oder Schüssel, Styroporkugel o. Ä.)*
Glasgefäß *(möglichst hoch und unten bauchig)*
Badeschaum *(nicht farbig)*
Tafelfarbe *(Schwarz)*
Plastikschlauch *(oder Strohhalm)*
Wandfarbe *(Beige)*
Klarlack-Spray *(matt)*

ANLEITUNG

1 Die Modelliermasse gleichmäßig dünn ausrollen (ca. 3 mm hoch). Es sollte eine halbwegs runde Form entstehen, aber es muss kein akkurater Kreis sein.

2 Eine Schale mit Wasser für die Finger bereitstellen und den Rand der Form mit nassen Fingern glätten.

3 Die ausgerollte Modelliermasse über die umgedrehte Kugelvase legen. Die Masse wirft dann automatisch schon einige Wellen, welche man aber mit den Fingern noch schön zurechtlegen kann. Je dünner die Modelliermasse ausgerollt wurde, desto mehr Wellen lassen sich bilden.

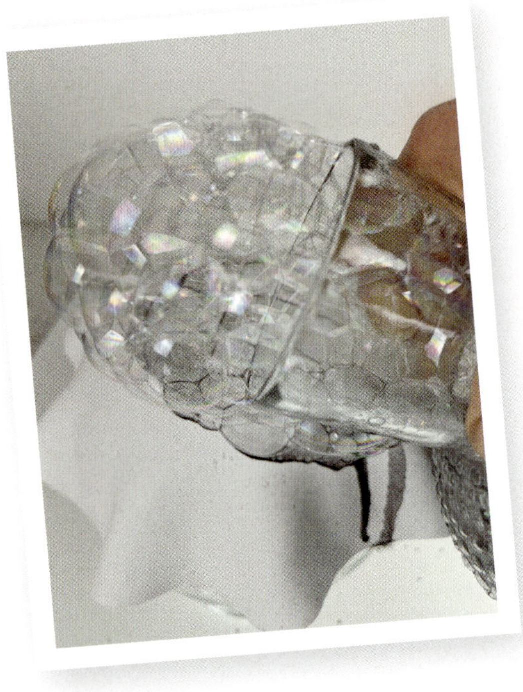

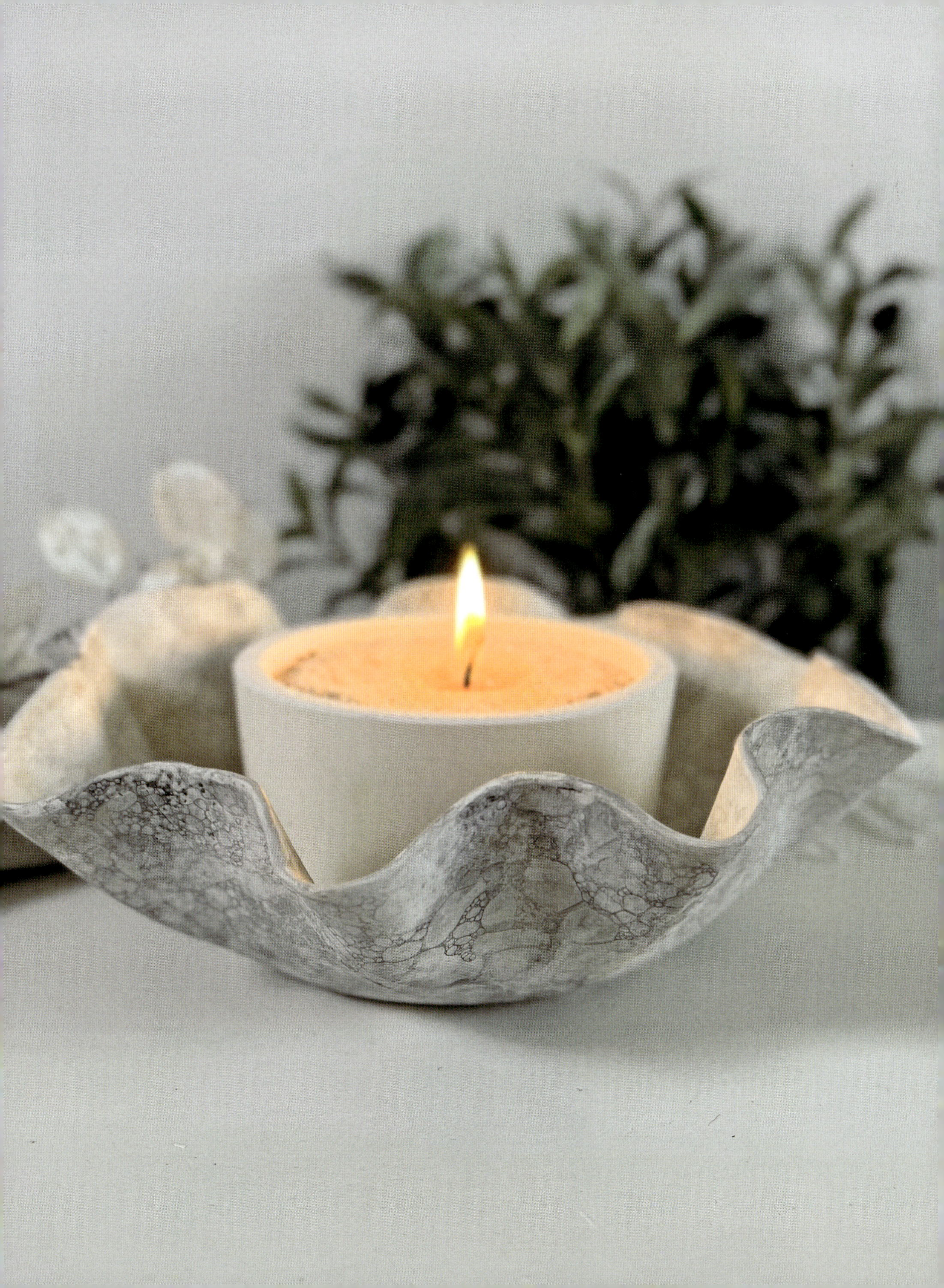

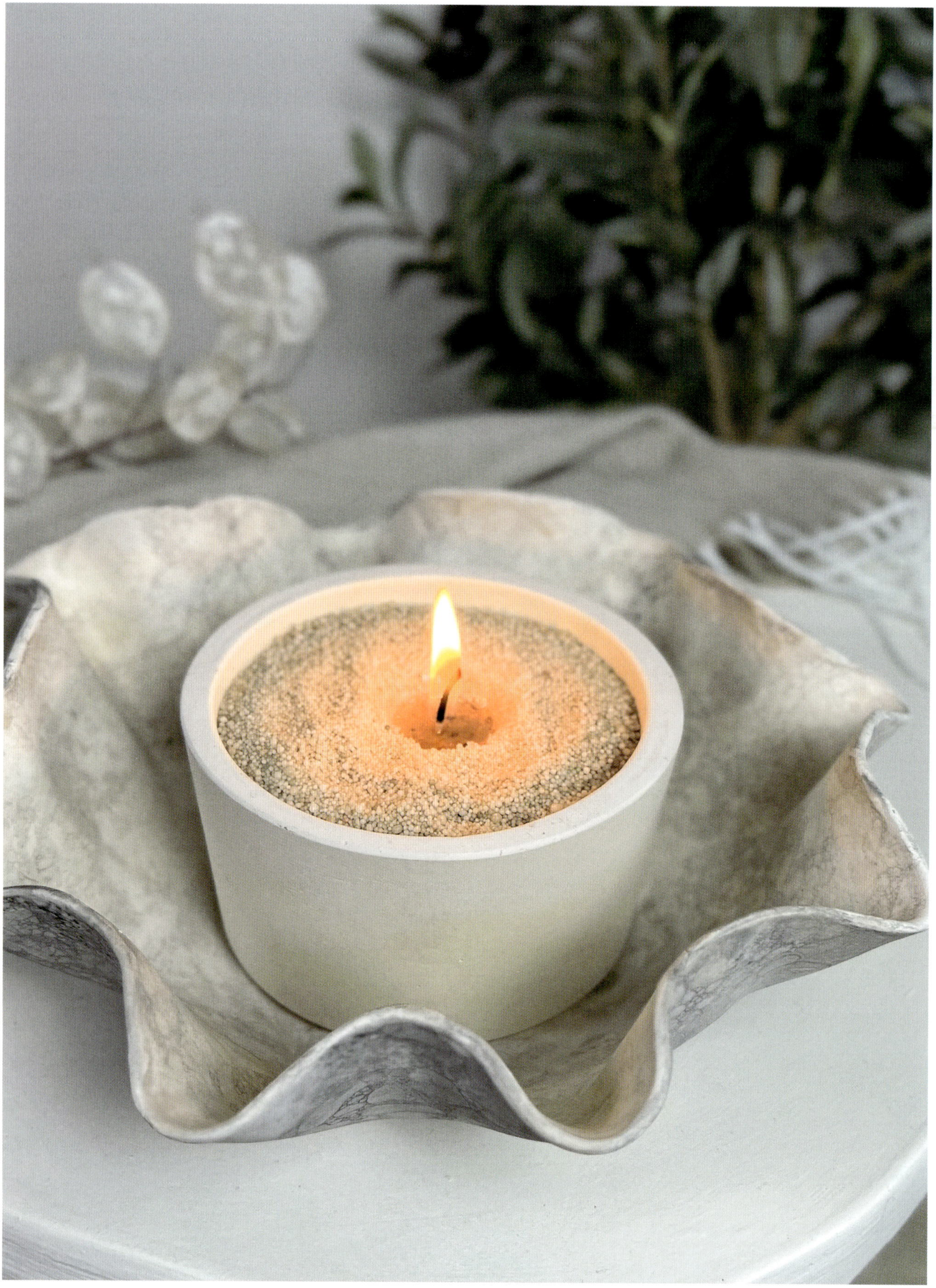

4 Die modellierte Schale gut trocknen lassen, bis sie sich von der Kugelvase leicht abheben lässt, und lösen.

5 In einem bauchigen hohen Glasgefäß 2 Esslöffel Badeschaum, ca. 50 ml Wasser und 1 Messerspitze schwarze Tafelfarbe mischen, bis eine gleichmäßige graue Lösung entstanden ist. Dann den Schlauch in die Lösung hängen, das Gefäß schräg halten und kräftig in das andere Ende des Schlauchs pusten, bis die Seifenblasen oben aus dem Gefäß quellen.

6 Die Seifenblasen über die umgedrehte Schale aus Modelliermasse laufen lassen und die Blasen ruhen lassen, bis sie getrocknet sind. Hat man an einer Stelle zu viel Farbe, kann man die Stelle mit feuchten Fingern verreiben. Möchte man anschließend zusätzliche Blasen auf die Schale setzen, sollte die Modelliermasse erst wieder getrocknet sein.

7 Auf der Innenseite der Schale dann auch graue Seifenblasen aufsetzen und trocknen lassen.

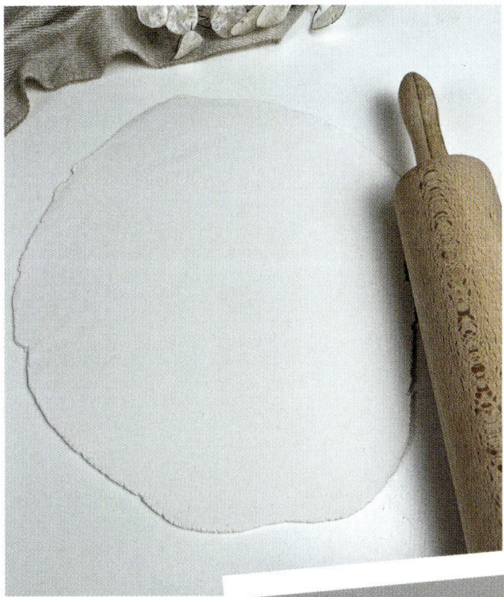
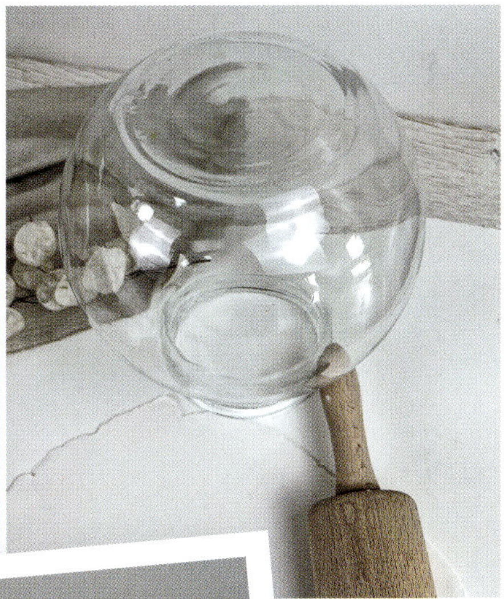
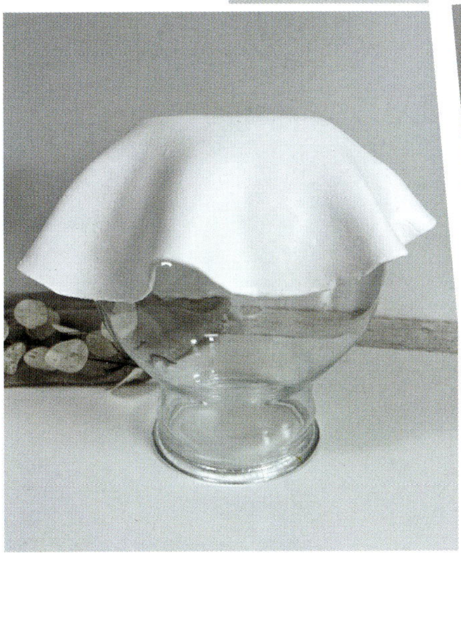
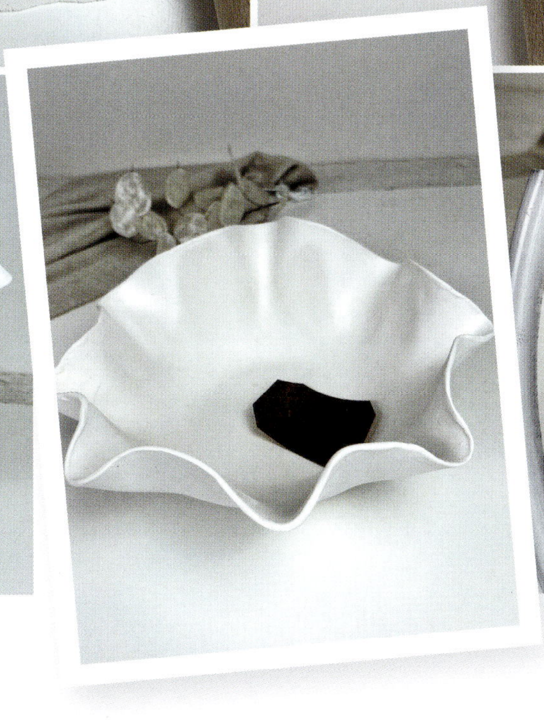
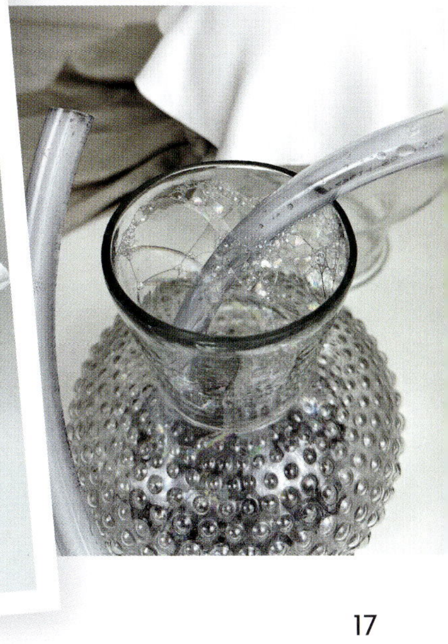

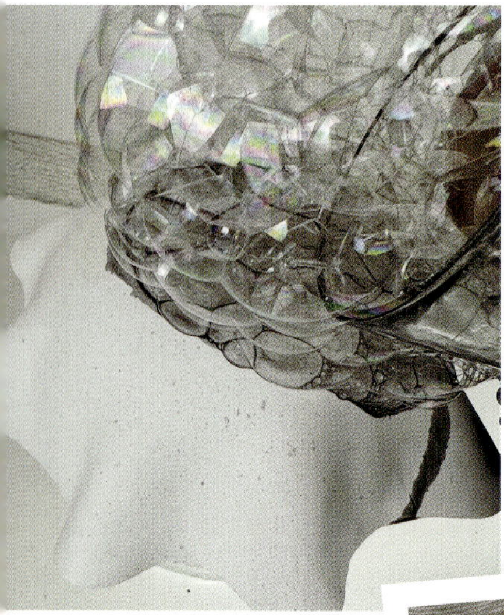
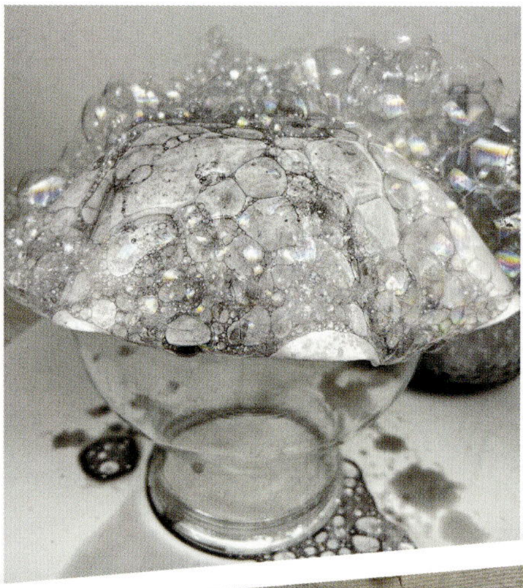
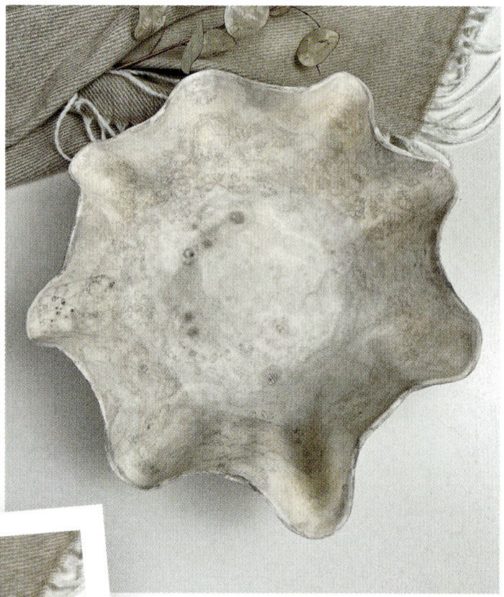
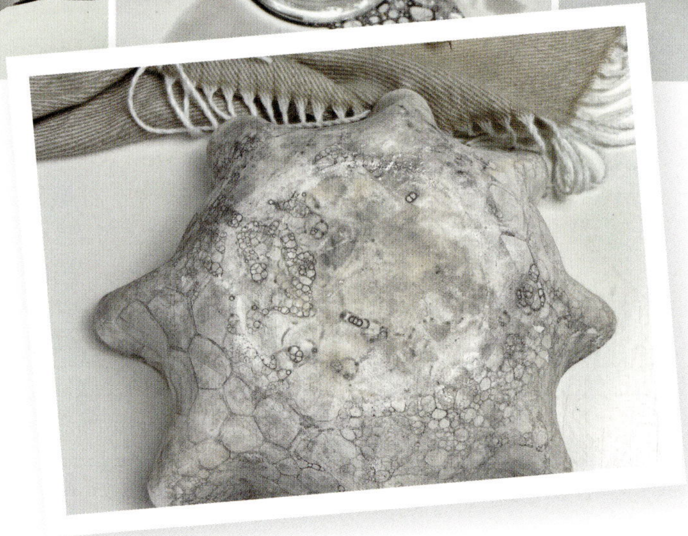

8 Damit der Marmoreffekt noch besser hervorkommt, die „Blubbertechnik“ innen und außen auf der Schale auch mit beigem Badeschaum-Wasser durchführen. Die beige Lösung wie oben beschrieben ansetzen, nur jetzt Beige statt Grau verwenden. Wenn sich die grauen und beigen Bubbles mischen, wirkt der Marmoreffekt weicher und natürlicher.

9 Die marmorierte Schale mit mattem Klarlack-Spray versiegeln. Hier sollte wirklich Spray benutzt werden, damit das Muster nicht mit einem Pinsel zerstört wird.

TIPP

Die meisten lufttrocknenden Modelliermassen kann man auch sanft bei 40 bis 60 °C im Ofen „backen“, um die Trocknung zu beschleunigen. Dabei die Ofentür leicht geöffnet lassen, damit die Feuchtigkeit entweichen kann.

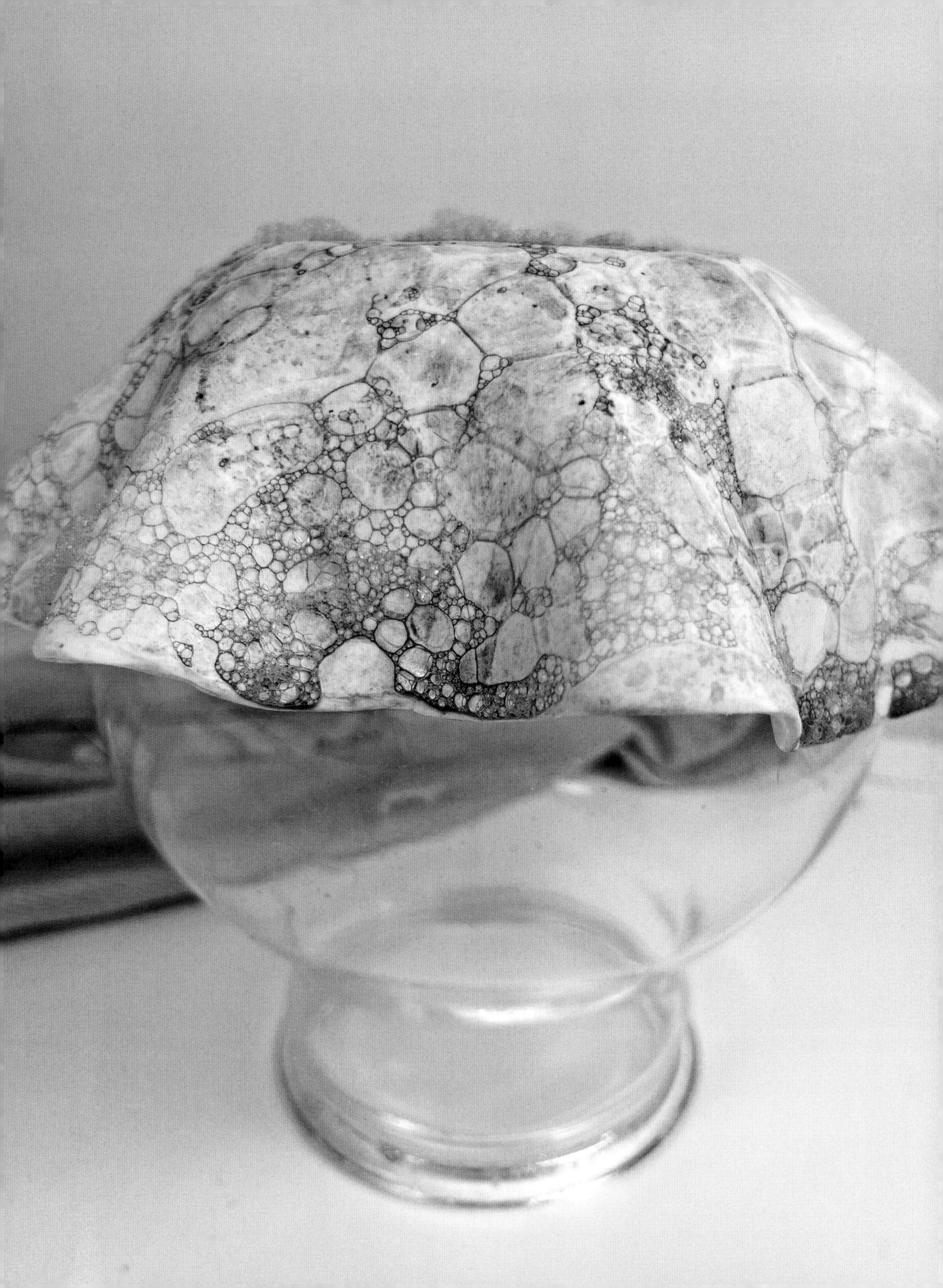

Gepfeffertes Kreuz

Mit Pfefferflocken aus dem Supermarkt kann man diesen einmaligen Look erzielen. Später kommt keiner mehr auf die Idee, dass das Kreuz aus Holzwürfeln besteht. Im Zwischenstadium erinnert das Werk allerdings ein bisschen an Frischkäse mit Pfefferrand.

MATERIAL

7 Holzwürfel *(Kantenlänge 3 cm)*
Holzleim
Spachtelmasse *(gebrauchsfertig)*
Einmalhandschuhe *(nach Bedarf)*
schwarze Pfefferflocken
Schleifpapier *(80er- und 240er-Körnung)*
Pinsel oder Lappen *(nach Bedarf)*
Versiegelung *(Cremewachs von Rayher)*

ANLEITUNG

1 Sechs Würfel um den siebten Würfel rundherum aufkleben.

2 Das Würfelkreuz mit Spachtelmasse betupfen, einen Würfel zum Festhalten zunächst aussparen. Beim Arbeiten mit der Spachtelmasse bei Bedarf Handschuhe anziehen.

3 Die schwarzen Pfefferflocken in die noch feuchte Spachtelmasse streuen und ganz leicht andrücken. Gut trocknen lassen.

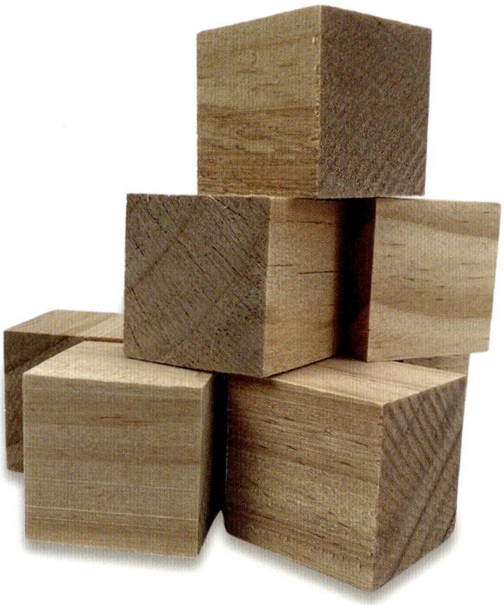

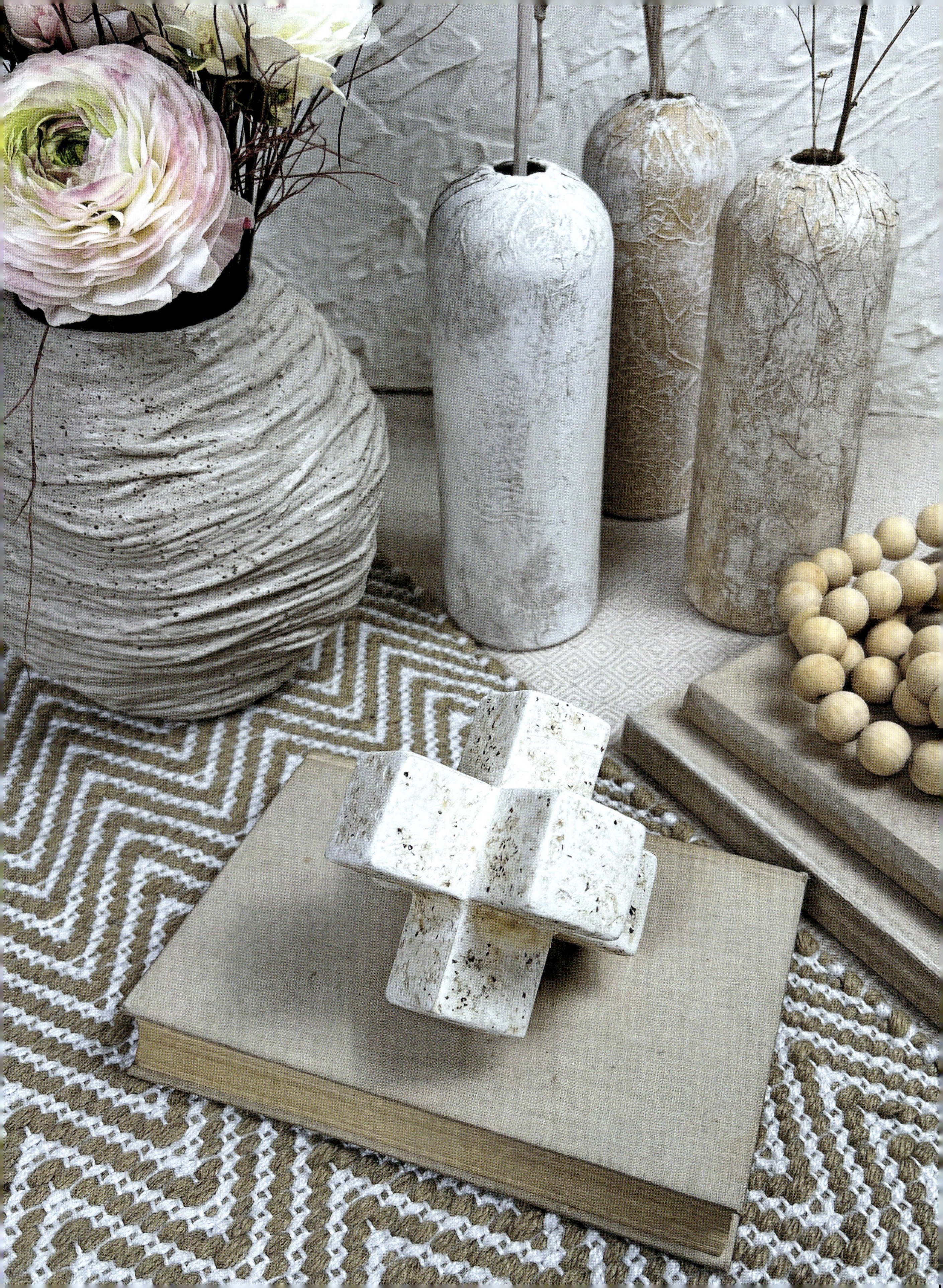

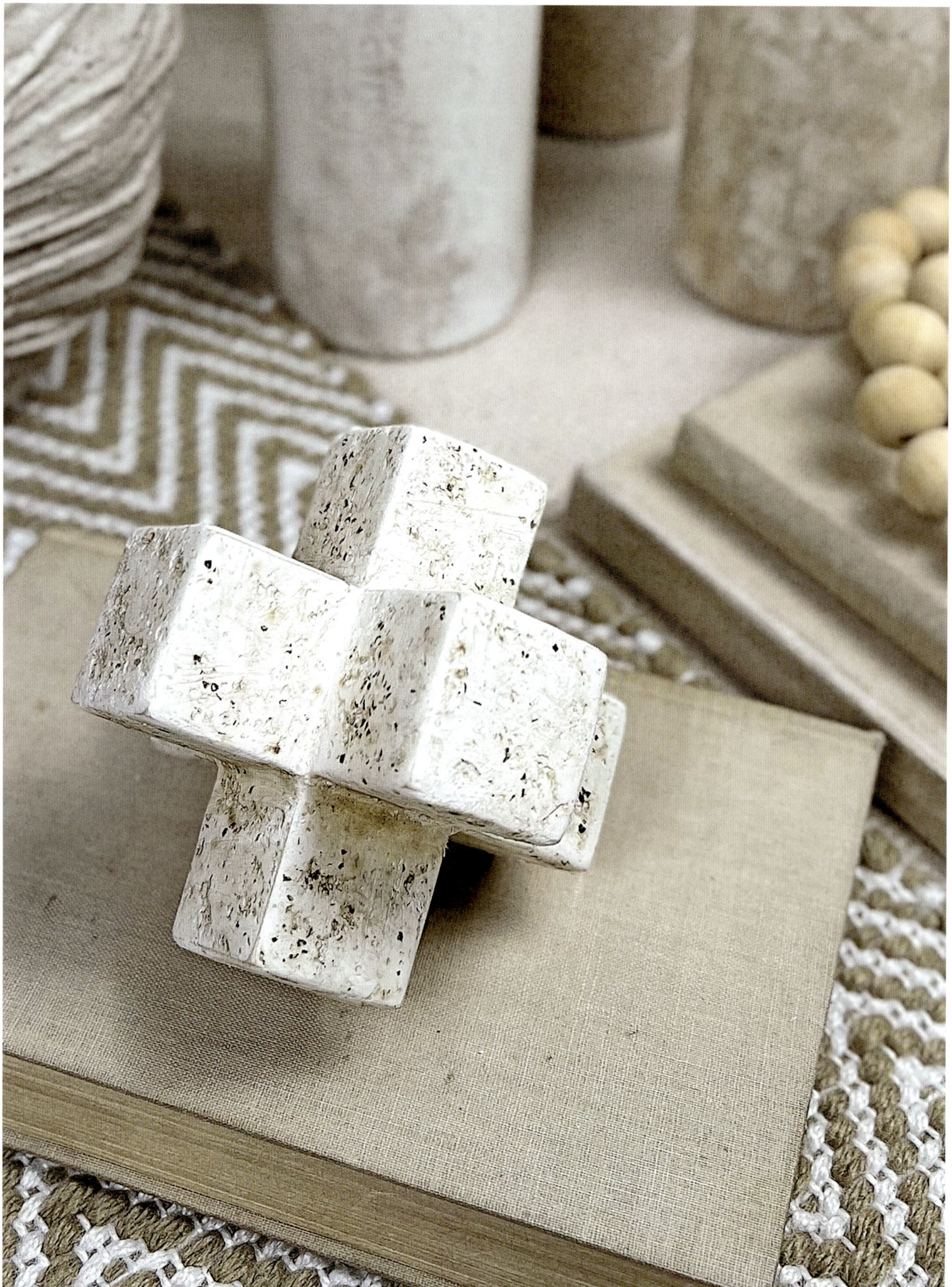

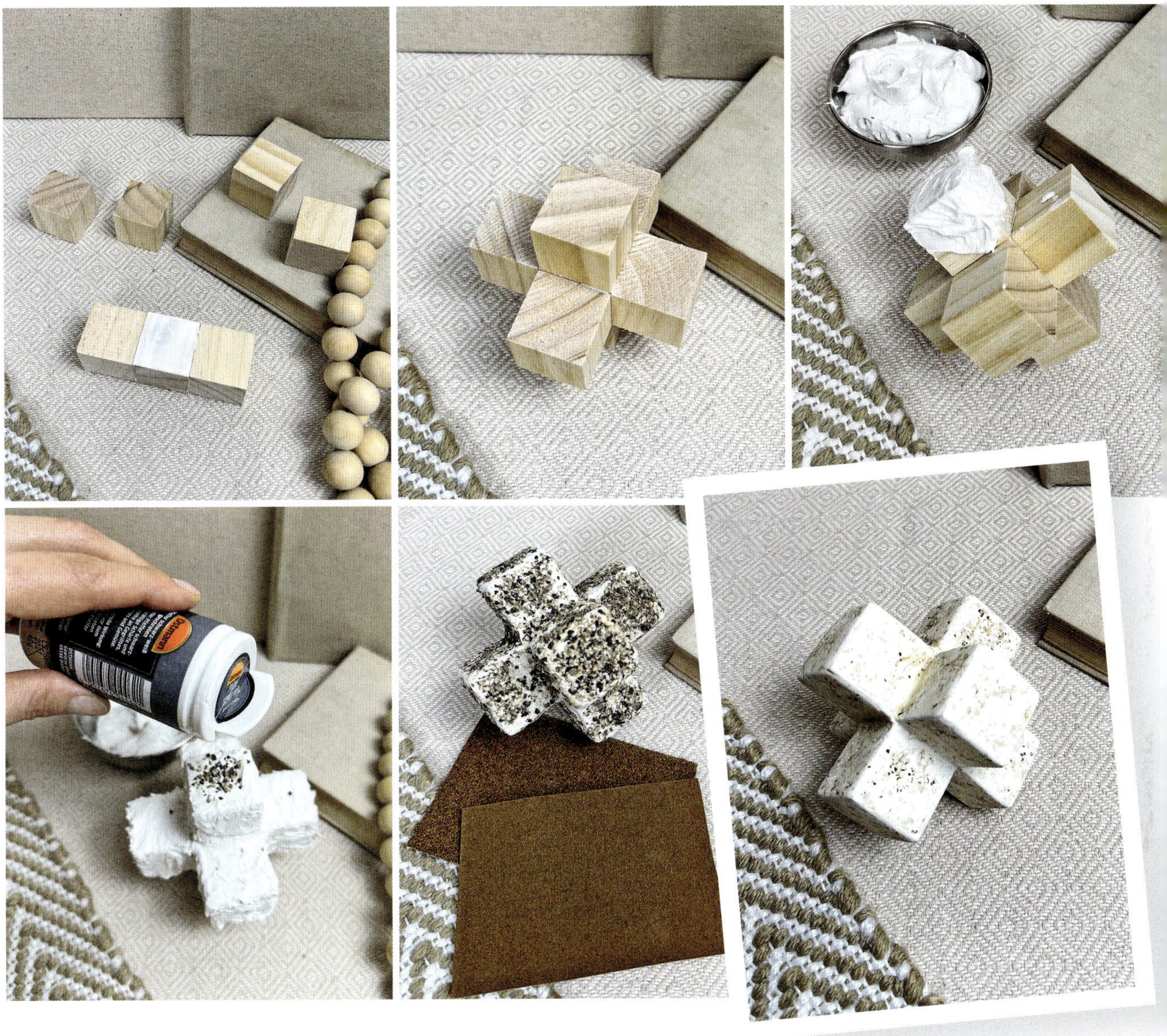

4 Anschließend den übrig gebliebenen Würfel auch noch mit der Spachtel-Pfeffer-Masse umhüllen.

5 Wenn das Würfelkreuz fast durchgetrocknet ist, mit Schleifpapier glatt schleifen (erst grob, dann fein). Schließlich alle Flächen noch mit Cremewachs versiegeln (nach Bedarf mit Pinsel oder Lappen oder mit den Händen).

TIPP

Statt Pfefferflocken kann man auch schwarzen Sand verwenden.

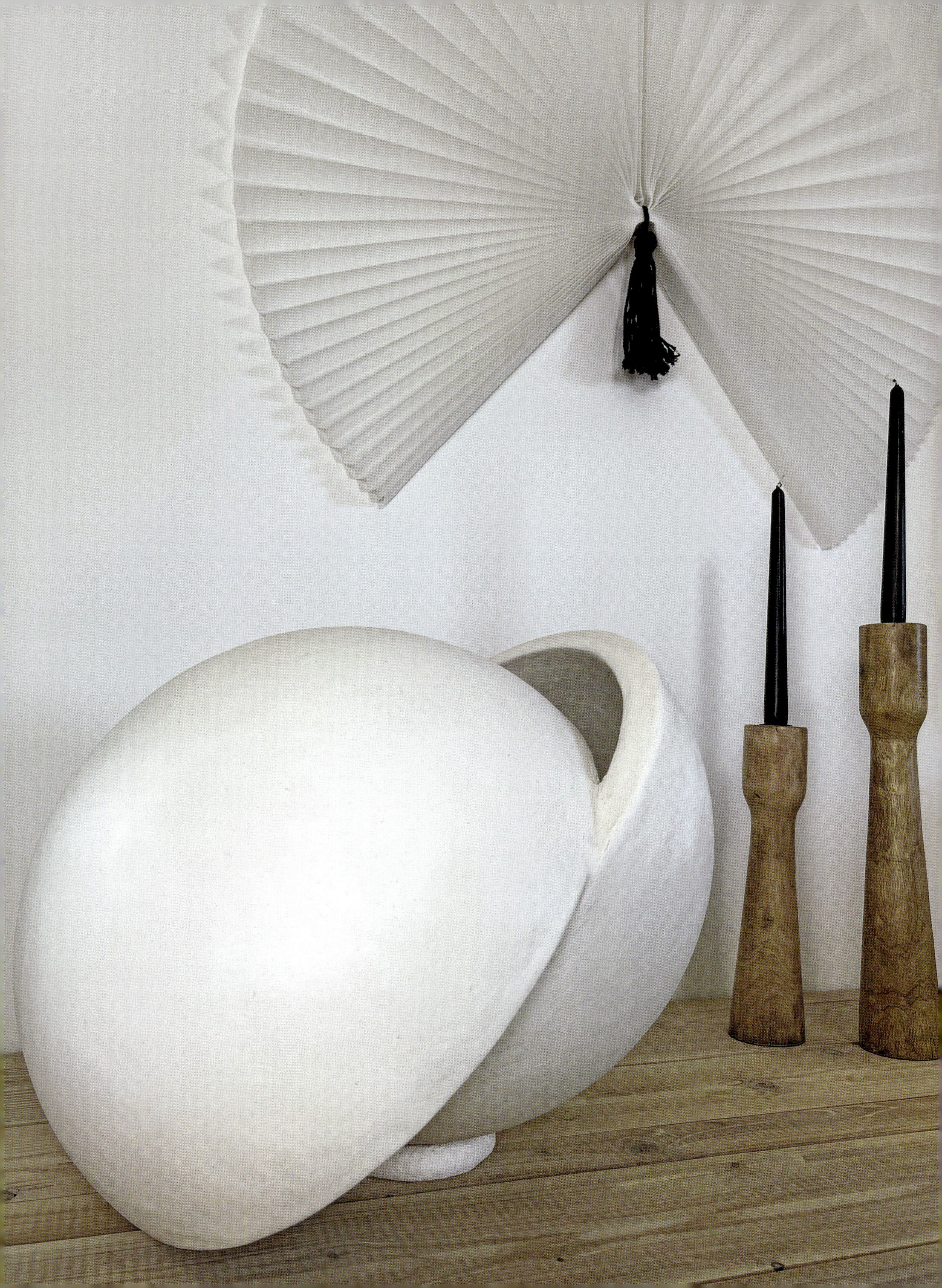

Spalt-Tablette

Diese Lampe ist ein wahnsinniger Eyecatcher und im Grunde super einfach gemacht. Die Basis bildet eine große Styroporkugel, bestehend aus zwei Halbschalen. Daher der Name Spalt-Tablette. Da Styropor nicht sonderlich hübsch ist, werden die Oberflächen etwas kaschiert. Dabei ist es gar nicht wichtig, dass die Spachtelmasse gleichmäßig dick aufgetragen ist. Die Oberfläche ist zwar geglättet, erscheint dennoch leicht scheckig, weil die Schalen nicht noch mal mit Farbe bearbeitet wurden. Durch diese Technik wirkt die Lampe wie aus solidem weißem Beton und ist dennoch federleicht. Außerdem sieht es sehr spannend aus, wenn die Halbschalen an manchen Stellen das Licht etwas durchschimmern lassen.

MATERIAL

2 Styropor-Halbschalen *(Ø 40 cm)*
Spachtelmasse *(gebrauchsfertig)*
Einmalhandschuhe *(nach Bedarf)*
Pinsel
Schleifpapier *(80er- und 250er-Körnung; nach Bedarf)*
Montagekleber
Versiegelung *(Klarlack von Rustoleum)*
einfache Pendelleuchte mit LED-Birne

ANLEITUNG

1 Die Innenseiten der Halbschalen mit Spachtelmasse schön glatt verspachteln: dazu die Masse mit den Händen gleichmäßig aufbringen (ggfl. Handschuhe tragen), ein bisschen antrocknen lassen und dann mit einem feuchten Pinsel glatt streichen. Falls nötig, nach dem Trocknen noch glatt schleifen.

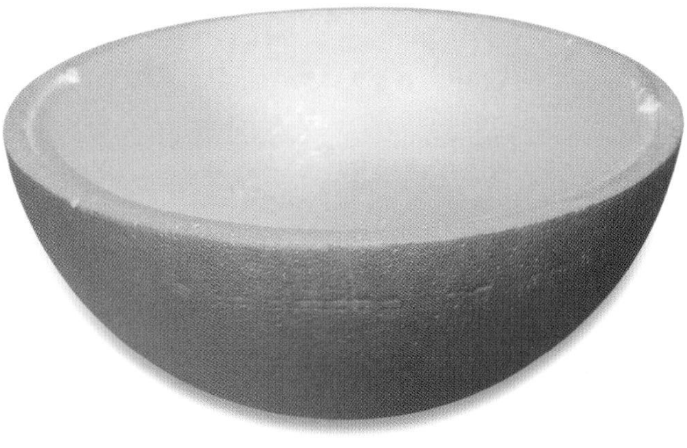

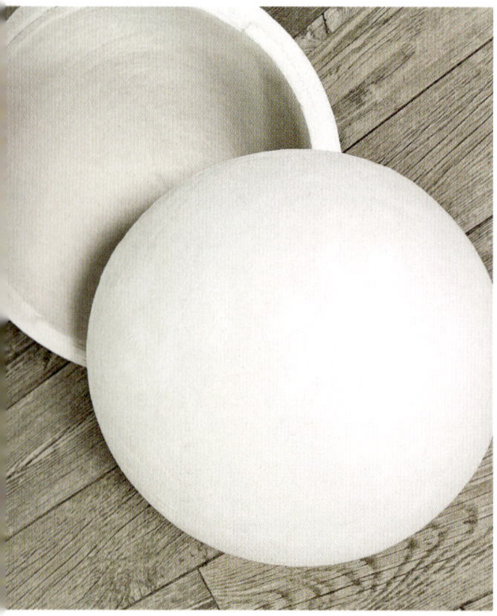

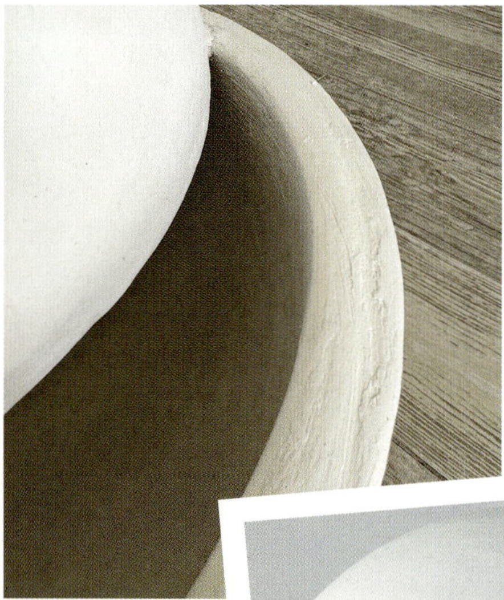

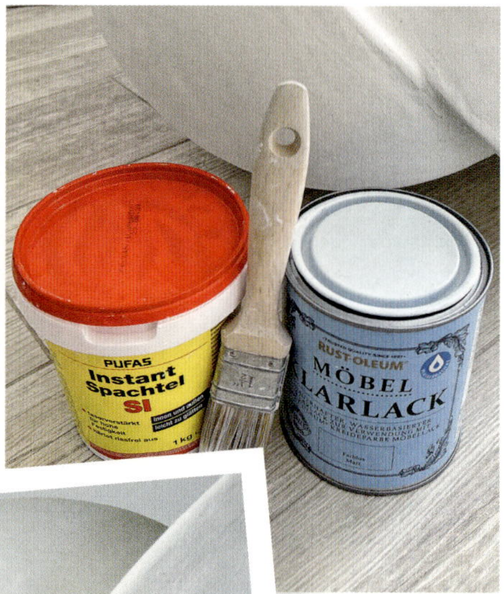

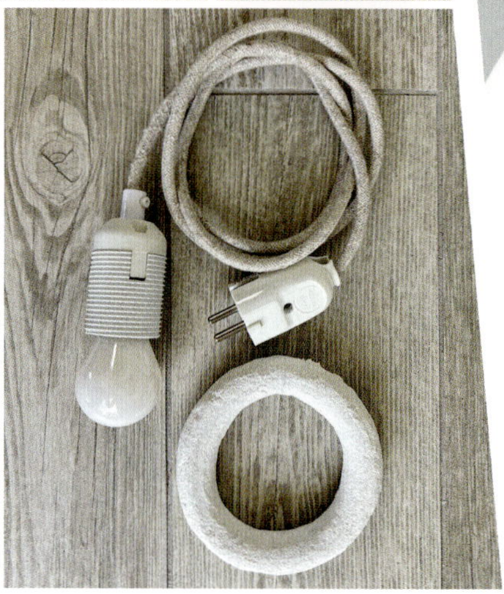

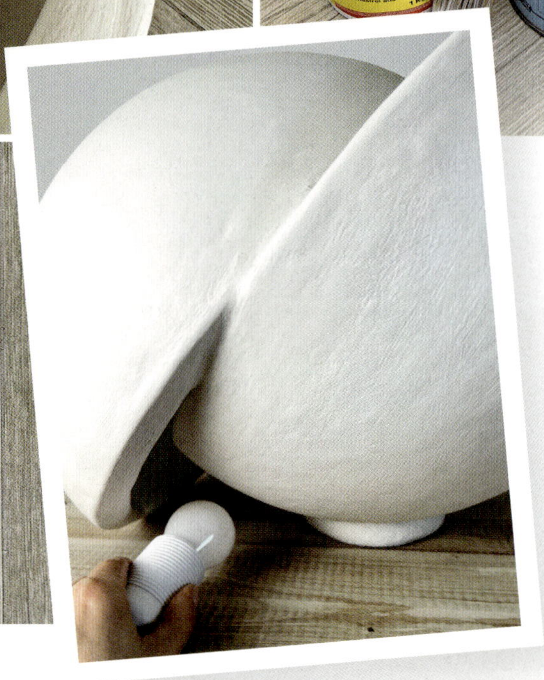

2 Die beiden Halbschalen versetzt aufeinanderkleben. Die Schalen sollten sich genau hälftig überlappen. Den Montagekleber gut trocknen lassen.

3 Anschließend die Außenschalen, Ränder und Nahtstellen schön verspachteln.

4 Alle Flächen wie im ersten Punkt beschrieben schön glätten und dann alles mit Klarlack versiegeln.

5 Eine Pendelleuchte von unten einfädeln und locker über den Rand der unteren Schale hängen lassen.

TIPP

Als kleine Standhilfe kann man sich noch aus Fugenfüllprofil einen Ring zaubern (siehe „Verknoteter Lückenfüller", Seite 36). Zwingend nötig ist dieser Ring jedoch nicht.

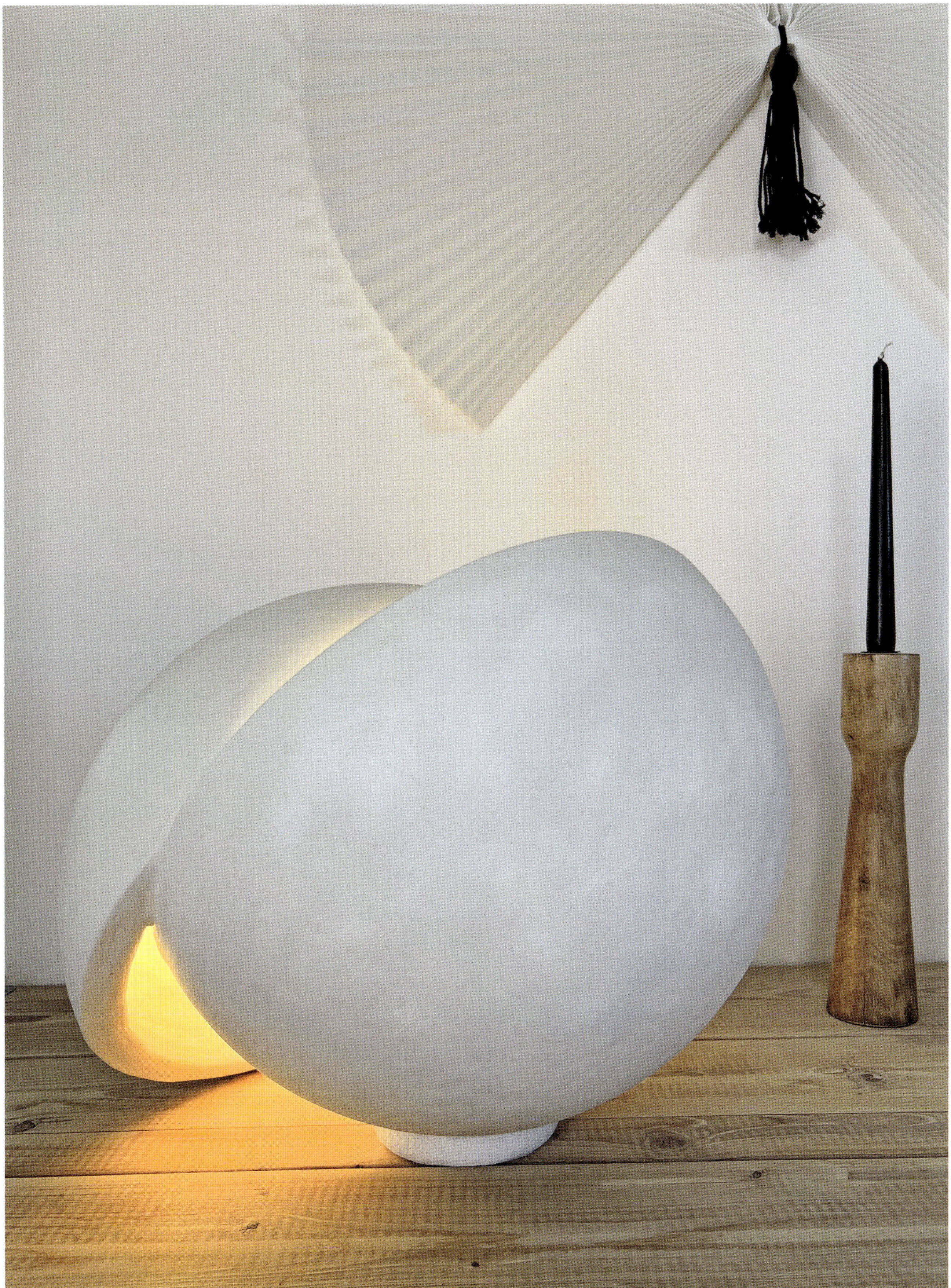

Schneegestöber

Nicht nur im Winter ist dieses Bild ein ansehnliches Kunstwerk. Die Oberflächenstruktur erzeugt eine tolle Spannung, in der sich der Betrachter verlieren kann. Besonders schön ist dieses DIY mit perlmuttfarbenen Kügelchen. Man kann das fertige Kunstwerk aber auch im Nachhinein mit Farbe ansprühen. Alternativ kann man unter den Bastelkleber seine Lieblingsfarbe (z. B. Kreidefarbe in Jute von Rust-Oleum) mischen.

MATERIAL

Leinwand *(70 x 50 cm)*
Malerkrepp
Bastelkleber *(500 ml)*
kleine Styroporkügelchen
(2 l mit Perlmuttschimmer)
Eimerchen
Einmalhandschuhe

ANLEITUNG

1 Den Rand der Leinwand mit Malerkrepp abkleben. Dadurch hat man am Ende gleich einen schönen Rahmen.

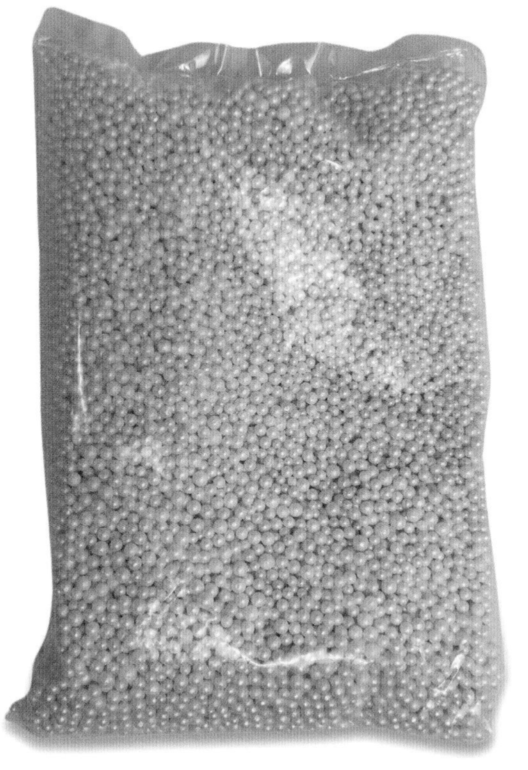

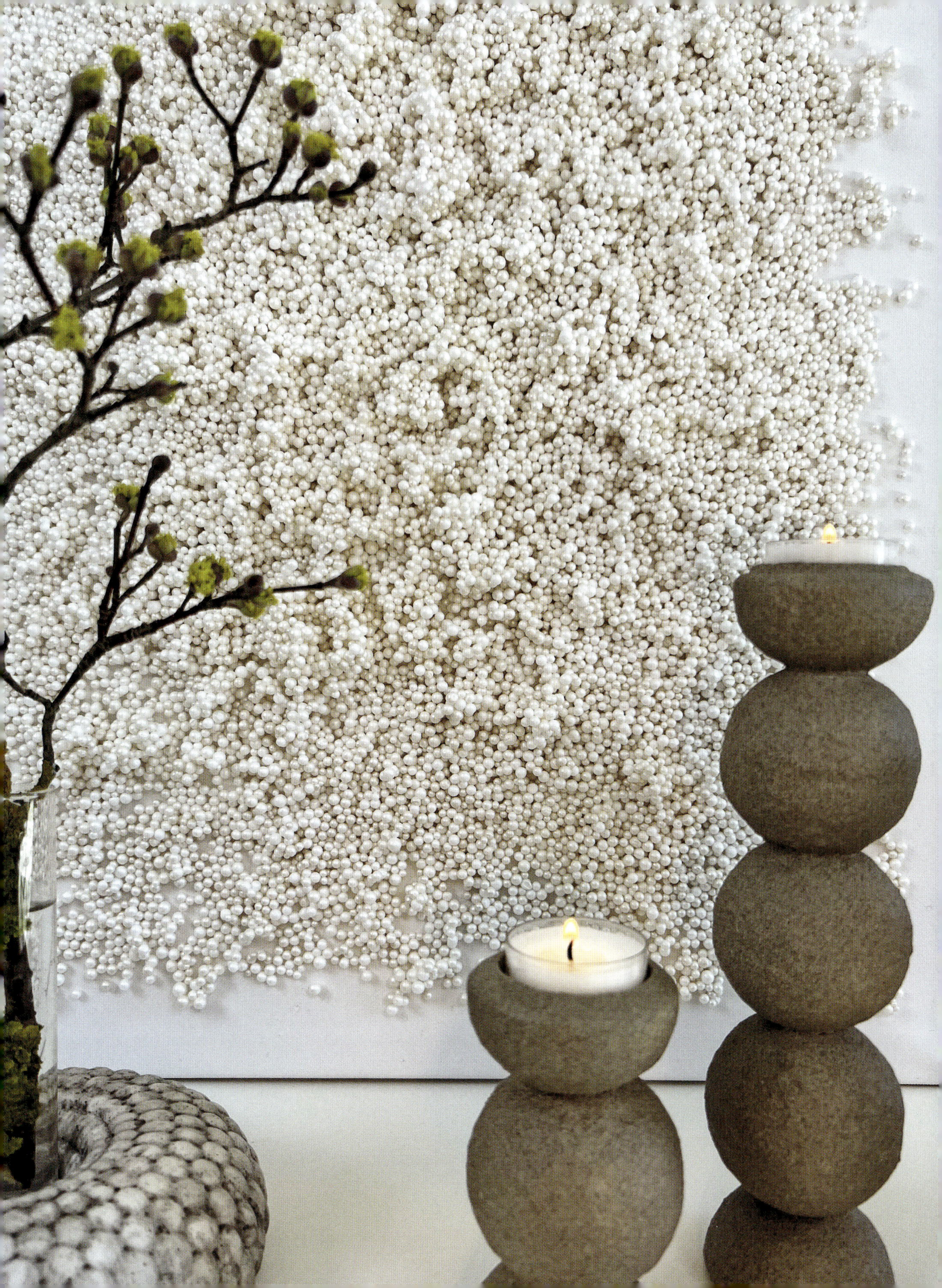

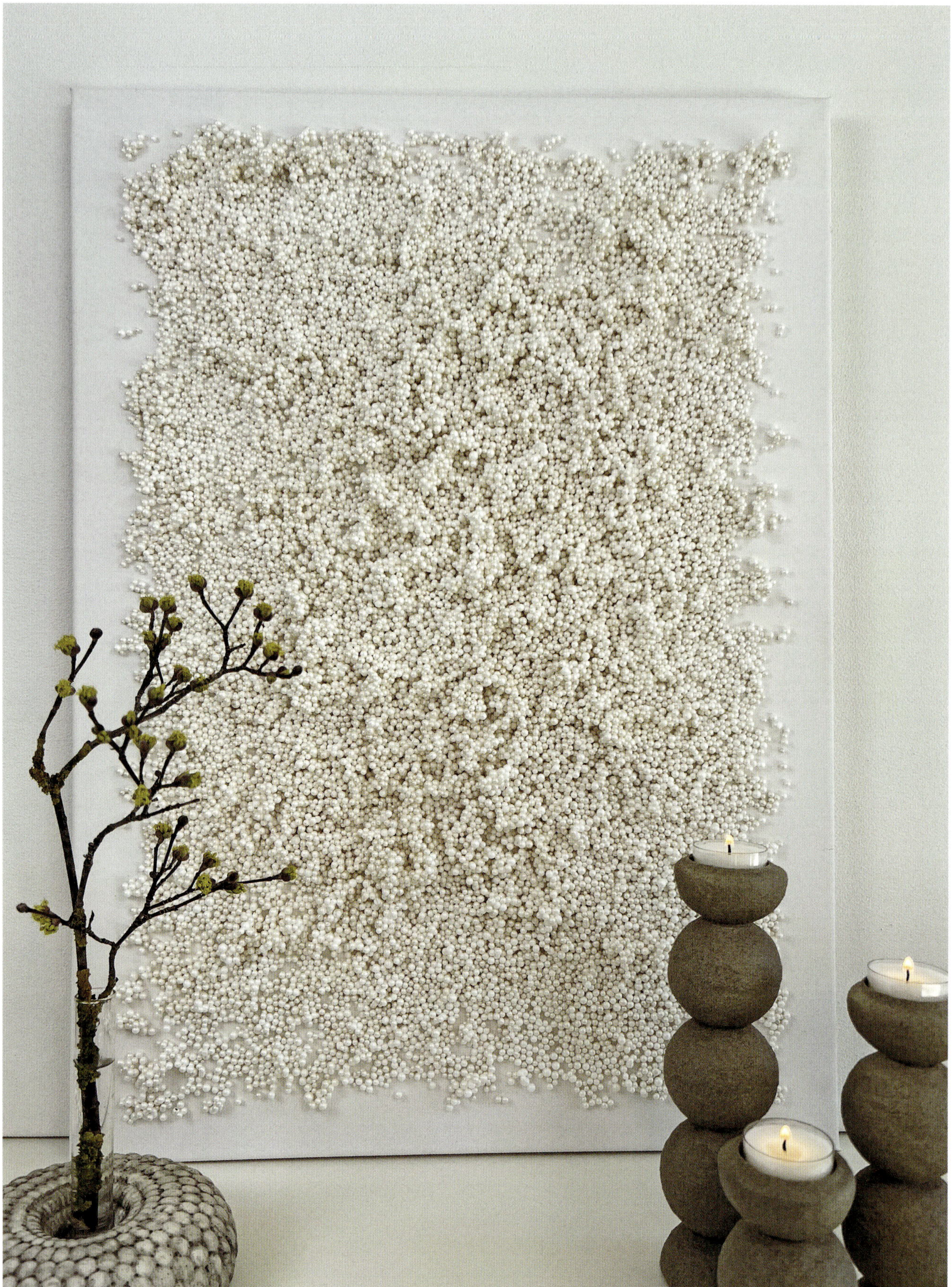

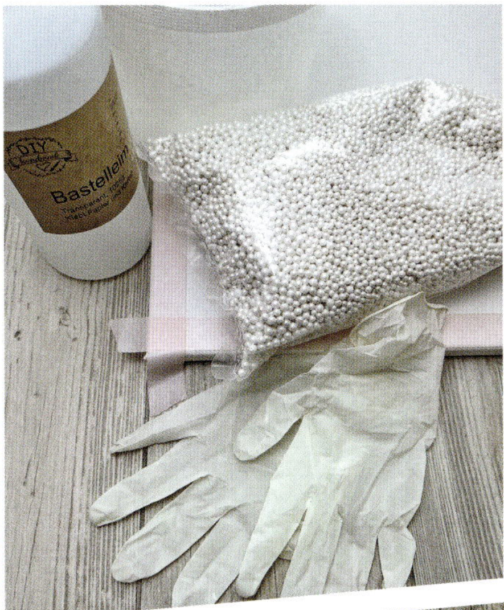

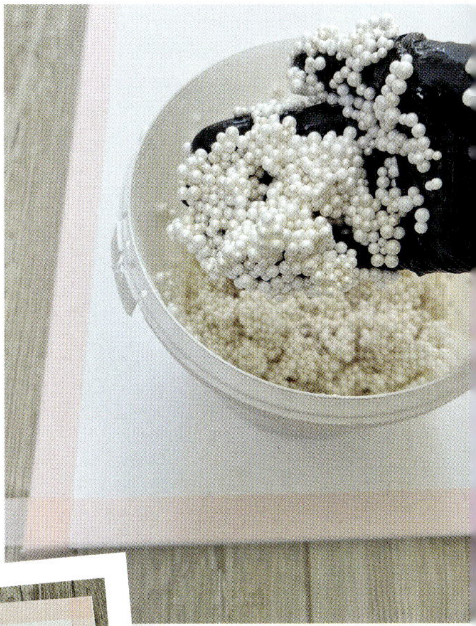

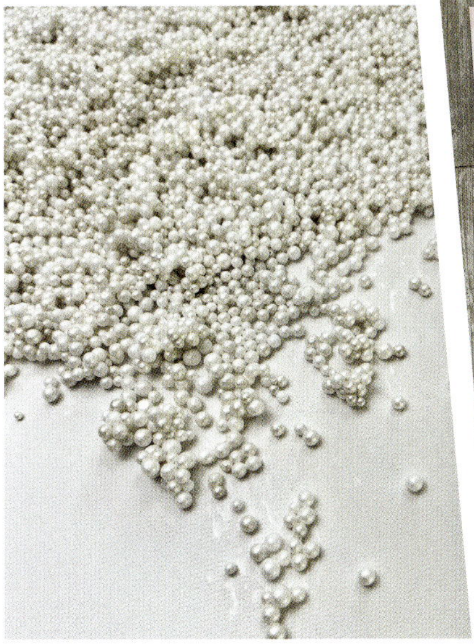

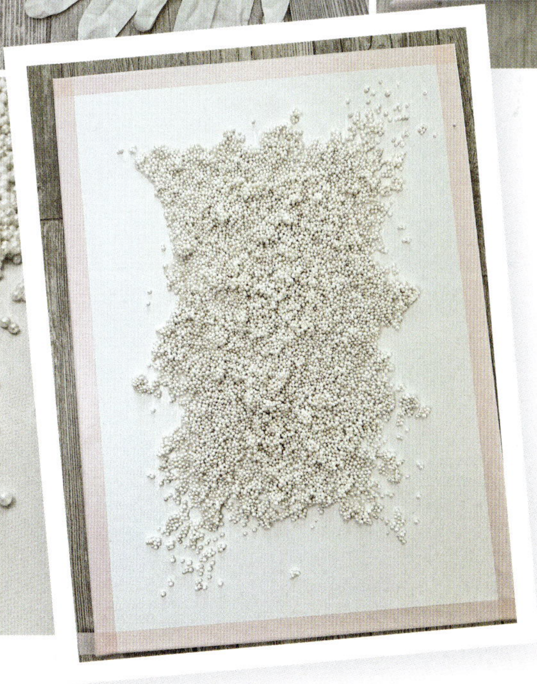

2 Bastelkleber und Styroporkügelchen im Eimer mischen. Dabei die Einmalhandschuhe tragen.

3 Diese Masse nach Belieben auf der Leinwand verteilen. Anschließend kann das Malerkrepp abgezogen werden.

4 Das Kunstwerk gut durchtrocknen lassen. Das kann durchaus ein paar Tage dauern.

TIPP

Wer es besonders farbig mag, kann auch kunterbunte Styroporkugeln nehmen.

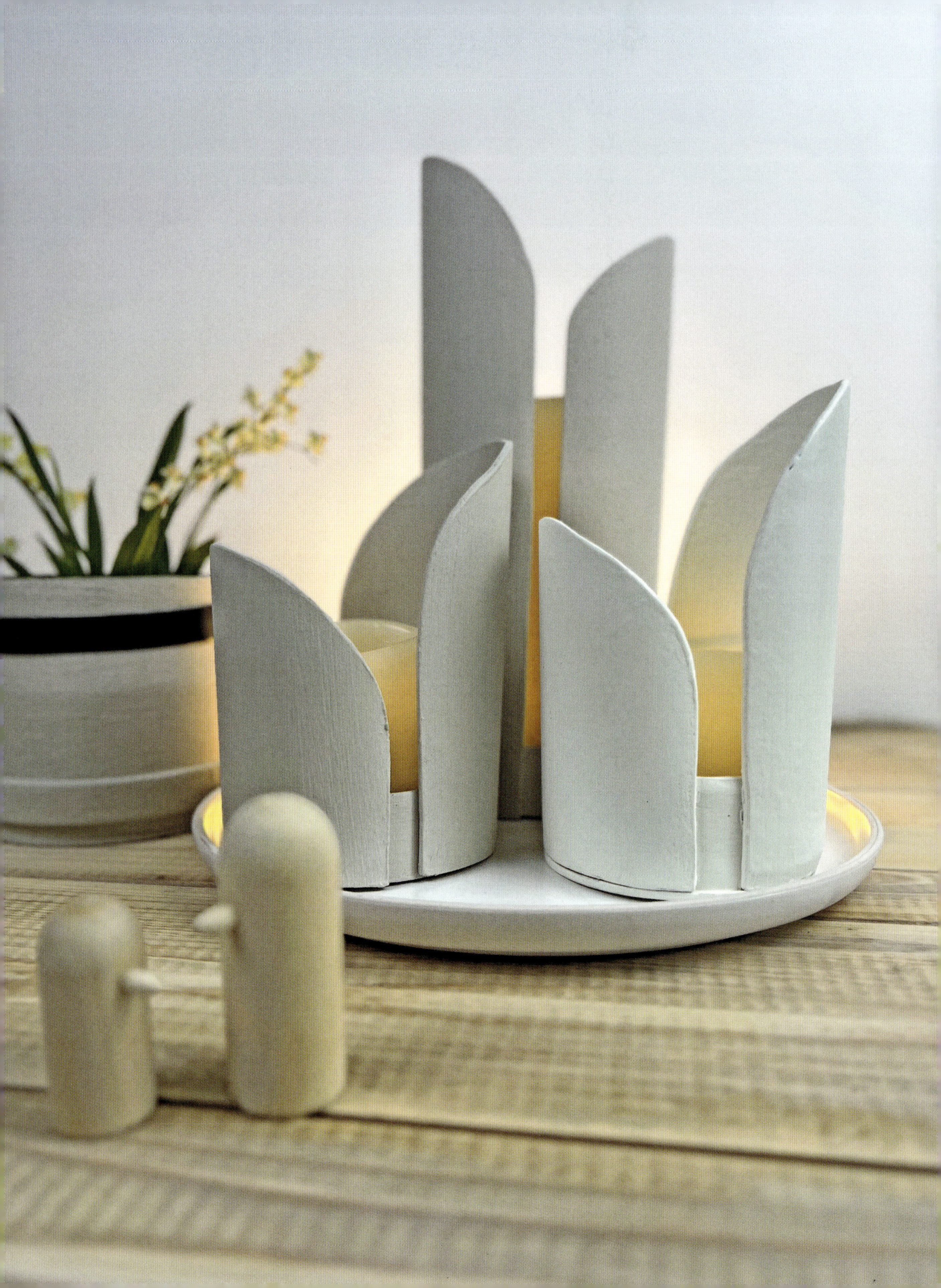

Schlitzrohr

Der Name Schlitzrohr könnte nicht treffender sein. Durch diese Form kann das DIY als Lampe, Windlicht und als Verschalung für Zylindervasen verwendet werden. Das Projekt erfordert ein bisschen handwerkliches Geschick beim Umgang mit der Stichsäge. Die gesägten Rohrstücke werden am Ende nur um den Muffenstopfen gespannt. Ein Verkleben ist nicht zwingend erforderlich. Dadurch lässt sich das Ganze leicht auf- und abbauen bzw. verstauen.

MATERIAL

Vorlage *(Seite 35)*
Permanent-Marker
Abwasserrohr *(Ø 9 cm, Länge 25 cm)*
Stichsäge
Schleifpapier *(80er- und 240er-Körnung)*
Kreidefarbe *(Antik-Weiß oder Jute von Rust-Oleum)*
Pinsel
Muffenstopfen *(Ø 9 cm)*
Versiegelung *(Klarlack von Rust-Oleum)*
LED-Stumpenkerze

ANLEITUNG

1 Zwei verschieden lange Rundbögen mit dem Permanent-Marker auf dem Abwasserrohr anzeichnen.

2 Mit der Stichsäge die Rundbögen ausschneiden.

3 Die Ecken und Kanten glatt schmirgeln. Dazu erst das grobe, dann das feine Schleifpapier verwenden. Auch die Flächen mit dem feinen Schleifpapier anrauen.

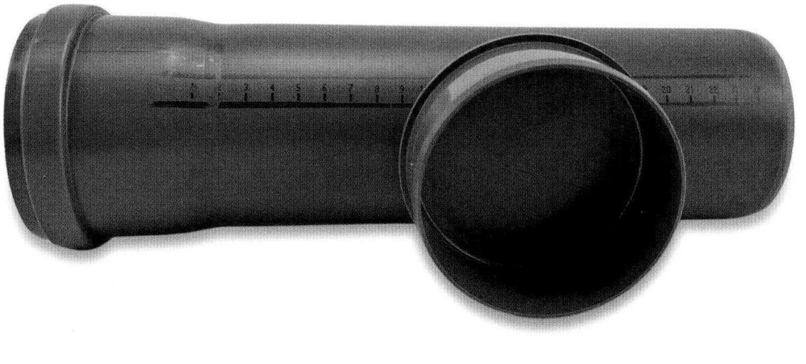

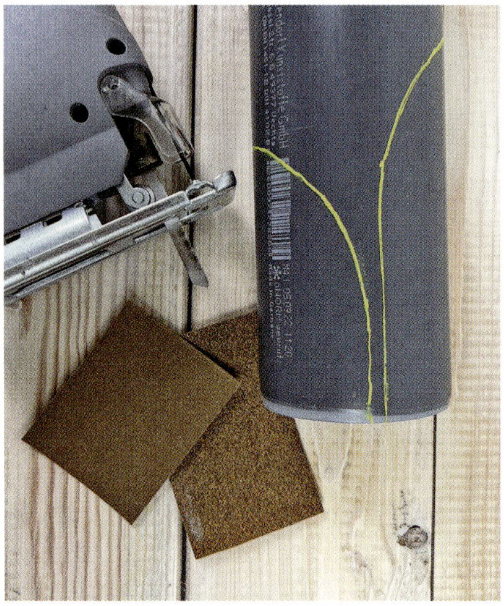

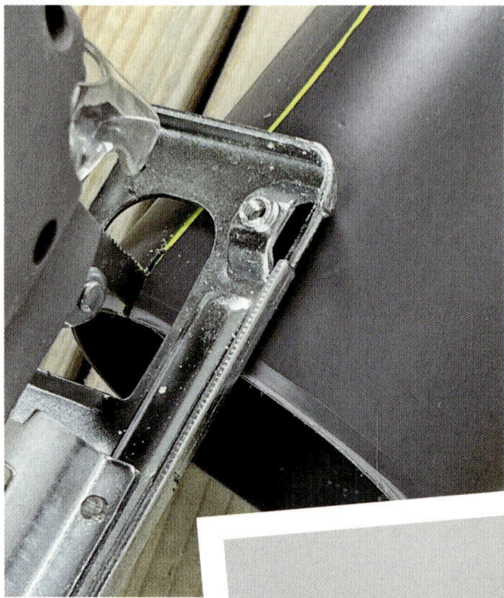

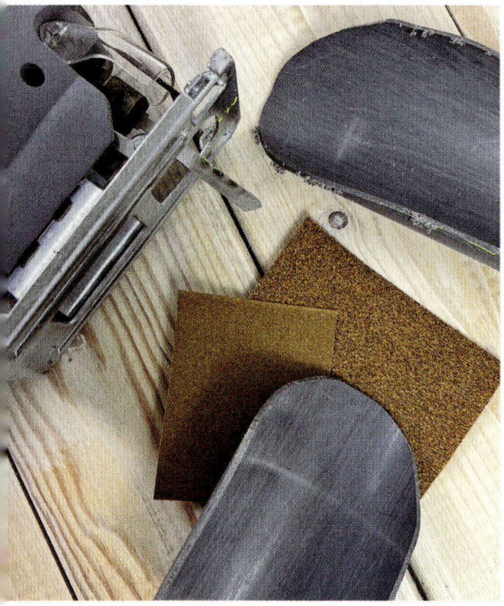

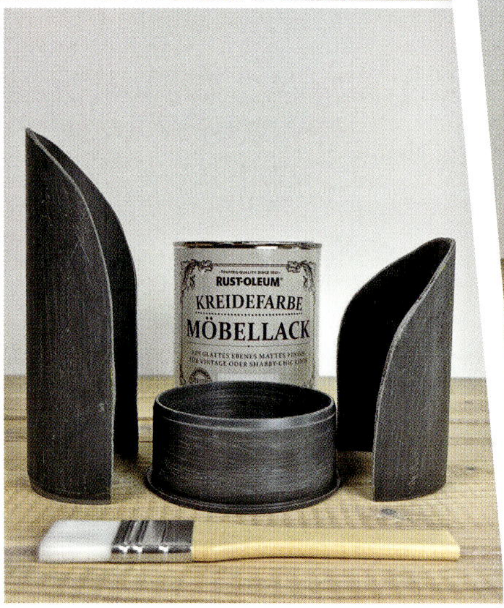

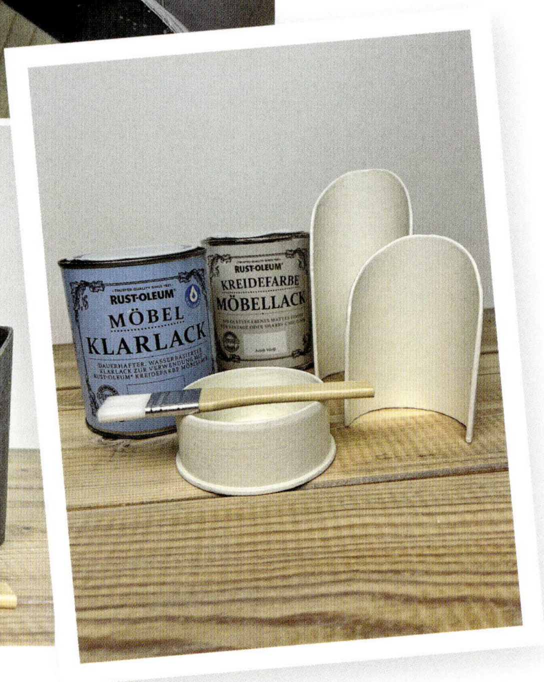

4 Mit der Kreidefarbe die zwei Bögen und den Muffenstopfen anmalen und versiegeln.

5 Die Rundbögen gegenüberliegend über die Muffenstopfen klemmen. Dabei sollte der Lichtschlitz an beiden Seiten gleich groß sein.

6 Eine LED-Stumpenkerze in die Lampe stellen.

TIPP

Bei Kreidefarbe erübrigt sich tatsächlich eine vorherige Grundierung mit Universalgrund.

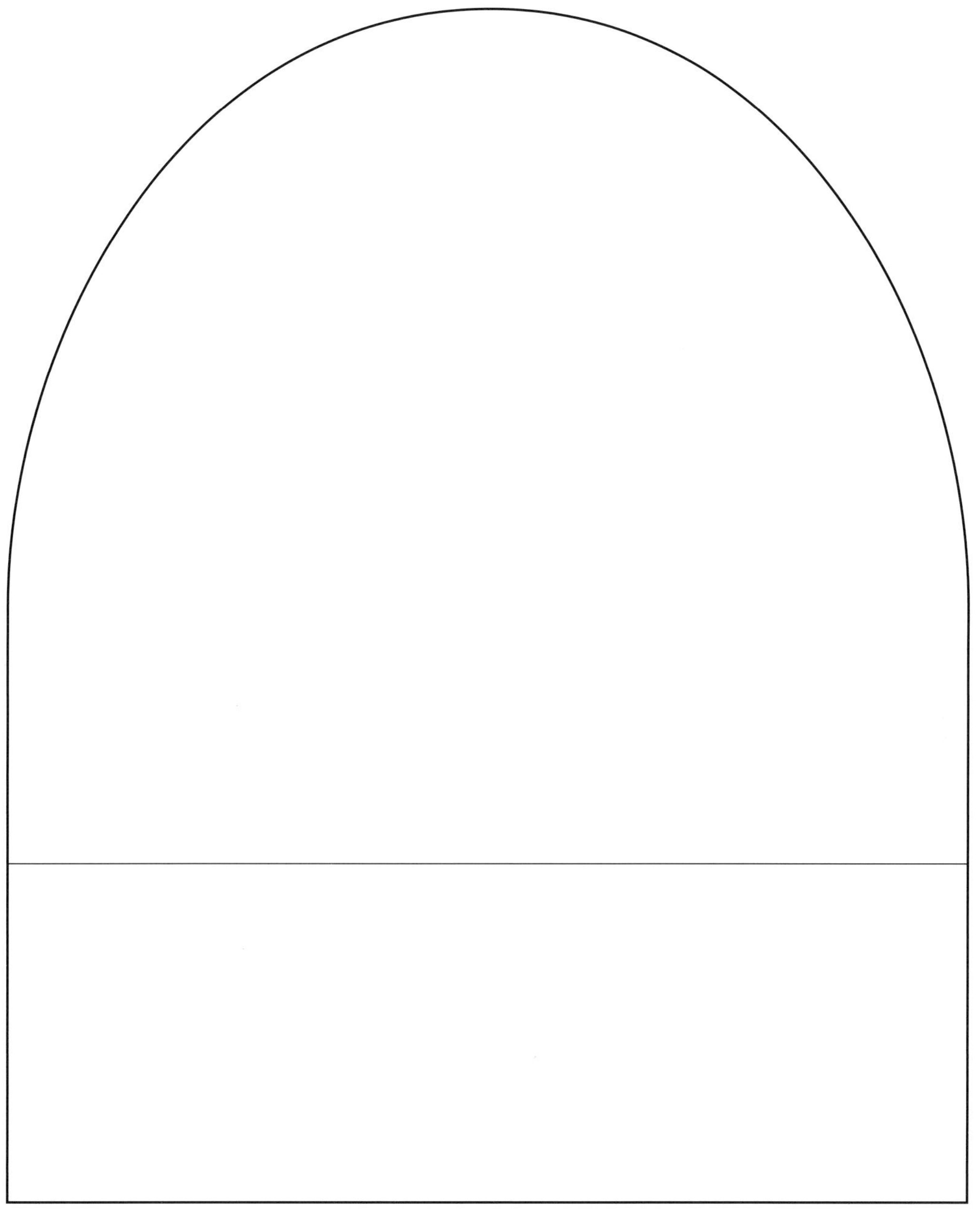

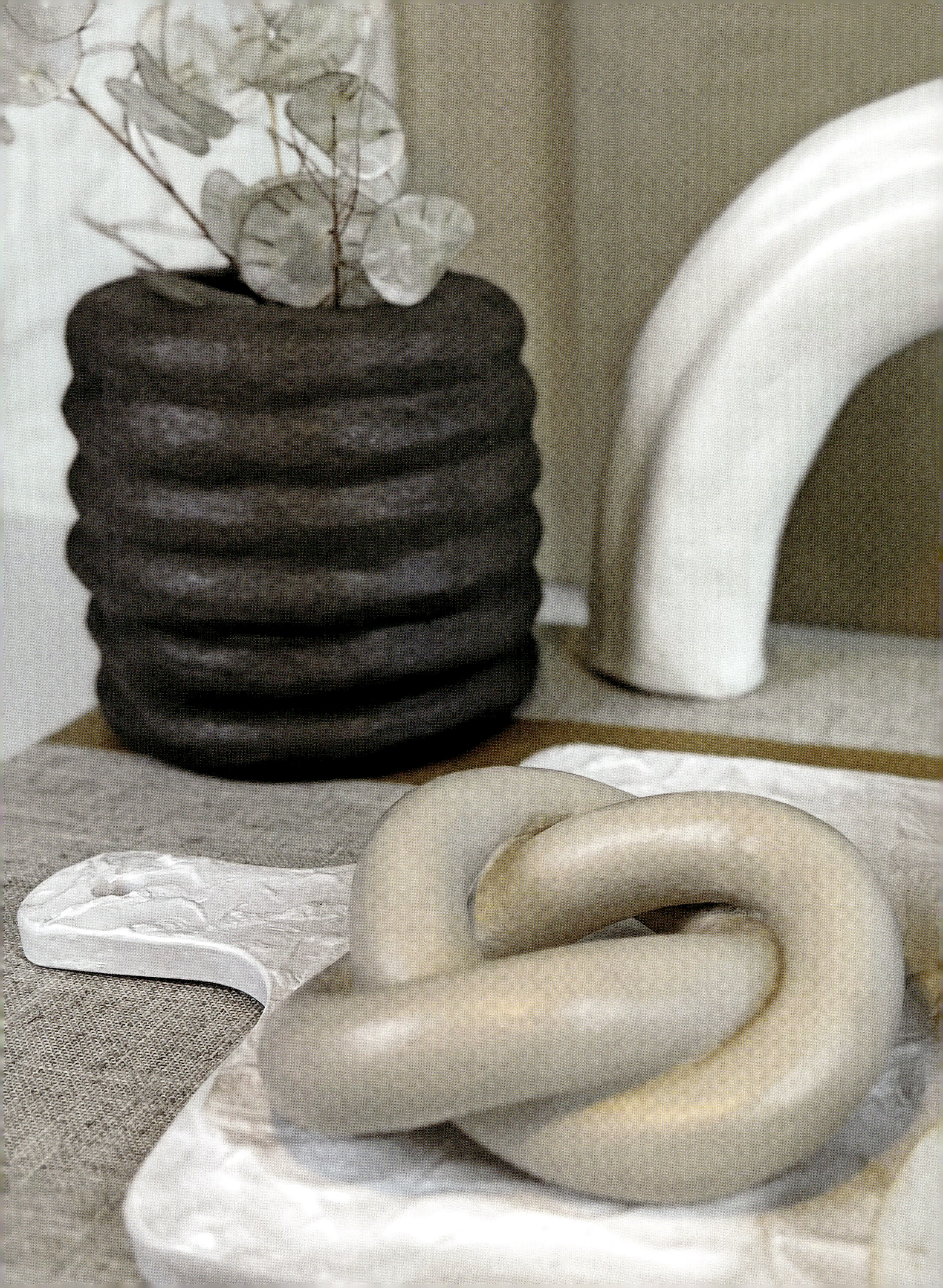

Verknoteter Lückenfüller

Warum dieses Projekt Lückenfüller heißt, wird deutlich, wenn man einen Blick auf die Materialliste wirft. Die Basis ist nämlich Fugenfüllprofil. Das ist aus einem ähnlichen Kunststoff gefertigt wie die bekannten Poolnudeln. Fugenfüllprofil benutzt man eigentlich, um Lücken zwischen Bodenfliesen und der Wand auszugleichen. Wenn man damit solche dekorativen Knoten erstellen möchte, hat es gegenüber Modelliermasse den unschlagbaren Vorteil, dass man viel wildere Knoten zaubern kann. Zudem sind diese Knoten ultraleicht, nicht zerbrechlich und schön gleichmäßig in der Dicke des Materials.

Fugenfüllprofil lässt sich einfach mit der Schere schneiden und mit Sekundenkleber hervorragend kleben. Mit Heißkleber muss man aufpassen, weil das Material bei zu hohen Temperaturen schmilzt. Man kann auch ein Stück Draht einschieben oder mehrere Profile mit Papierklebeband oder Gitterband umwickeln und dann verspachteln.

MATERIAL

Fugenfüllprofil *(Ø 2 cm)*
Niedrigtemperatur-Heißkleber
(oder Sekundenkleber)
Betonpaste mit viel Betonanteil
Einmalhandschuhe
Schleifpapier *(240er- und 400er-Körnung)*
Kreidefarbe *(Jute von Rust-Oleum)*
Holzleim
Pinsel
Versiegelung *(Klarlack von Rust-Oleum)*

ANLEITUNG

1 Mit dem Fugenfüllprofil einen Knoten der Wahl machen.

2 Die Berührungspunkte des Profils mit Heißkleber fixieren. Achtung, der Kleber darf nicht zu heiß sein, sonst schmilzt das Material.

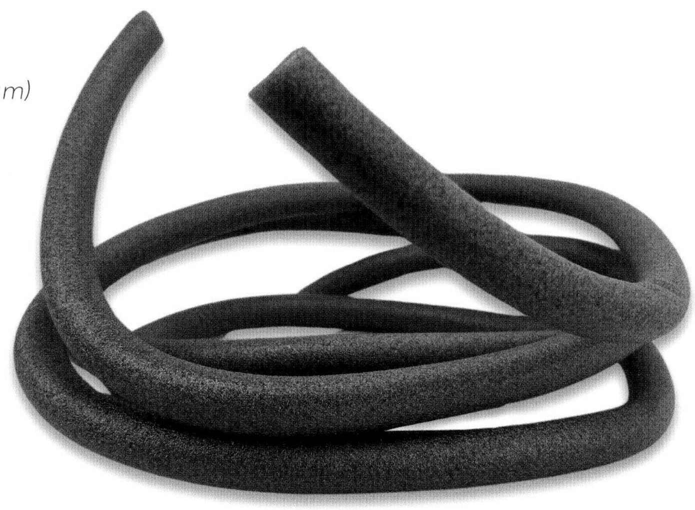

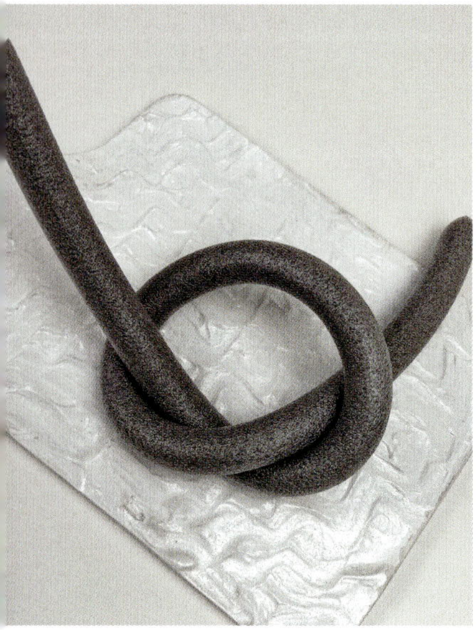

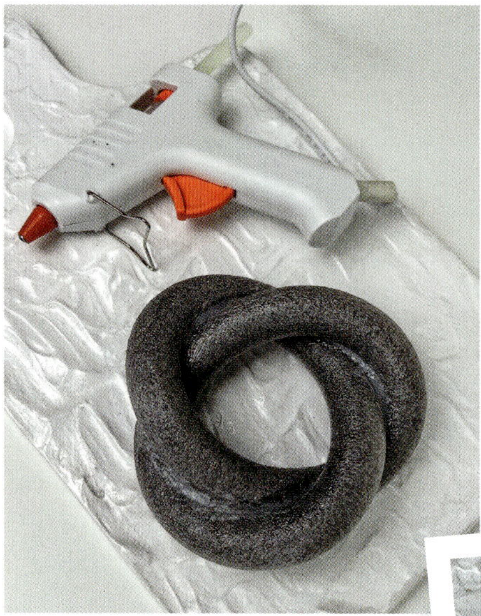

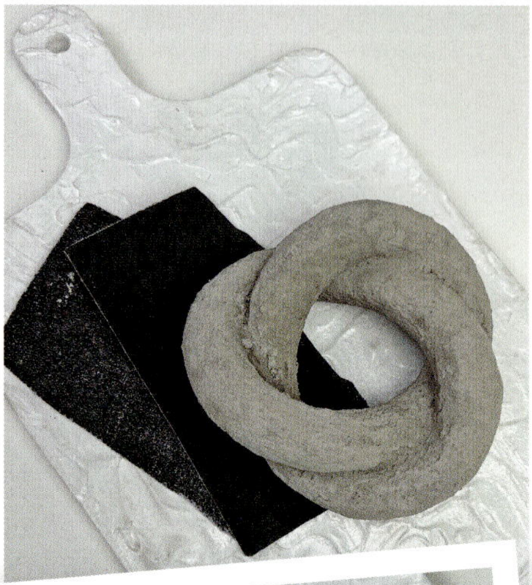

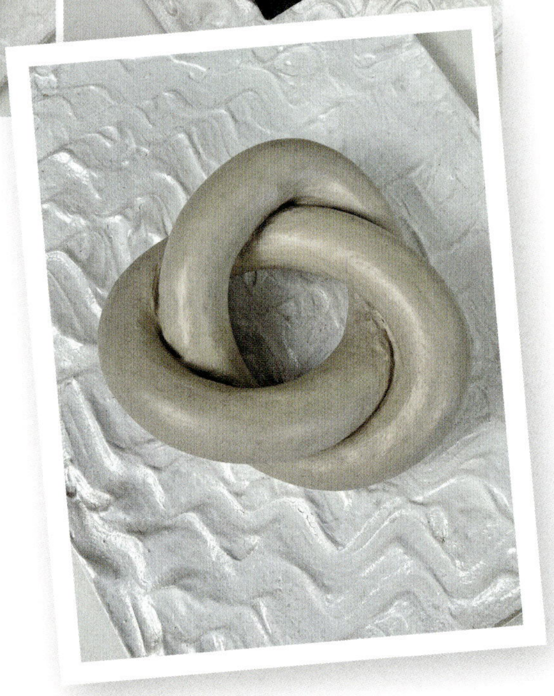

3 Den Knoten mit Betonpaste bestreichen. Dabei die Handschuhe tragen. Der Knoten muss richtig hart werden. Dazu muss viel Beton in der Paste sein und es sind zwei bis drei Schichten nötig. Ansonsten entstehen immer wieder Risse.

4 Die getrocknete Paste glatt schleifen. Dabei erst das grobe Schleifpapier verwenden und zum Schluss das ganz feine Papier.

5 Kreidefarbe mit Holzleim vermischen (Verhältnis 3:1). Evtl. ein paar Tropfen Wasser dazu geben. Es soll eine homogene, streichfähige und deckende Masse werden. Der Leim verhindert, dass die Farbe auf der Betonpaste beim Trocknen abplatzt. Den geglätteten Knoten mit dem Kreidefarbe-Leim-Gemisch bemalen.

6 Die Versiegelung auftragen.

TIPP

Neben Knoten kann man mit dem Fugenfüllprofil auch viele andere schöne Dinge machen (z. B. Bögen, Vasen).

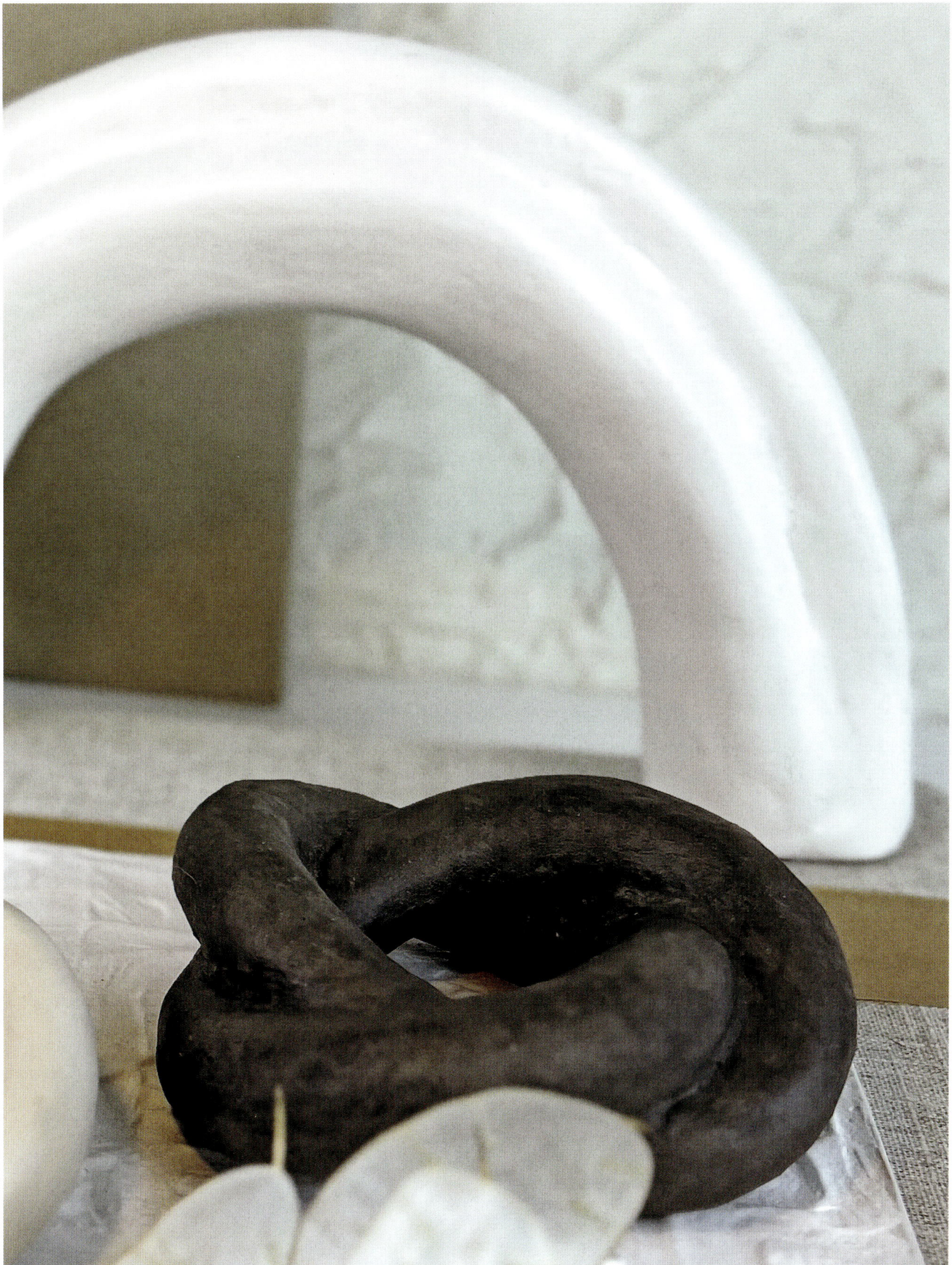

Pappelapapp

Pappmaché kennt man sicher noch aus Kindertagen und wer sich also das innere Kind erhalten hat, wird an diesem DIY viel Freude haben. Nach Kinderbastelei sieht das Ergebnis aber wahrlich nicht aus. Die schöne Schale erinnert eher an Töpferware und durch ihre unperfekte Form passt sie optimal zu Wabi-Sabi.

Mit einfachem Kaffeesatz erzielt man ganz besonders schöne Effekte, was ein Bemalen der Schalen erübrigt.

Man sollte die Arbeitsmaterialien zeitnah nach der Fertigung reinigen, bevor die Reste vom Pappmaché daran festkleben.

Wer die Trocknung beschleunigen möchte, kann nach 1 bis 2 Tagen die Pappmaché-Schale auch in den Backofen schieben (60 °C, ca. 1 Stunde), um die Restfeuchte herauszubringen.

MATERIAL

1 Eierkarton *(Beige)*
Kochtopf
heißes Wasser *(1/4 l)*
Pürierstab
2 TL Tapetenkleister
2 TL Kaffeesatz
Leim *(oder Tuch; nach Bedarf)*
Plastikschale *(Ø 14 cm)*
Frischhaltefolie
Glas *(optional)*
Löffel
Pinsel oder Lappen *(nach Bedarf)*
Versiegelung *(Cremewachs von Rayher)*

ANLEITUNG

1 Den Eierkarton in kleine Stücke reißen. Die Stücke in den Kochtopf geben, 1/4 l heißes Wasser hinzufügen, bis sie durchfeuchtet sind.

2 Die Masse ca. 15 Minuten bei mittlerer Stufe auf dem Herd erwärmen. Dabei regelmäßig umrühren. Die Hitze unter-

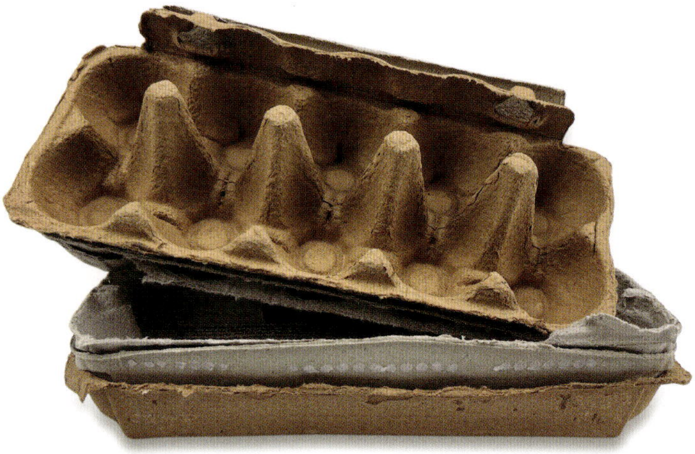

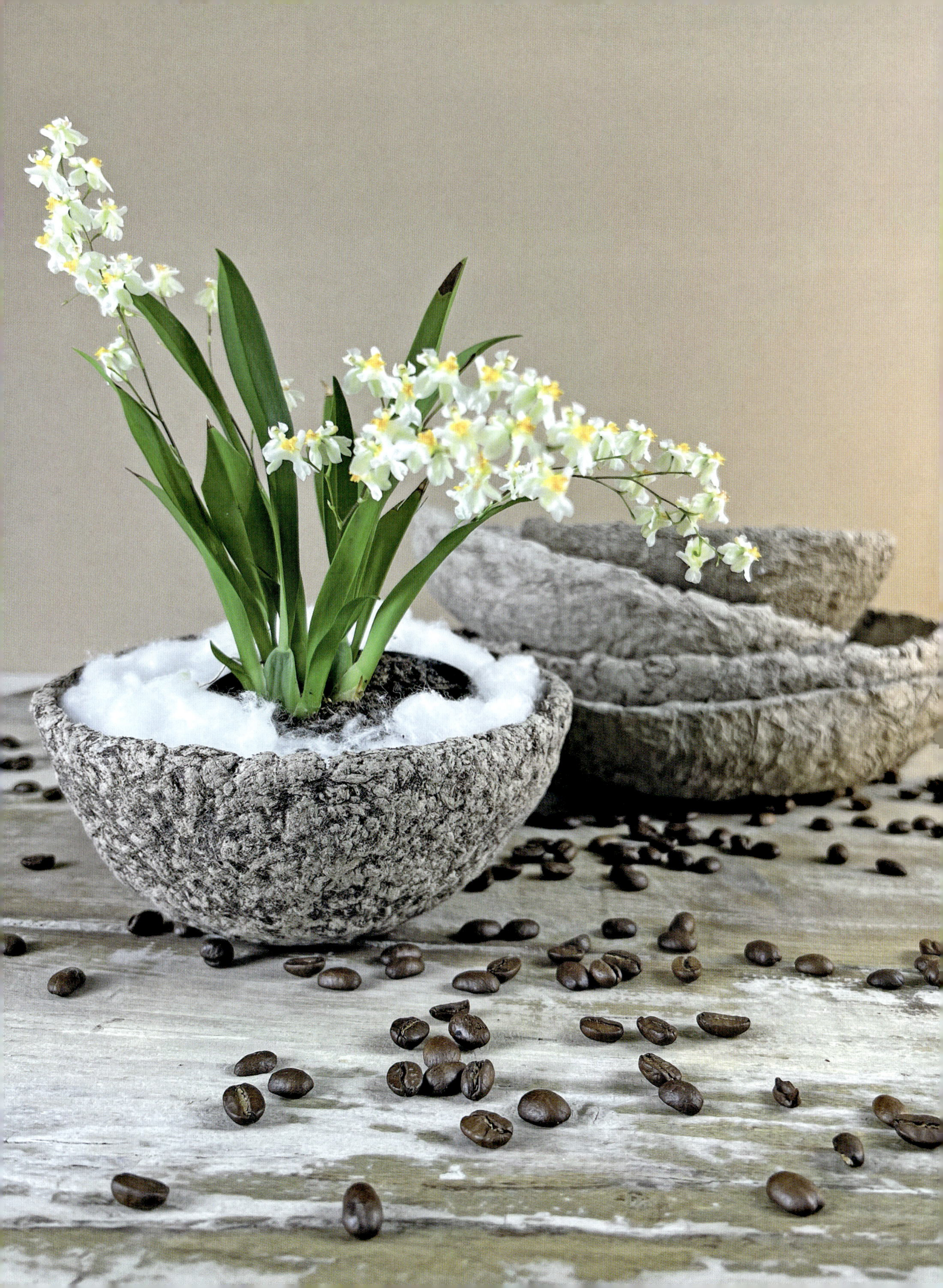

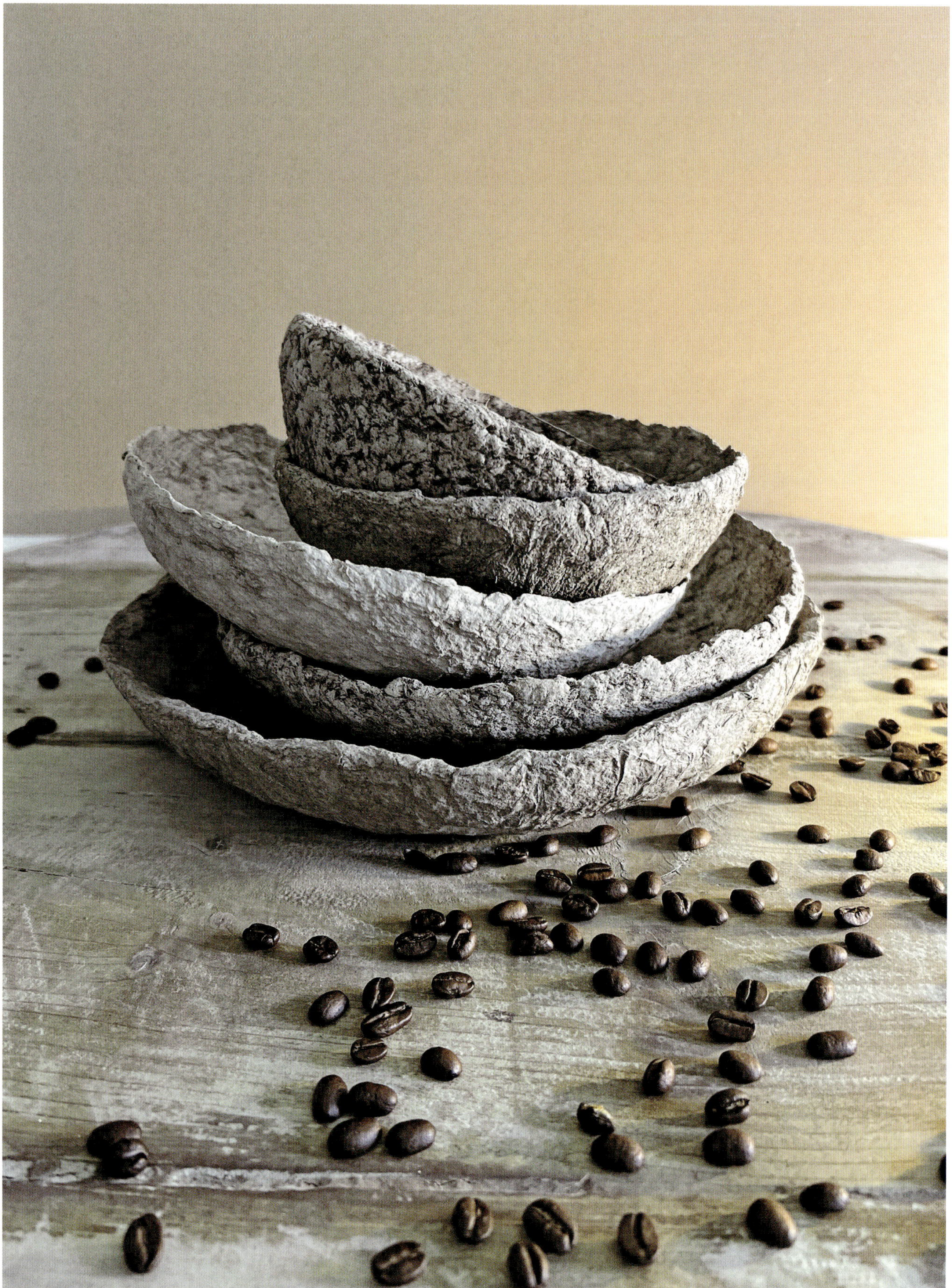

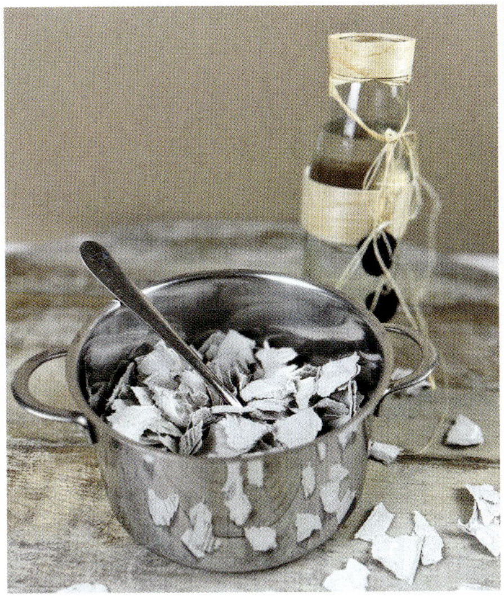

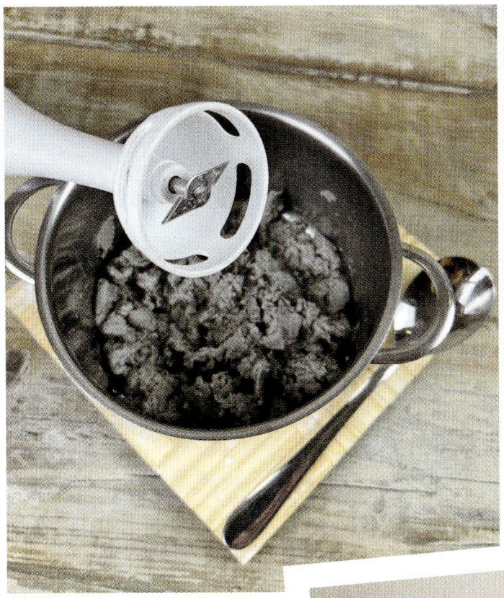

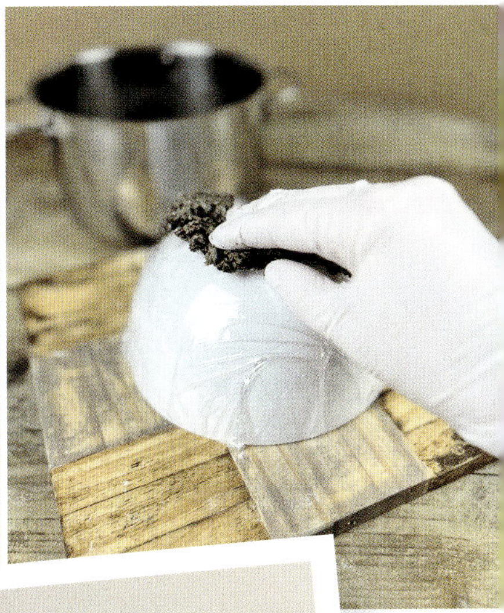

stützt das Auflösen der Fasern und tötet auch Keime ab.

3 Mit dem Pürierstab die Masse im Kochtopf zu einem Brei zerkleinern. In Etappen arbeiten, damit der Pürierstab nicht überhitzt.

4 Nacheinander den Tapetenkleister und Kaffeesatz unterrühren. Die Masse sollte streichfest werden. Ist sie zu feucht, muss man mit Eierkarton und Leim abbinden oder die Masse durch ein Tuch abseihen.

5 Die Plastikschale kopfüber hinstellen und Frischhaltefolie darüberziehen.

6 Die Pappmaché-Masse auf die eingewickelte Schale aufbringen und glatt streichen. Besonders den Rand unten schön ausformen. Das geht besser, wenn die Schale auf einem Glas thront.

7 Die Pappmaché-Schale mehrere Tage an einem warmen Ort trocknen. Die getrocknete Pappschale vorsichtig von der Plastikschale schieben und dann noch versiegeln.

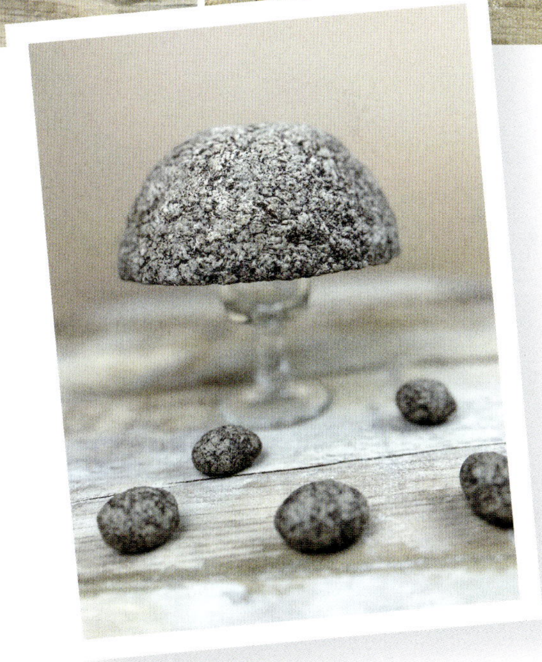

TIPPS

Aus dem Rest des Pappmachés kann man noch Kugeln oder Ostereier formen.

Viele andere Ideen mit Pappmaché findet man auf meinem Instagram-Account: @chalet8_diy

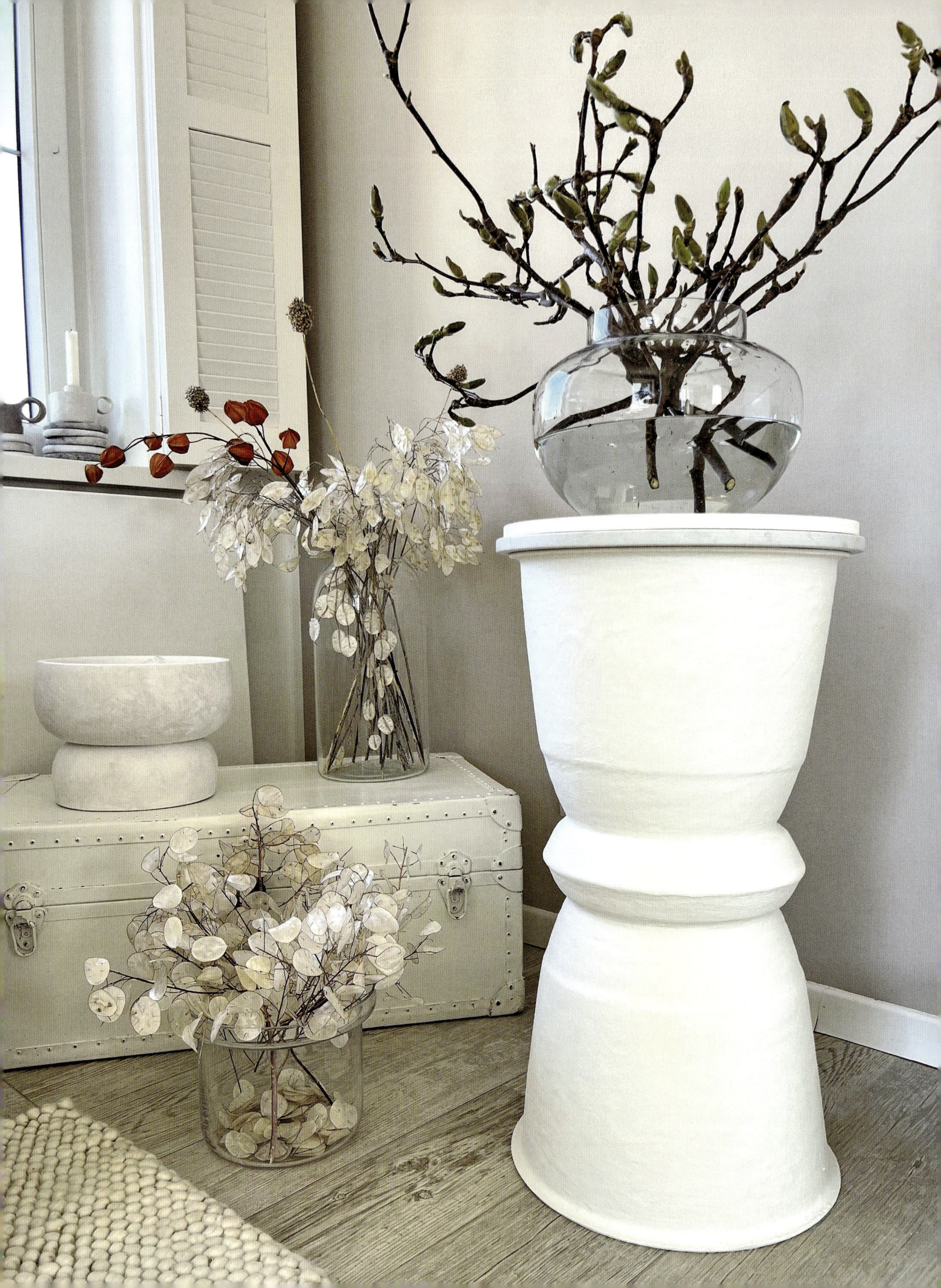

Sanduhr

Dieser Tisch in Form einer Sanduhr eignet sich prima dazu, Deko-Highlights besonders schön in Szene zu setzen. Außerdem bietet er Stauraum für einige Kleinigkeiten. Er besteht hauptsächlich aus Blumenkübeln, Untersetzern und einer runden Scheibe. Es empfiehlt sich, diese Materialien im Baumarkt probeweise zusammenzusetzen, um zu schauen, ob die Proportionen gut miteinander harmonieren. Fragende Blicke der Verkäufer und anderer Kunden einfach ignorieren.

MATERIAL

2 Kunststoff-Blumenuntersetzer
Montagekleber
2 Kunststoff-Blumenkübel
Spachtelmasse *(gebrauchsfertig)*
Einmalhandschuhe *(nach Bedarf)*
Schleifpapier *(80er- und 250er-Körnung)*
Kreidefarbe *(Antik-Weiß von Rust-Oleum)*
Holzleim
Pinsel
runde Scheibe
(z. B. aus Holz, Bambus, Marmor)

ANLEITUNG

1 Zuerst die beiden Untersetzer miteinander verkleben und dieses neue Verbundteil dann zwischen beide Blumenkübel kleben.

2 Die ganze Konstruktion verspachteln, dabei ggf. die Handschuhe tragen. Die Spachtelmasse trocknen lassen und anschließend schön glatt schleifen.

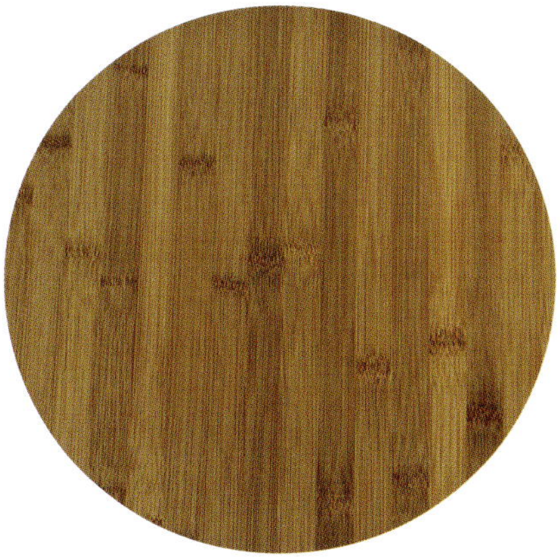

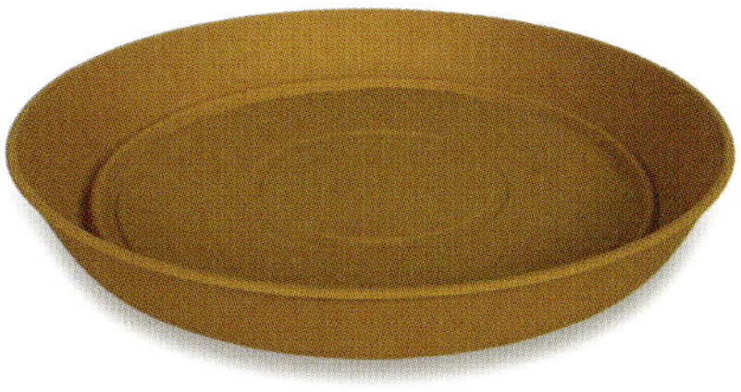

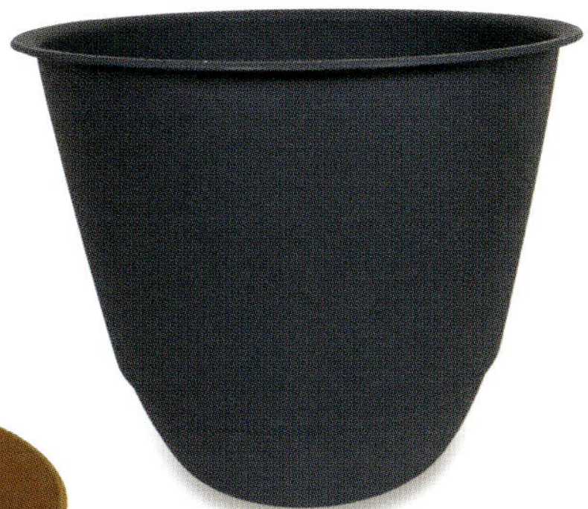

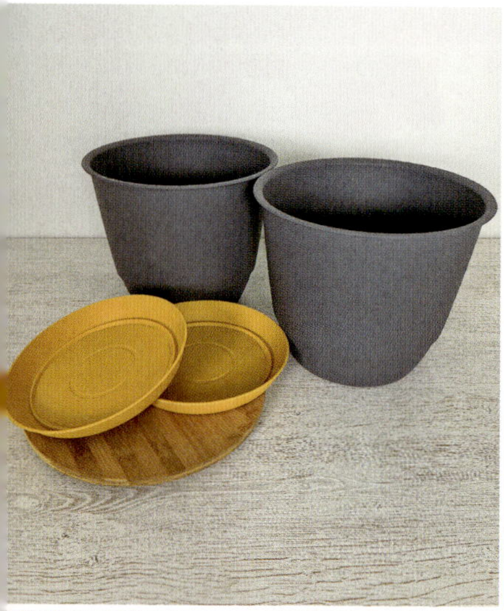

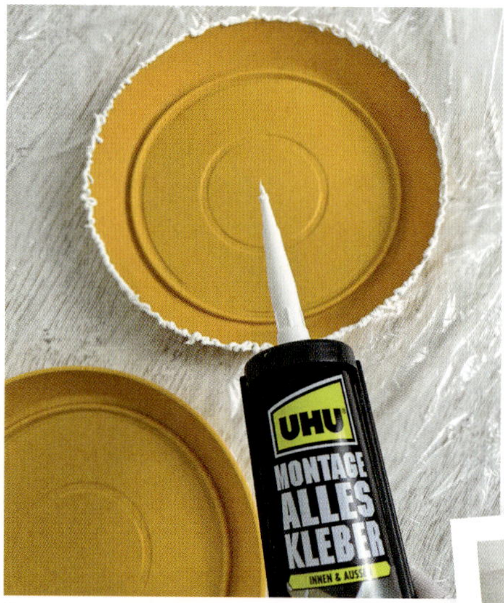

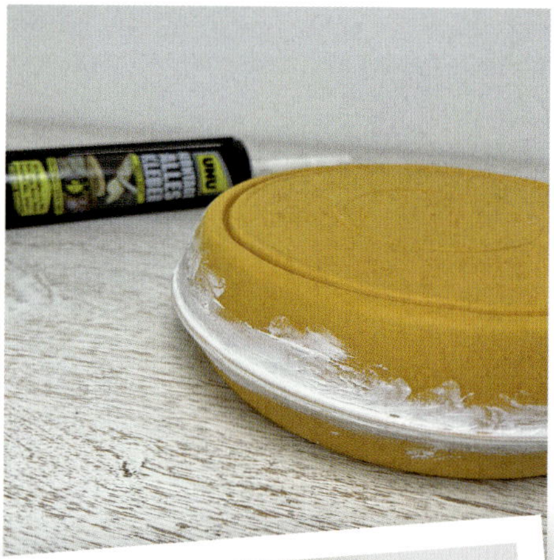

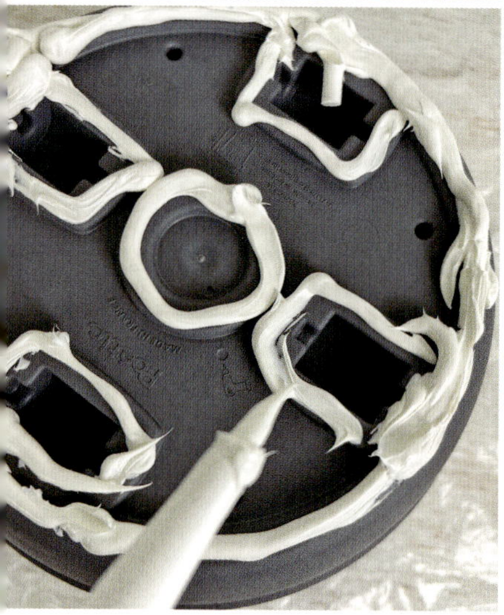

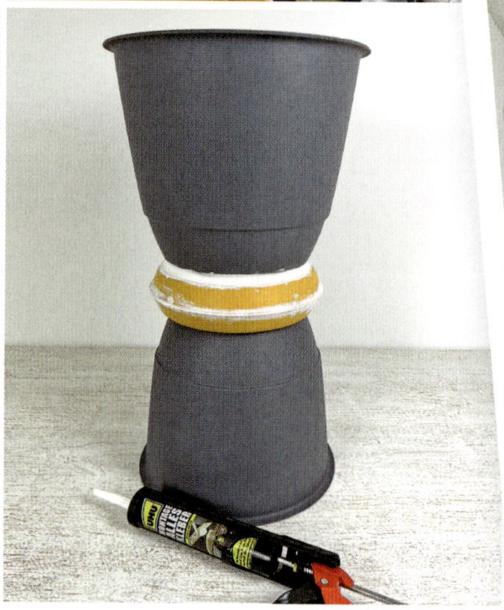

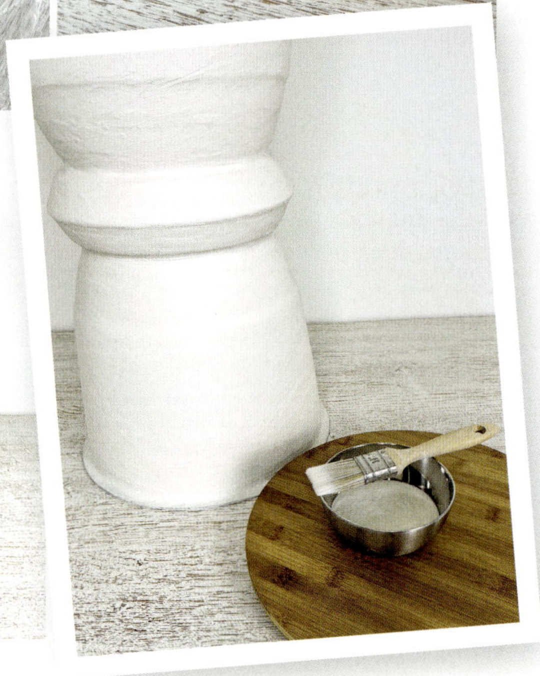

3 Mit einem Gemisch aus Kreidefarbe und Leim (Verhältnis 3:1) die verspachtelte Konstruktion und ggf. auch die runde Scheibe lackieren. Der Leim verhindert bei der Spachtelmasse die Rissbildung.

4 Die Scheibe auf den oberen Blumenkübel legen. Sie wird bewusst nicht festgeklebt, damit man den oberen Kübel als Stauraum nutzen kann.

TIPP

Die Kreidefarbe-Leim-Mischung kreuzförmig mit breitem, weichem Pinsel auftragen. Dadurch entsteht eine schöne Oberflächenstruktur.

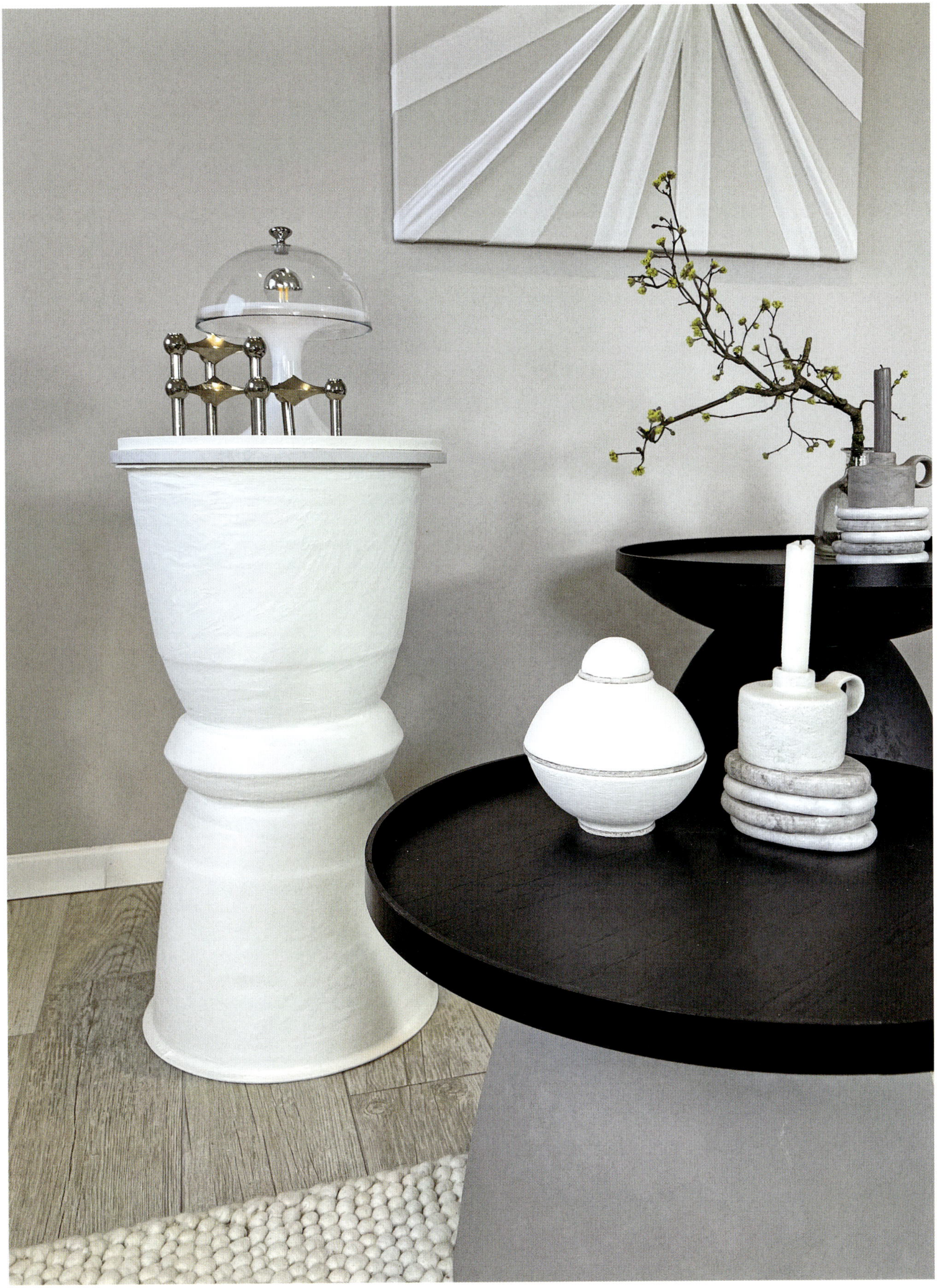

Würfelknoten

Mit Bauklötzen kann man wirklich super schöne DIYs erschaffen. Wenn man „außerhalb der Box" denkt und mit Holzleim arbeitet, statt nur zu stapeln, dann lassen sich spannende Objekte gestalten. Die Holzwürfel sehen schon unbehandelt schön aus. Man kann sie z. B. aber auch im Wunschton lasieren. Wer die Holzoptik nicht mag, kann die Holzflächen einfach zuspachteln.

MATERIAL

Lineal
Bleistift
15 Holzwürfel *(Kantenlänge 3 cm)*
Forstnerbohrer *(25 mm)*
Metall-Kerzentülle *(Ø 20 mm)*
Holzleim
Spachtelmasse *(gebrauchsfertig)*
Einmalhandschuhe *(nach Bedarf)*
Schleifpapier *(80er- und 240er-Körnung)*
Kreidefarbe *(Antik-Weiß und Khaki von Rust-Oleum)*
Borstenpinsel *(für Sprenkel)*
weicher Pinsel *(zum Streichen)*

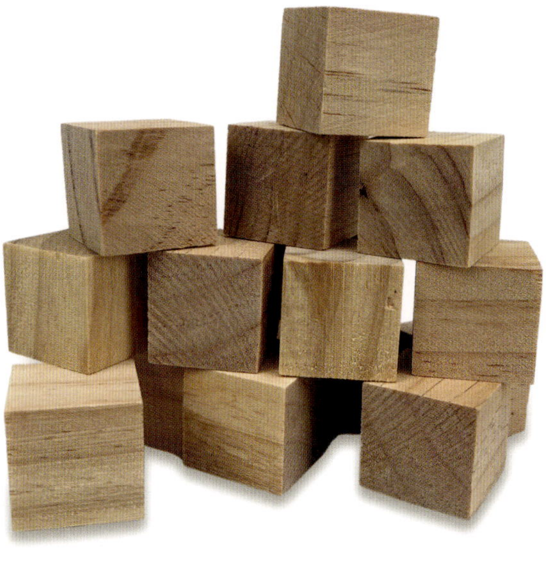

ANLEITUNG

1 Mittels Lineal und Bleistift die Diagonalen auf einer Würfelseite einzeichnen. Der Schnittpunkt markiert das Zentrum der Fläche.

2 Mit dem Forstnerbohrer mittig ein Loch bohren, welches tief genug ist, um die Kerzentülle darin zu versenken.

3 Die Kerzentülle mit Holzleim in das Loch im Würfel kleben.

4 Die vorherigen Arbeitsschritte bei einem zweiten Würfel wiederholen.

5 Alle Würfel wie abgebildet zusammenleimen.

6 Den Kerzenständer mit Spachtelmasse betupfen. Beim Arbeiten mit der Spachtelmasse nach Bedarf die Handschuhe tragen.

7 Mit Schleifpapier die trockene Spachtelmasse glätten (erst das grobe, dann das feine Schleifpapier verwenden).

8 Alles mit einem Gemisch aus Leim, Kreidefarbe und etwas Wasser streichen. Gut durchtrocknen lassen.

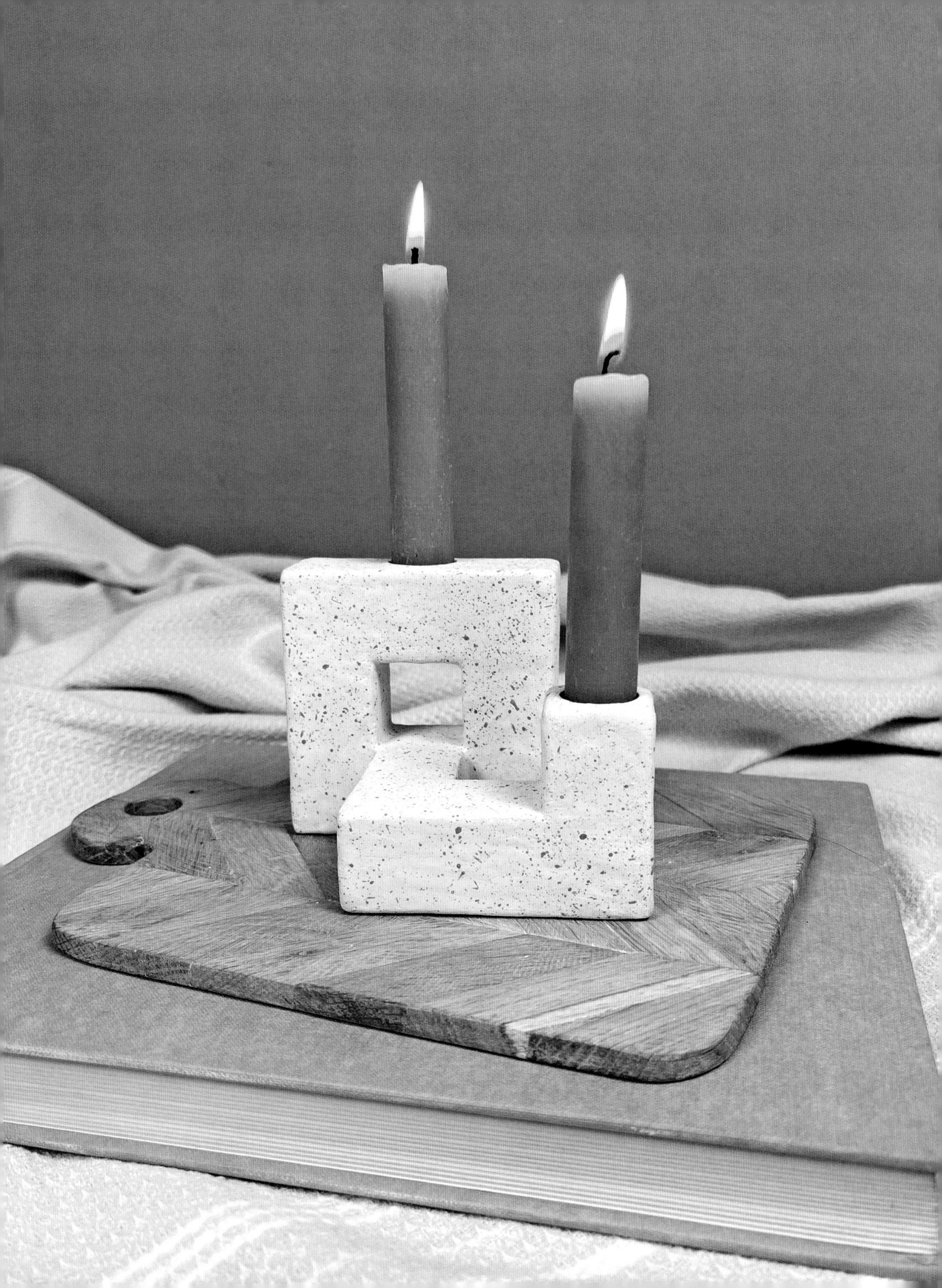

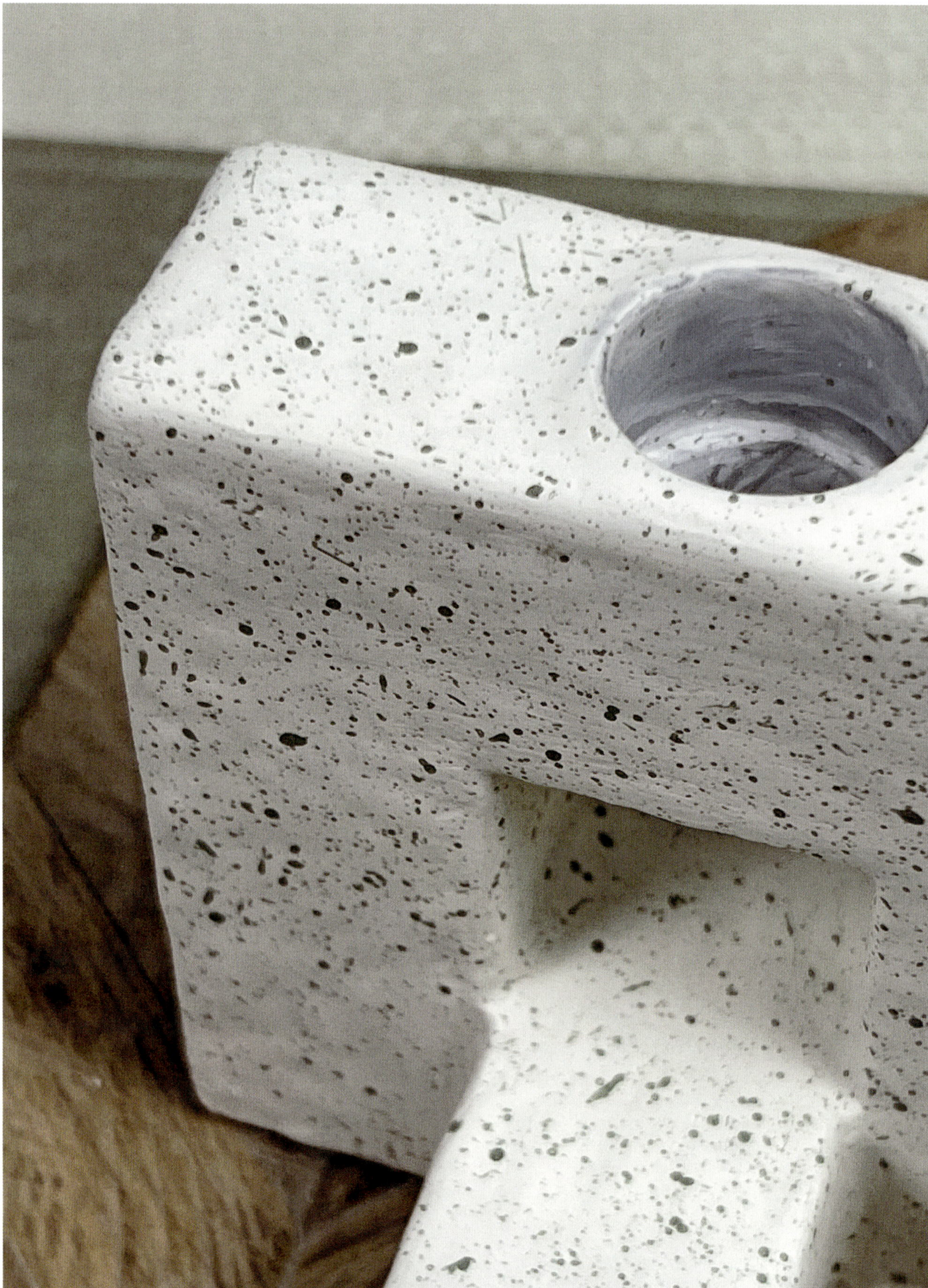

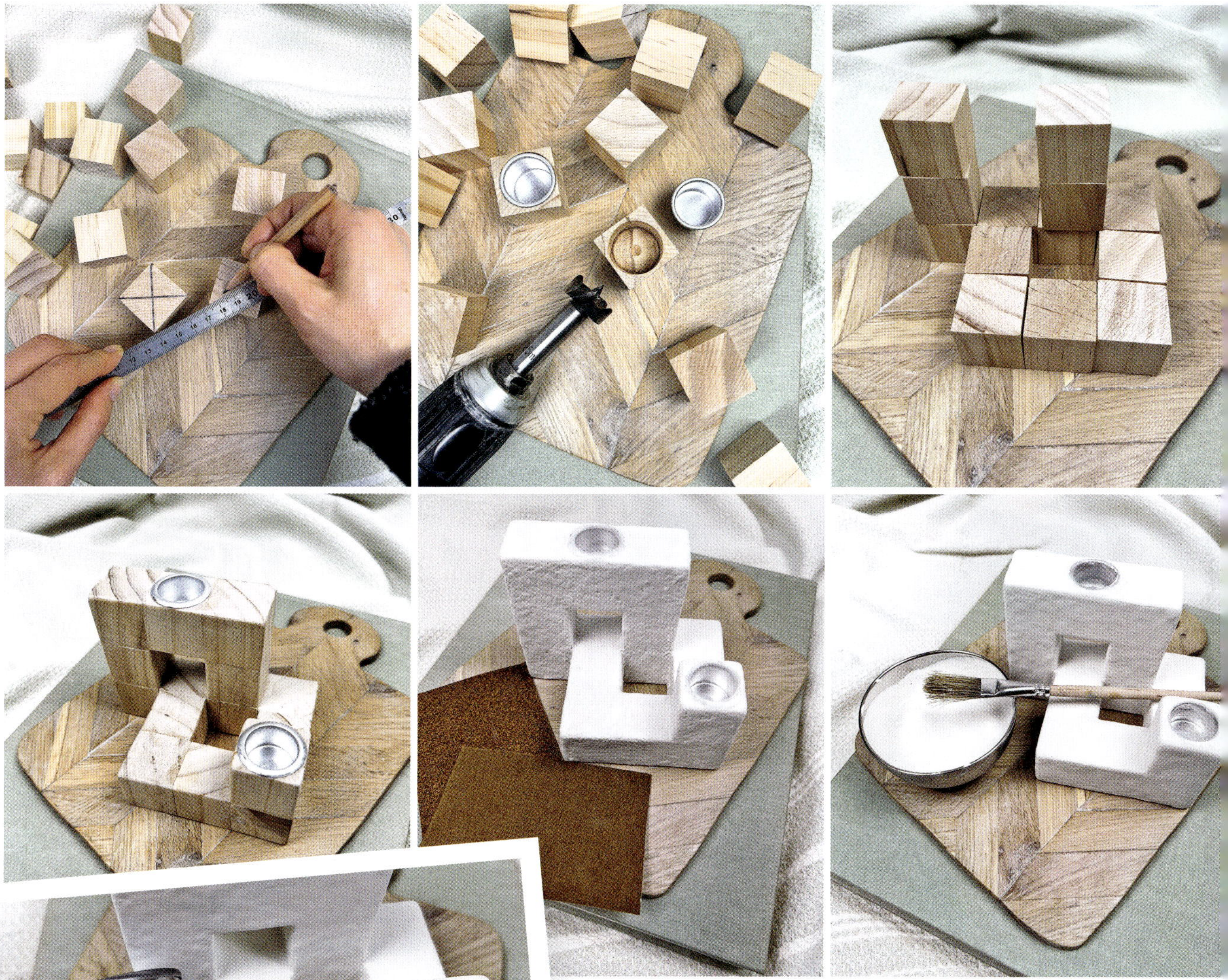

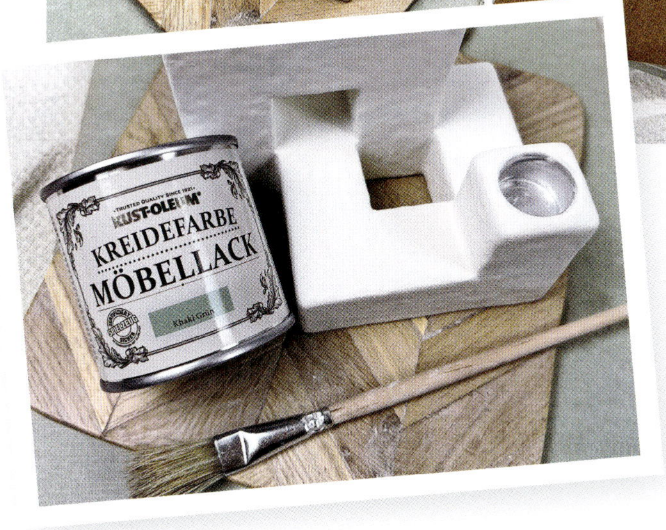

9 Anschließend mit khakifarbener Kreidefarbe und Borstenpinsel kleine Sprenkel auf dem Kerzenhalter verteilen.

TIPP

Statt der Farbsprenkel kann man, wie bei anderen Projekten beschrieben, auch Beton, Gips, Sand oder Pfeffer auf die geglättete und angefeuchtete Spachtelmasse streuen.

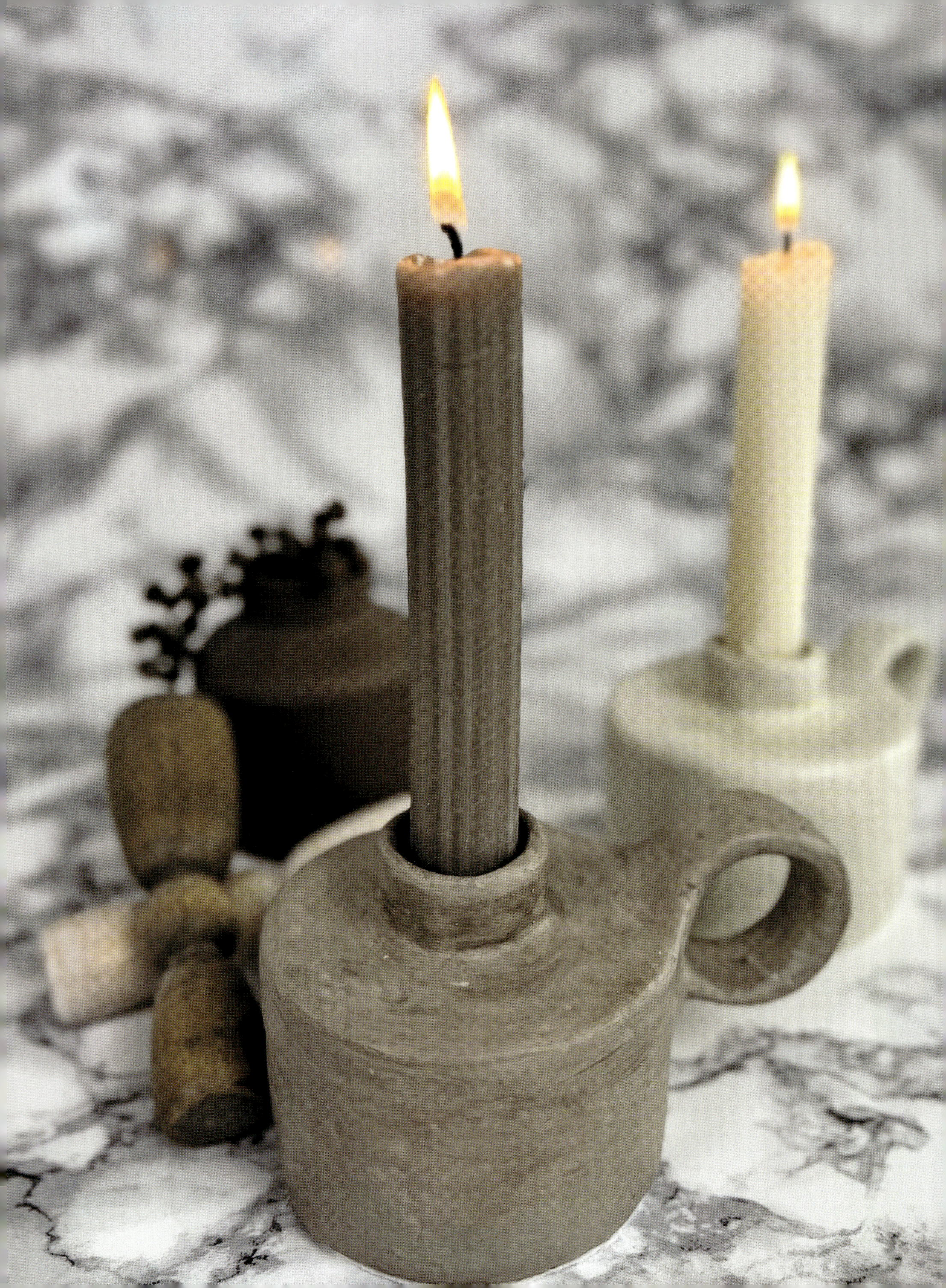

Kammerleuchter

Die grundlegenden Utensilien für diesen Kerzenhalter hat vermutlich jeder daheim oder hat sie schon oft achtlos weggeworfen. Dieses Upcycling-Projekt ist sprichwörtlich aus Pappe, wirkt aber am Ende wie aus Ton. Es sei schon mal verraten, dass es auch lustig rasselt.

Kerzen bitte nie unbeaufsichtigt brennen lassen bzw. LED-Kerzen verwenden.

MATERIAL

Pappe *(z. B. Versandkarton, ca. 10 x 10 cm)*
Schere
große Papprolle
(z. B. von einem Paketklebeband)
Holzleim
Sand
kleine Papprolle *(z. B. von einem Washi-Tape)*
Papierklebeband
Kerzentülle
Betonpaste *(oder gebrauchsfertige Spachtelmasse, die rissfrei austrocknet)*
Einmalhandschuhe
Schleifpapier *(240er-Körnung)*
Versiegelung *(Klarlackspray von Rayher)*
Filz *(ca. 10 x 10 cm)*

ANLEITUNG

1 Zwei Kreise in der Größe der großen Papprolle aus der Versandkarton-Pappe ausschneiden.

2 Einen Pappkreis an der großen Papprolle unten festleimen.

3 Den Sand in die Röhre einfüllen.

4 Den zweiten Pappkreis oben auf die große Papprolle kleben.

5 Die kleine Papprolle mit Leim und Papierklebeband an der Seite der Röhre befestigen. Die Kerzentülle in die Mitte des oberen Pappkreises kleben.

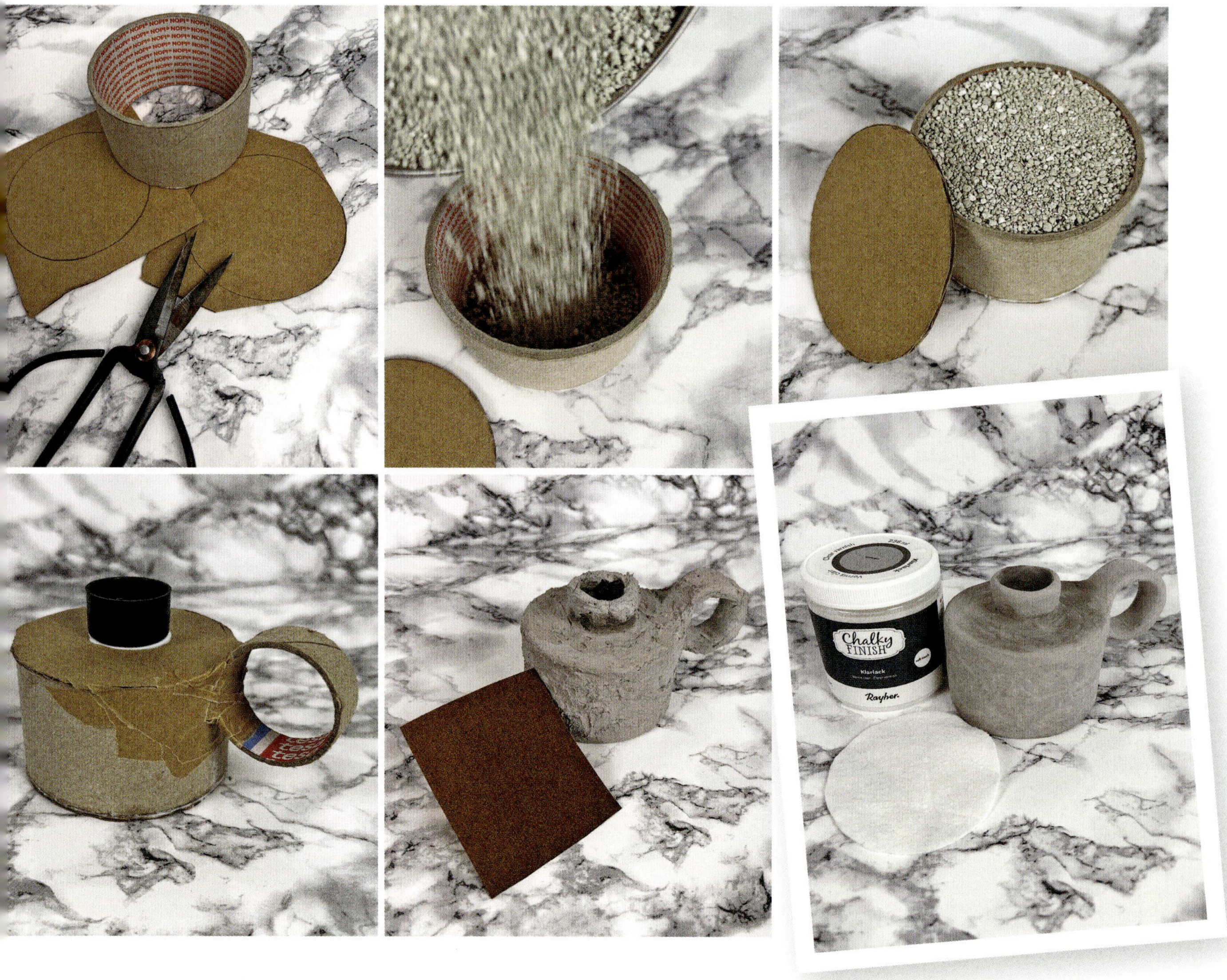

6 Den Kerzenhalter, bis auf den Boden, mit Betonpaste bestreichen. Dabei die Einmalhandschuhe tragen. Nach dem Trocknen die Betonpaste glatt schleifen und mit Klarlackspray versiegeln.

7 Am Boden einen Filzkreis aufkleben.

TIPP

Als Kerzentülle kann auch eine Kupfermuffe aus dem Baumarkt oder ein Plastikdeckel dienen.

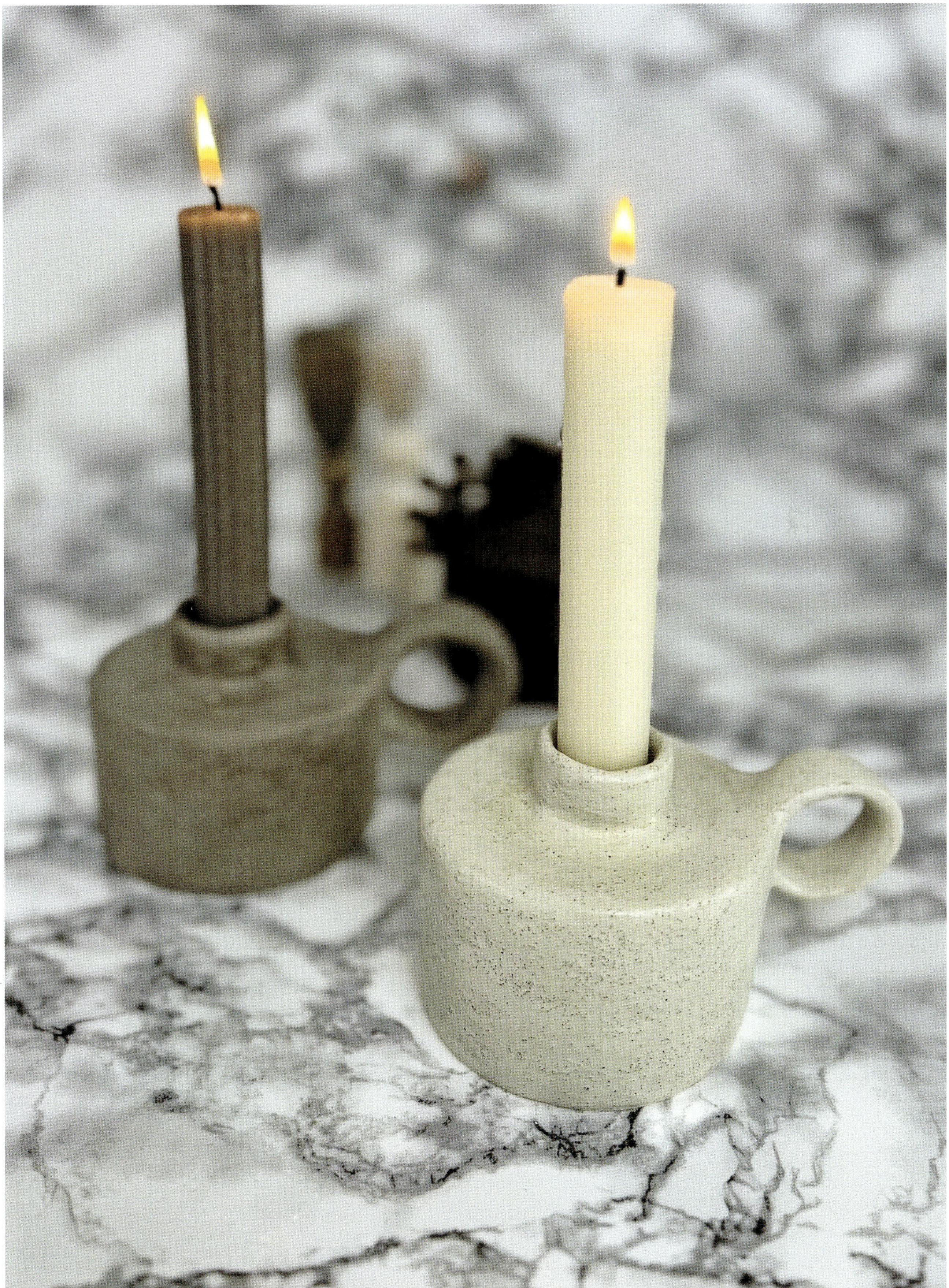

Papiermaché-Lampe

Dieses Projekt ist etwas für alle, die sehr gerne modellieren. Der eigentliche Arbeitsaufwand ist nicht groß, doch man muss Geduld mitbringen, während einzelne Stadien über Tage trocknen. Das Ergebnis ist dann aber ein wunderschöner, organisch geformter Lampenschirm.

Papiermaché gibt es als eine Art Pulver zu kaufen, dem man nur noch Wasser hinzufügen muss. Im Vergleich zum selbst gemachten Pappmaché aus Eierkarton ist die gekaufte Variante aus Papier viel feiner. Das Papiermaché ist eine gute Alternative für alle, denen das Anfertigen von eigenem Pappmaché zu aufwendig erscheint.

MATERIAL

2 Schüsseln *(eine zum Anmischen, eine zum Modellieren)*
Esslöffel
Papiermaché *(ca. 1 kg)*
Luftballon
Klebeband
Messer
Geschirrtuch
Bücher o.Ä. zum Beschweren
Frischhaltefolie
verdünnte Spachtelmasse *(nach Bedarf)*
Pinsel
Versiegelung *(Klarlack von Rust-Oleum)*
Pendelleuchte mit Schraubring

TIPP

Mit einem Textilkabel wirkt die Lampe besonders hochwertig.

ANLEITUNG

1 In einer Schüssel das Papiermaché mit warmem Wasser anrühren und ca. 1 Stunde ruhen lassen.

2 Einen aufgeblasenen Luftballon mit Klebeband in eine weitere Schüssel kleben. Das Festkleben dient der einfacheren Handhabung für den nächsten Schritt.

3 Das angesetzte Papiermaché auf dem oberen Teil des Luftballons verteilen und mit der Löffelrückseite und feuchten Fingern glätten. Die Masse auf dem Luftballon ca. 2 Stunden fester werden lassen.

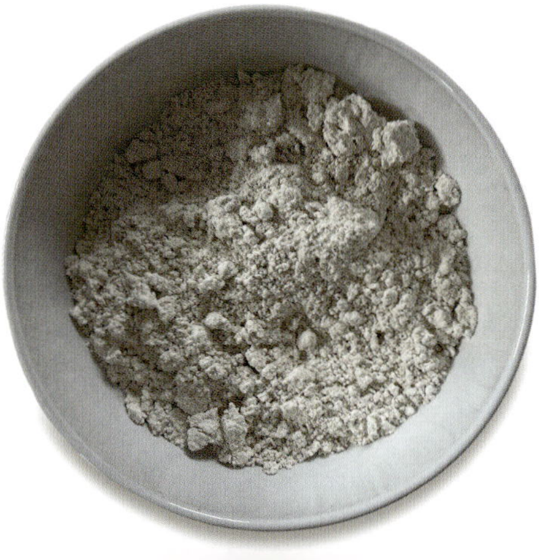

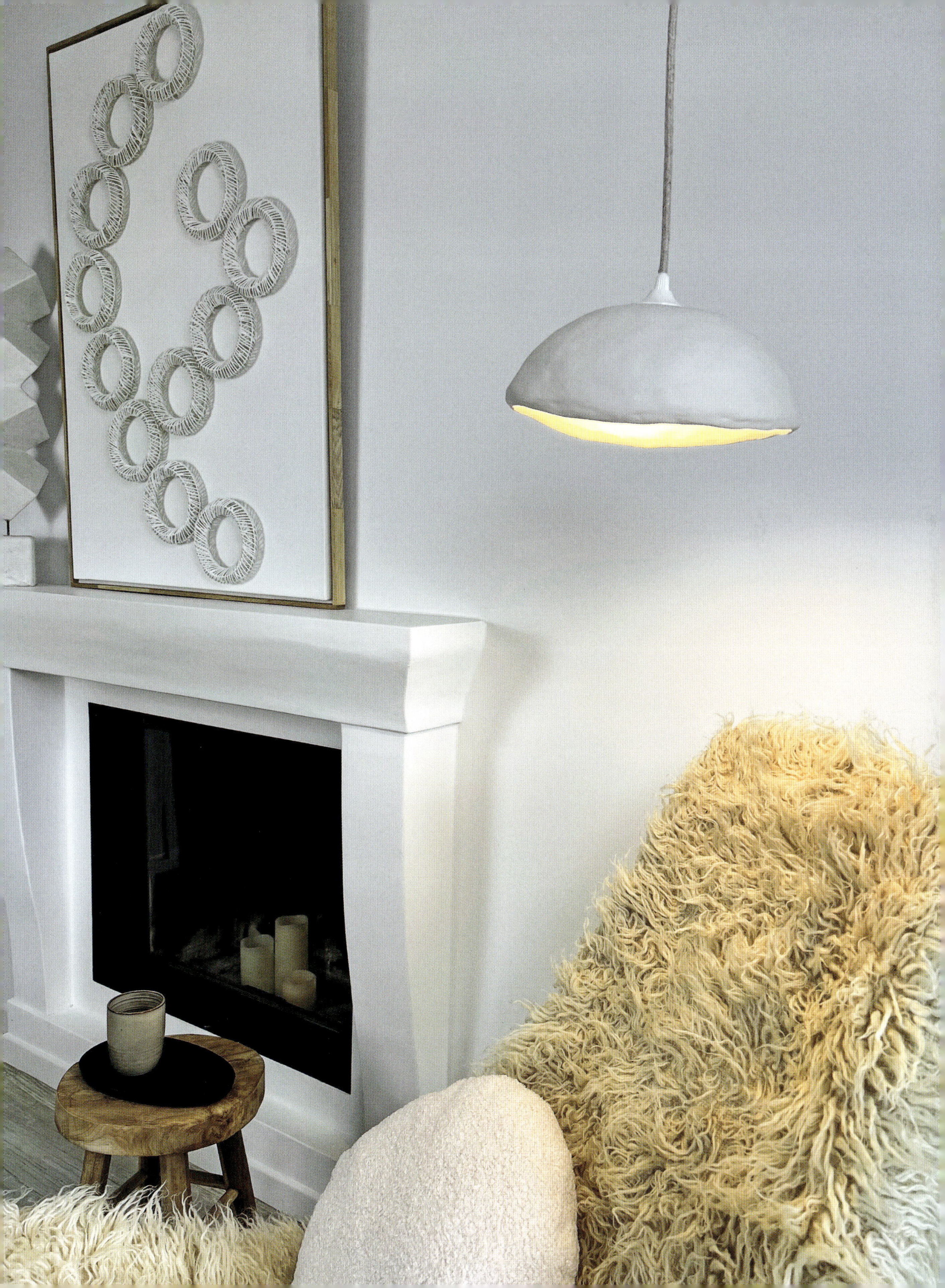

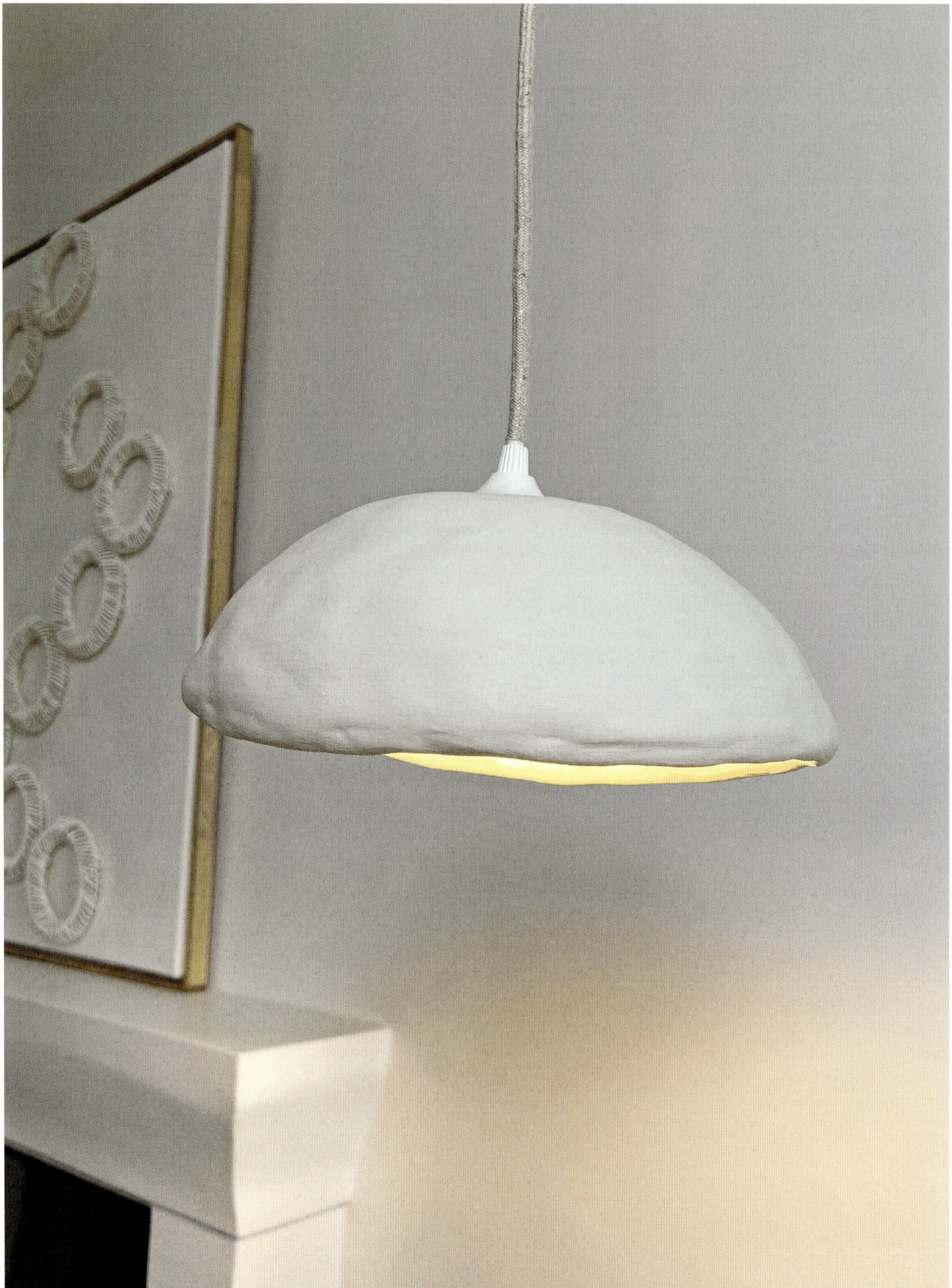

4 Nach dieser Zeit ist die Masse auf dem Luftballon nicht mehr klebrig, lässt sich aber noch gut formen. Jetzt ist ein guter Zeitpunkt, das Loch für die Lampenfassung aus der Masse zu schneiden. Das muss vorsichtig geschehen, damit man nicht in den Ballon sticht.

5 Damit die spätere Lampenform etwas abgeflachter ausfällt, ein Geschirrtuch über das Papiermaché legen und Gegenstände zum Beschweren darauflegen. Das Ganze 2 bis 3 Tage ruhen lassen.

6 Anschließend die Form aus Papiermaché vom Luftballon abnehmen. Nun hat man im Grunde schon einen einfachen Lampenschirm, den man an eine Pendelleuchte mit Schraubring anbringen kann.

7 Den unteren Rand ausformen. Dazu eine Schüssel mit Frischhaltefolie überziehen und umgedreht in die Papiermaché-Schale legen. Die Lücke zwischen Schüssel und Schale mit einer Rolle aus Papiermaché ausfüllen. Die Übergänge zwischen frischem und getrocknetem

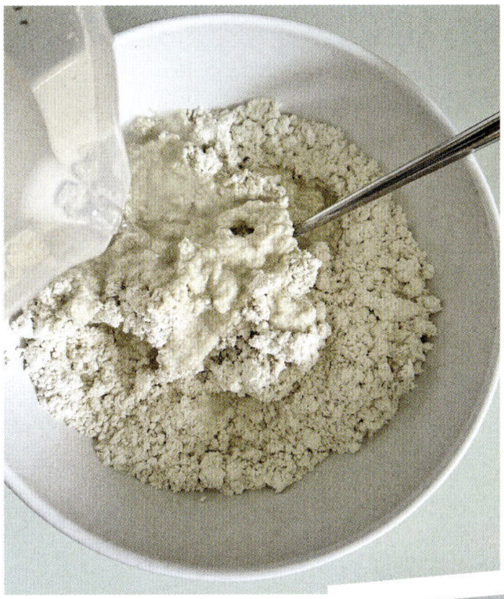

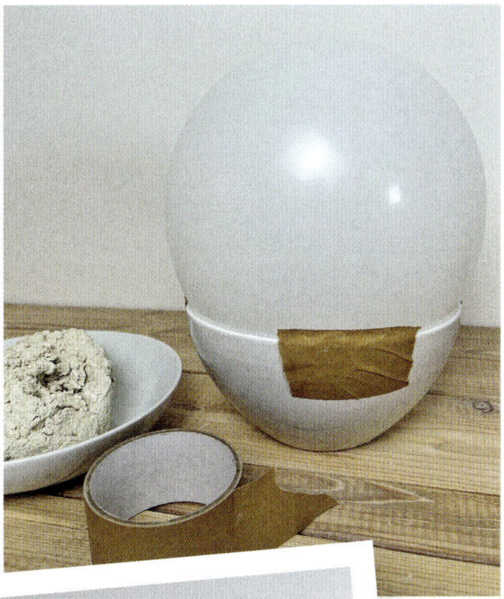

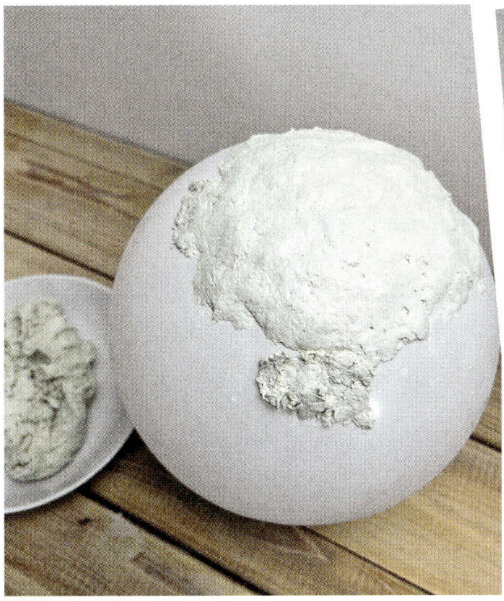

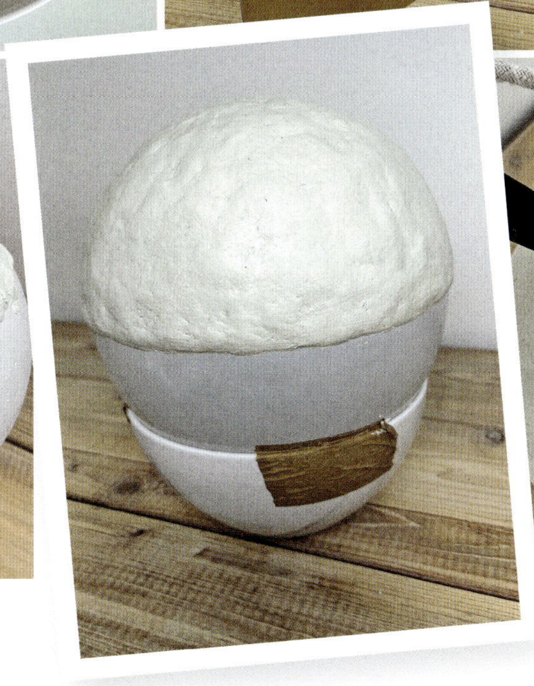

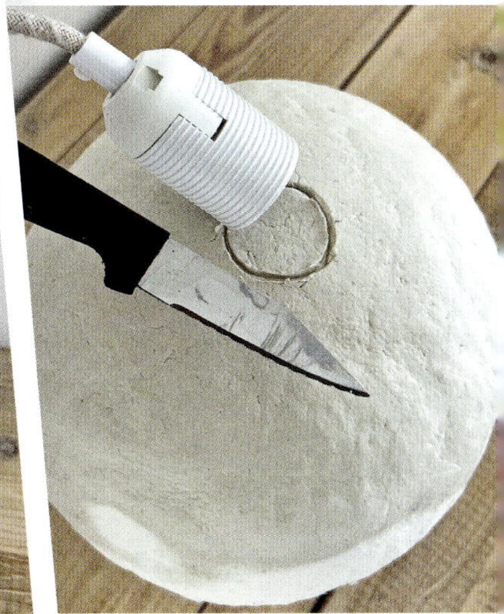

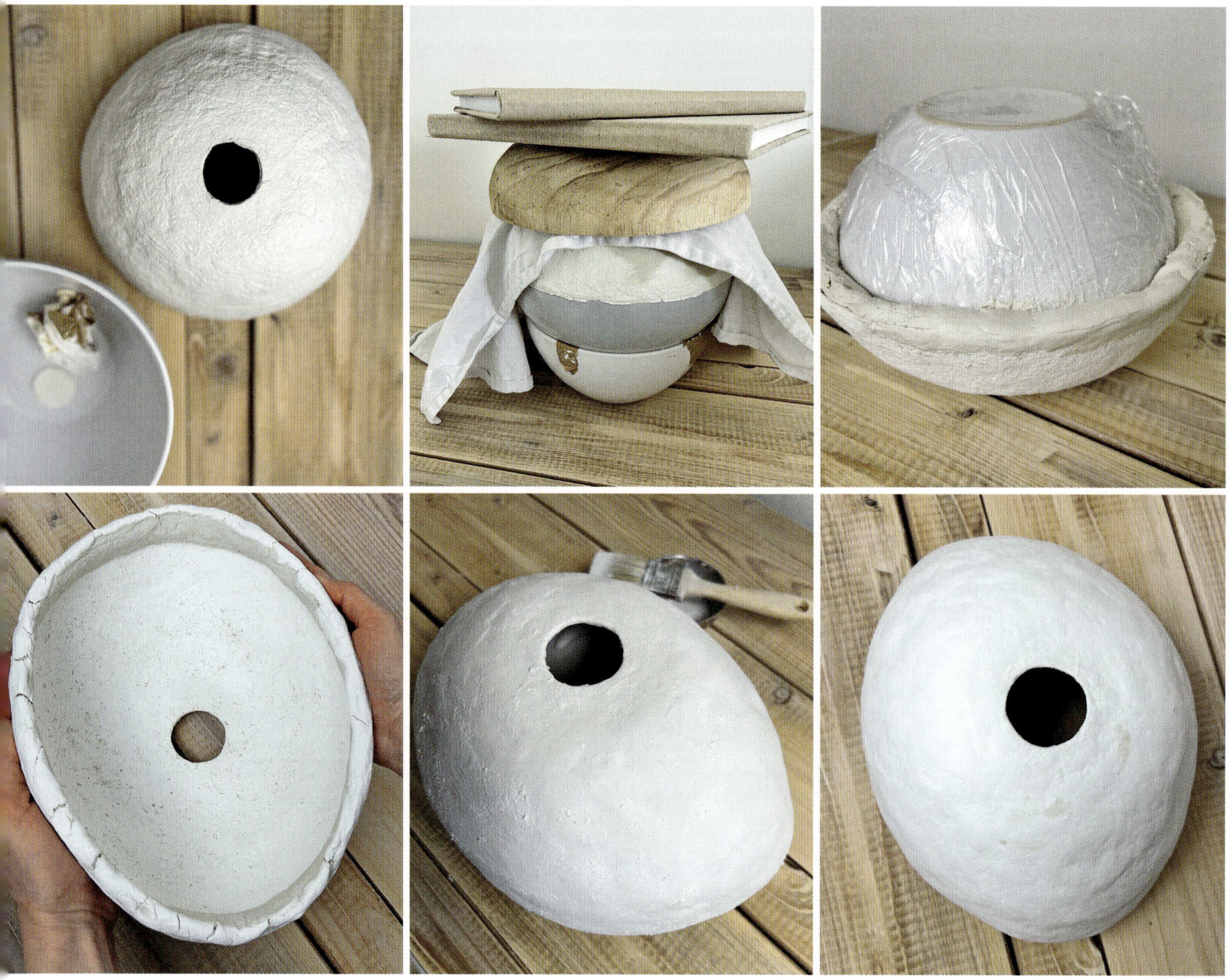

Papiermaché überblenden. Alles schön glätten.

8 Den ganzen Lampenschirm ordentlich nass sprühen und einige Stunden warten, bis er wieder etwas weich und verformbar ist. Dann mit beiden Händen vorsichtig in eine zitronenartige Form zusammendrücken. Anschließend mit zusätzlichen Schichten Papiermaché nach Belieben weiter modellieren, bis man die gewünschte Form erreicht hat.

9 Um die kleinen Dellen und Unebenheiten besser aus dem Lampenschirm zu bekommen, kann man verdünnte Spachtelmasse mit dem Pinsel über den Lampenschirm streichen.

10 Den Lampenschirm innen wie außen noch mit Klarlack versiegeln. Zuletzt in die Schraubringfassung die Pendelleuchte montieren.

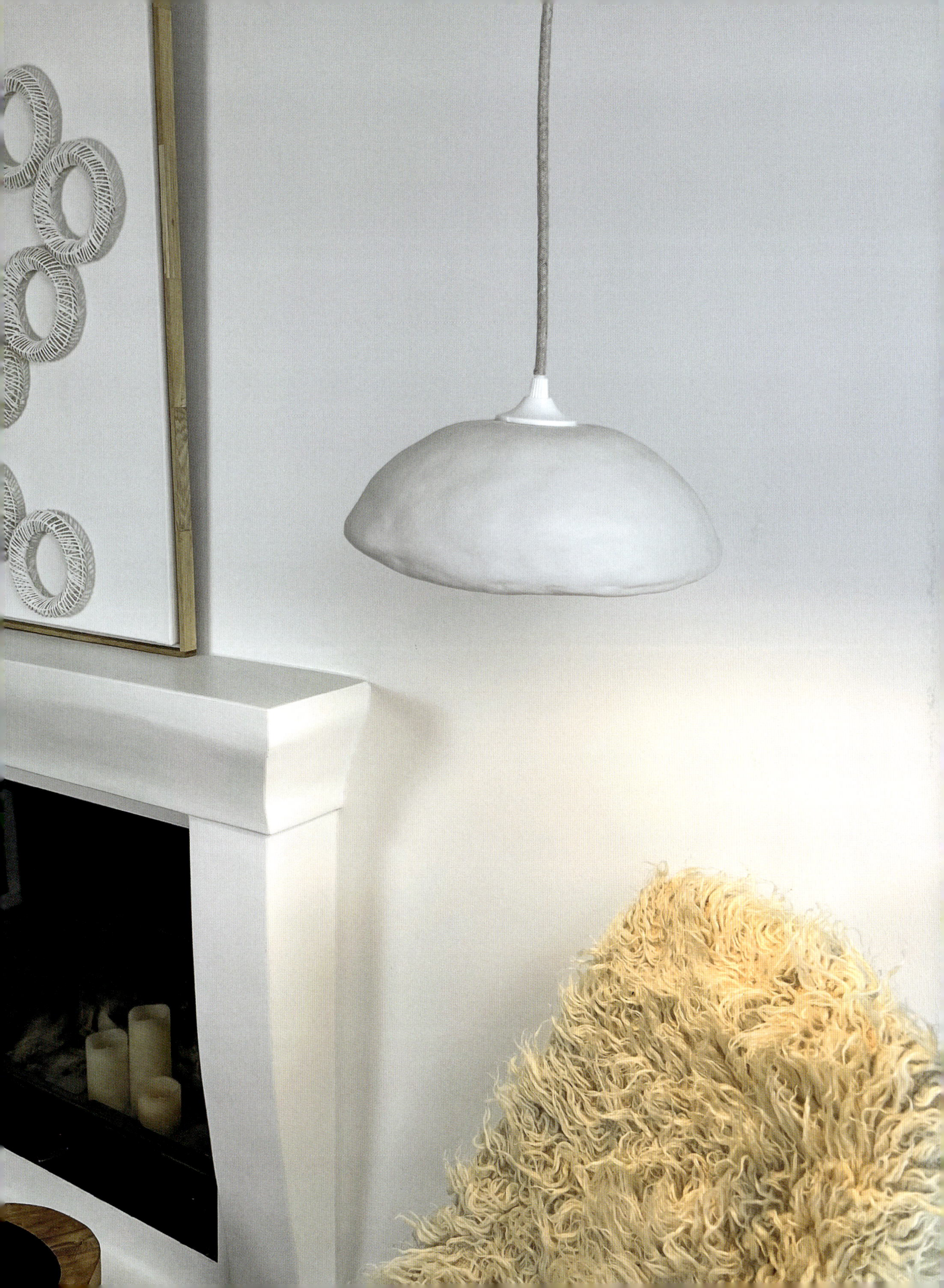

Eiswürfel

Einmal Vanille, Schoko und Stracciatella, bitte. Diese Dekowürfel sehen ein bisschen aus wie leckere Eissorten. Sie sind mit drei selbst gemachten Strukturpasten bestrichen. Alle drei Pasten lassen sich im Handumdrehen anrühren und die Zutaten hat man vielleicht schon daheim.

Dekowürfel

MATERIAL

Lineal
Bleistift
3 Styroporwürfel *(Kantenlänge 10 cm)*
18 Styroporhalbschalen *(Ø 6 cm)*
Holzleim
Strukturpasten *(siehe Seite 64)*
Pinsel

ANLEITUNG

1 Mit Lineal und Bleistift von jeder Würfelecke 4 cm abmessen und eine kleine Markierung setzen.

2 Die Styroporhalbkugeln in die Mitte jeder Würfelseite kleben. Die zuvor gesetzten Markierungen helfen dabei zur Orientierung. Da der Leim einige Stunden trocknen muss, sollte man erst fünf Würfelseiten kleben, alles über Nacht trocknen lassen und dann die sechste Seite bekleben.

3 Alle Würfelseiten mit der jeweiligen Strukturpaste bepinseln und diese trocknen lassen: dabei wie beim Kleben der Halbkugeln mit der sechsten Seite warten, bis die Strukturpaste auf den anderen fünf Seiten getrocknet ist.

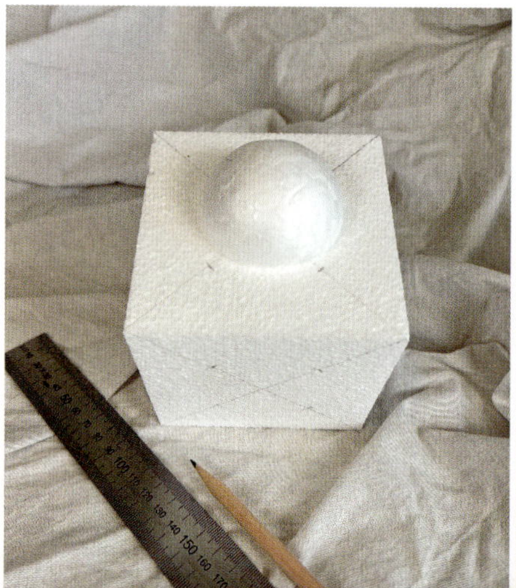

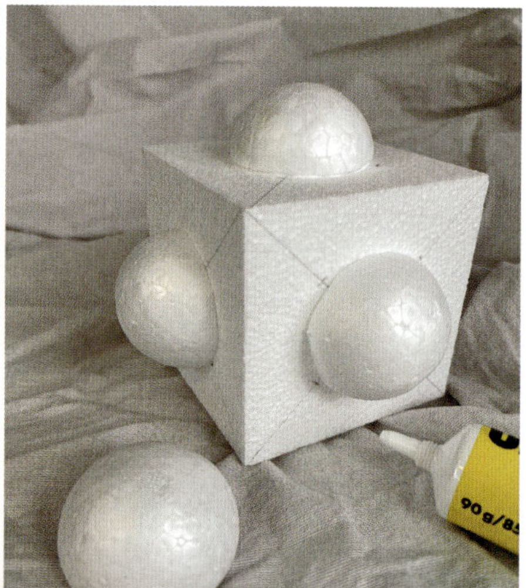

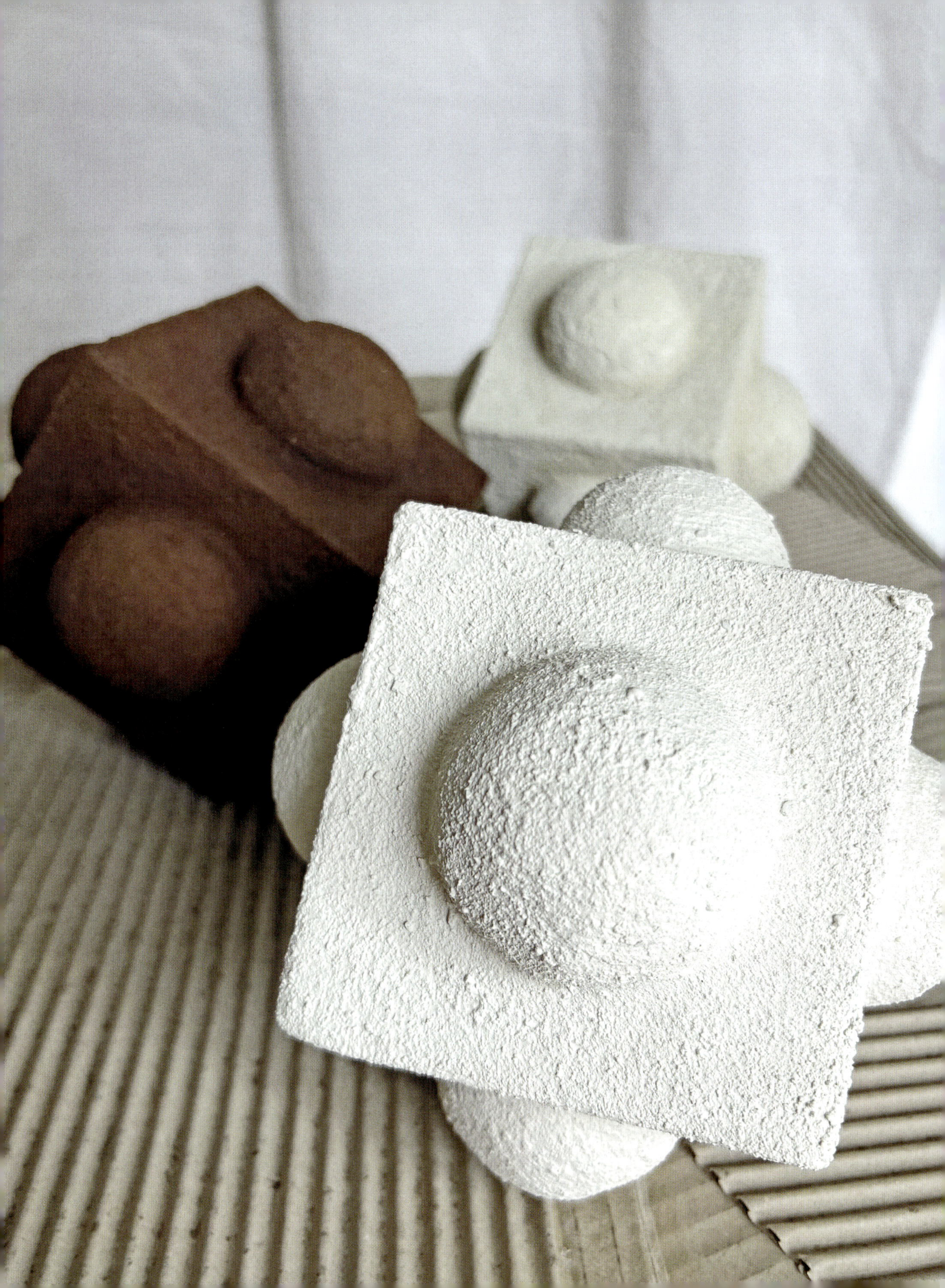

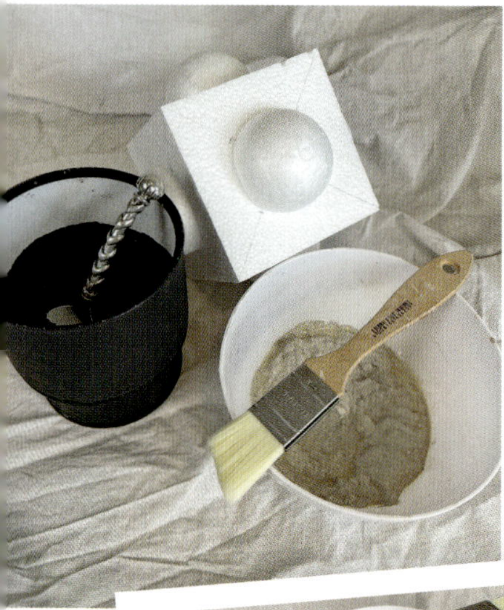

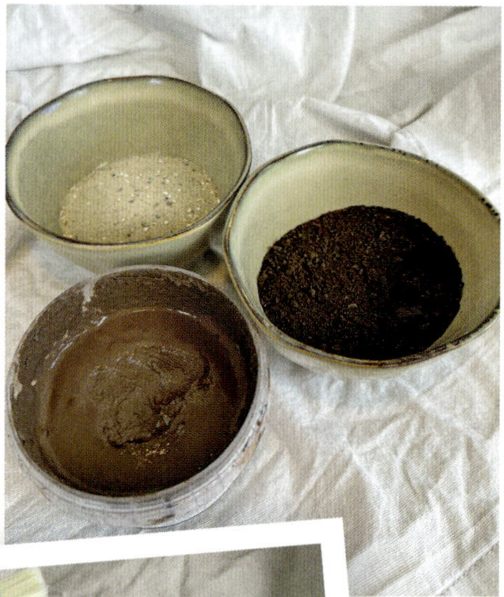

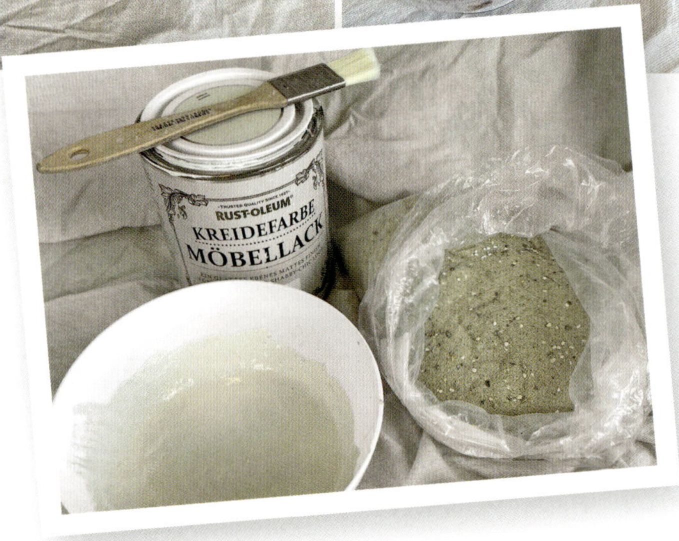

Strukturpasten

MATERIAL VANILLE

2 EL Kreidefarbe
(Antik-Weiß von Rust-Oleum)
1 TL Wandfarbe *(Sandfarben)*
2 TL Vogelsand
1 TL Holzleim
einige Tropfen Wasser
(nach Bedarf)

MATERIAL STRACCIATELLA

2 EL Kreidefarbe
(Antik-Weiß von Rust-Oleum)
2 EL Kaffeesatz
1 TL Holzleim
einige Tropfen Wasser
(nach Bedarf)

MATERIAL SCHOKOLADE

2 EL Acrylfarbe *(Braun)*
2 EL Natronpulver
2 EL Backkakao
Holzleim *(nach Bedarf)*
einige Tropfen Wasser
(nach Bedarf)

TIPP

Einfach mal verschiedene Strukturmittel miteinander mischen und eine originelle Eigenkreation erschaffen.

ANLEITUNG

Als Basis für Strukturpasten eignen sich diverse Farben auf Wasserbasis (Kreide-, Wand-, Acrylfarben). Für die Körnung kann man viele Alltagssachen verwenden: Backpulver, Natron, Soda, Kaffeesatz, Sand, Salz usw. Verdünnen kann man mit Leitungswasser. Wenn Risse entstehen, sollte man etwas (mehr) Leim zugeben.

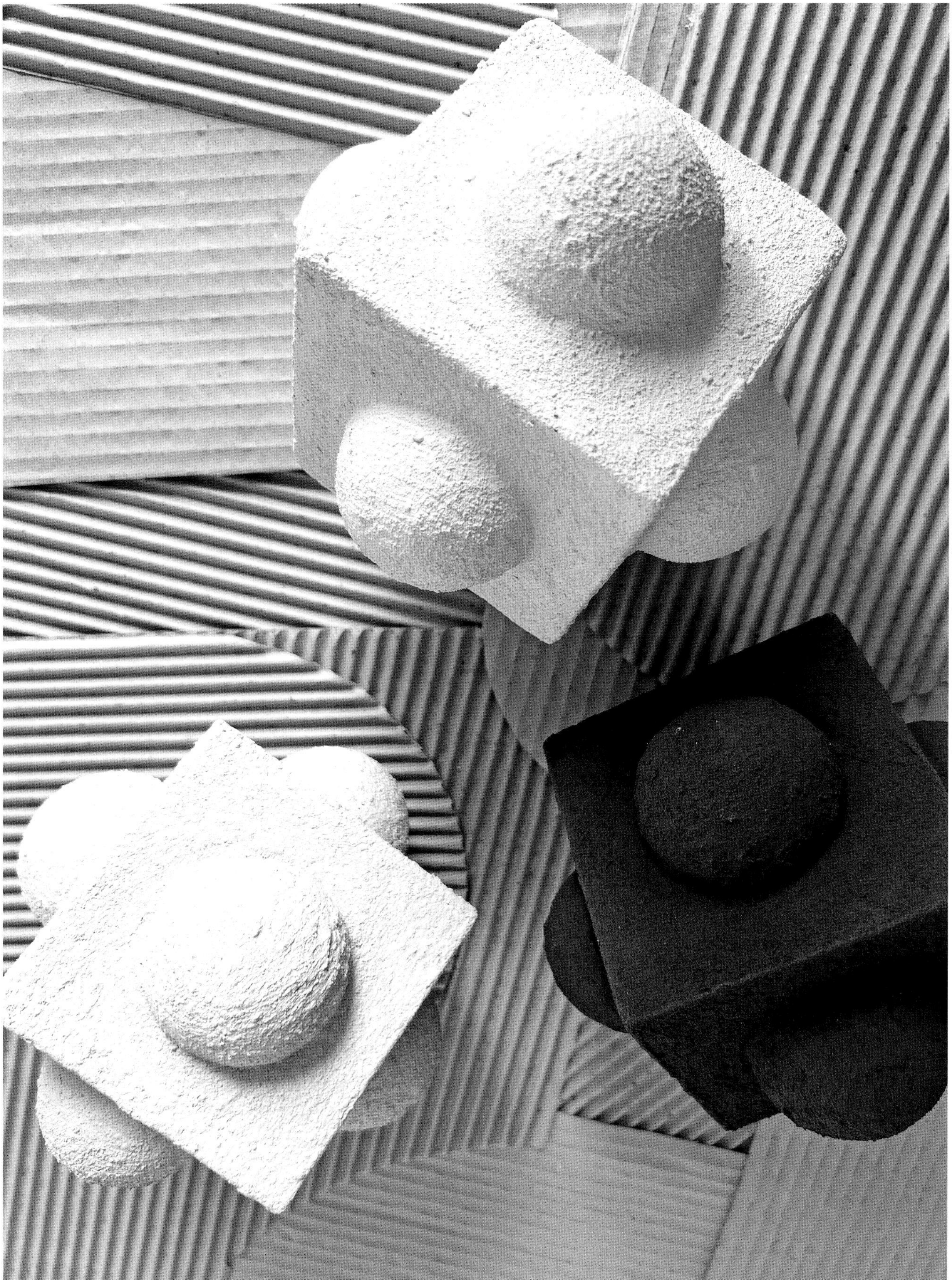

Das Ei des Kolumbus

Das Vasen-Ei lässt sich problemlos für frische Blumen verwenden. Aber natürlich sehen auch Trockenblumen wunderschön darin aus. Eine exakte Form ist hier bewusst nicht gewünscht. Es geht schließlich um Japandi und Wabi-Sabi. Wem das Design bekannt vorkommt, dem sei verraten, dass es so etwas einst bei einem bekannten schwedischen Textilunternehmen gab, welches seit einigen Jahren auch Home-Accessoires vertreibt.

MATERIAL

feine Säge *(z. B. Japansäge)*
Plastikflasche *(möglichst hartes Plastik)*
Packpapier
Papierklebeband
Holzleim
Jutegarn *(Ø 4 mm, ca. 125 g)*
Kreidefarbe *(Jute oder Antik-Weiß von Rust-Oleum)*
weicher Pinsel
Versiegelung *(Klarlack von Rust-Oleum)*

ANLEITUNG

1 Mit der Säge das obere Drittel der Plastikflasche absägen.

2 Mehrere Schichten zerknülltes Packpapier um die Flasche wickeln. Dabei bewusst die Mitte voluminöser gestalten.

3 Die Vase mit Papierklebeband fest umwickeln.

4 Es kann hilfreich sein, die letzten beiden Schritte zu wiederholen, bis man die gewünschte bauchige Form erzielt hat. Die Form soll bewusst nicht symmetrisch sein, sondern ruhig etwas windschief. Das Papier-Klebeband-Gemisch darf gerne ein kleines Stück höher sein als die Plastikflasche im Innern.

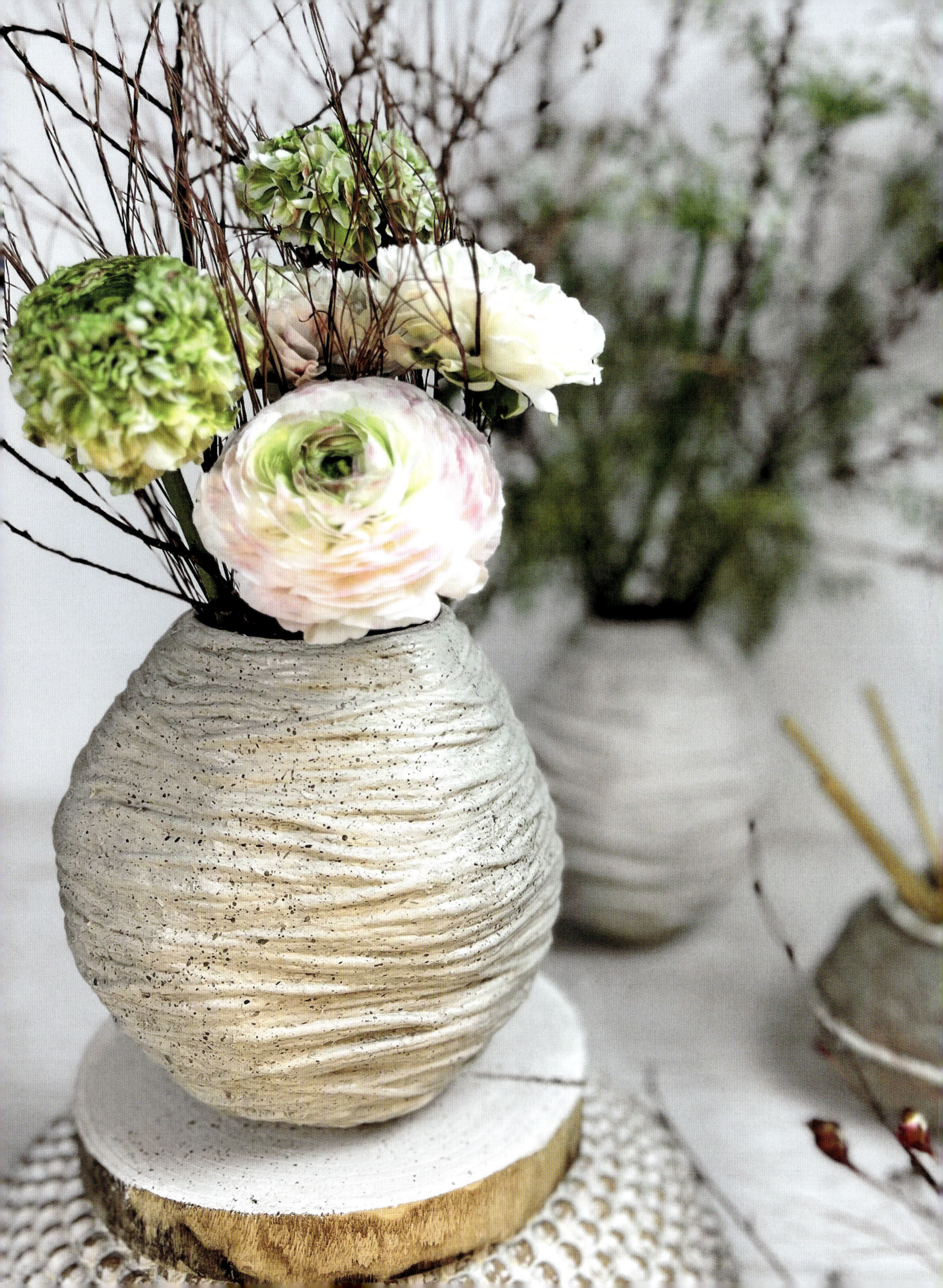

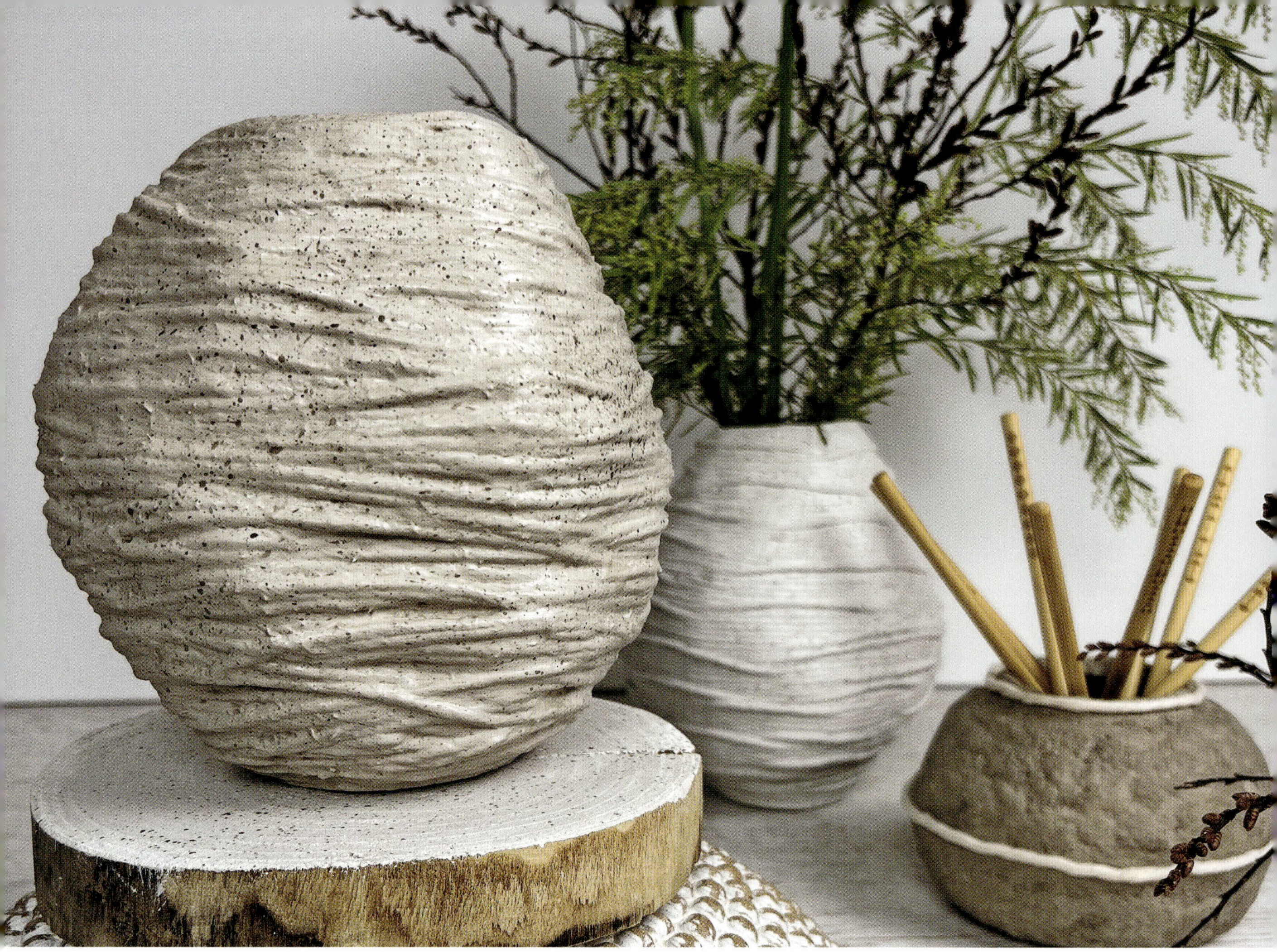

5 Den entstandenen Kokon ein Stück weit mit Leim bestreichen und das Jutegarn um die Vase herumwickeln und aufkleben. Dabei bewusst „unordentliche" Wellen einarbeiten.

6 Wenn ein Teilstück geklebt und gewickelt ist, das nächste Teilstück mit Leim versehen und weiter wickeln. Kleine Löcher zunächst ignorieren.

7 Ein zweites Mal die ganze Vase mit Garn umwickeln, damit alle Löcher abgedeckt sind.

8 Kreidefarbe mit Holzleim vermischen (Verhältnis 3:1). Evtl. ein paar Tropfen Wasser dazu geben. Es soll eine homogene, streichfähige und deckende Masse werden. Der Leim verklebt den Jutefaden nochmals und sorgt für eine glattere Oberfläche.

9 Die Vase mehrmals mit dem Farbgemisch bestreichen und danach gut trocknen lassen.

10 Zum Schluss die Farbe noch mit Klarlack versiegeln.

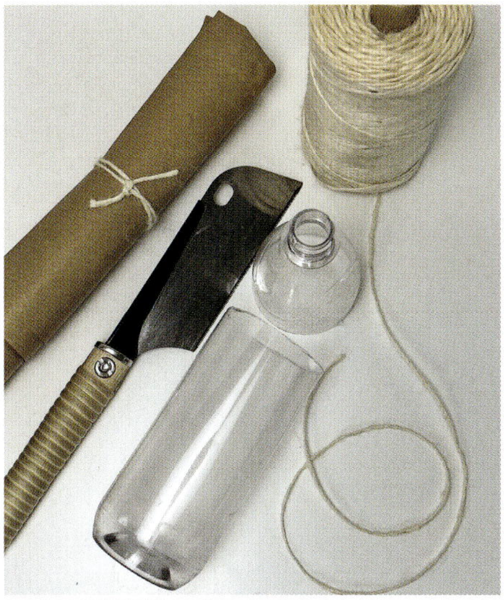

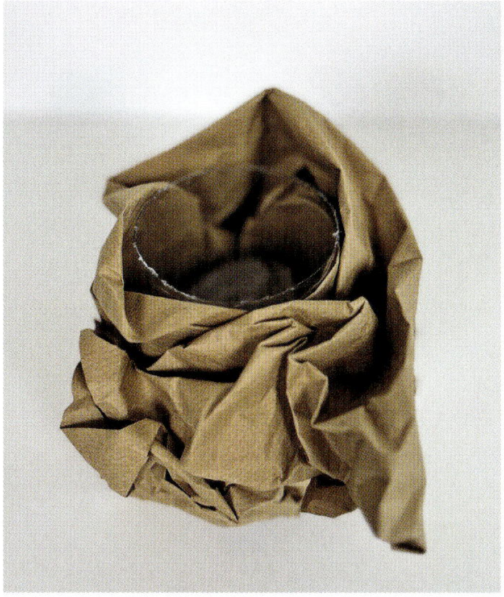

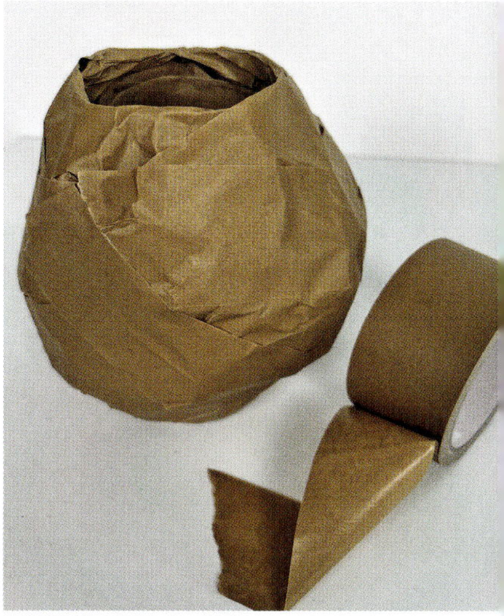

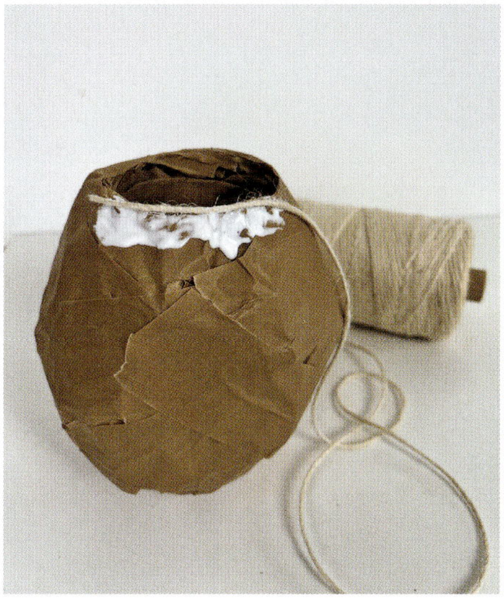

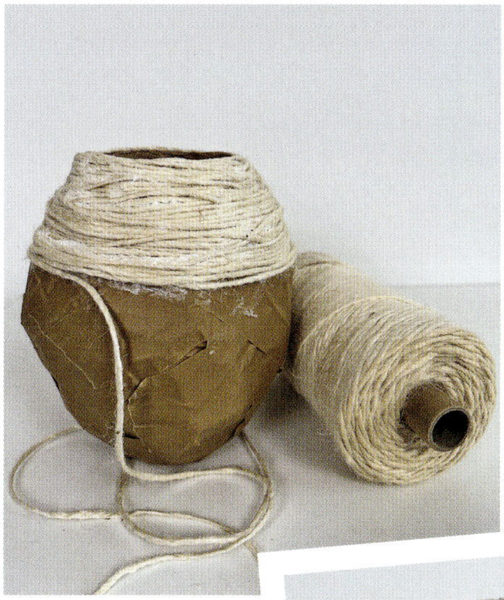

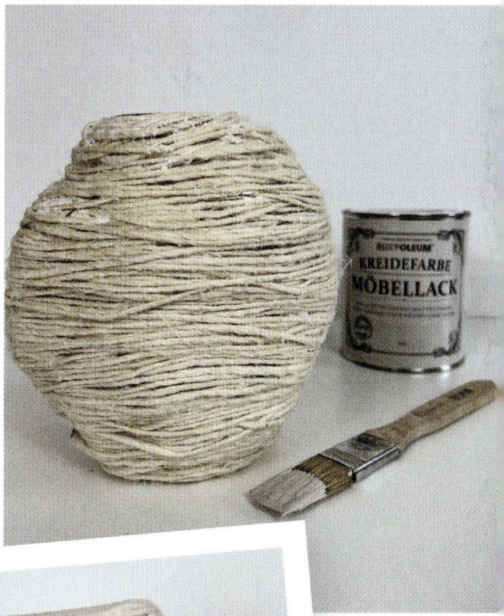

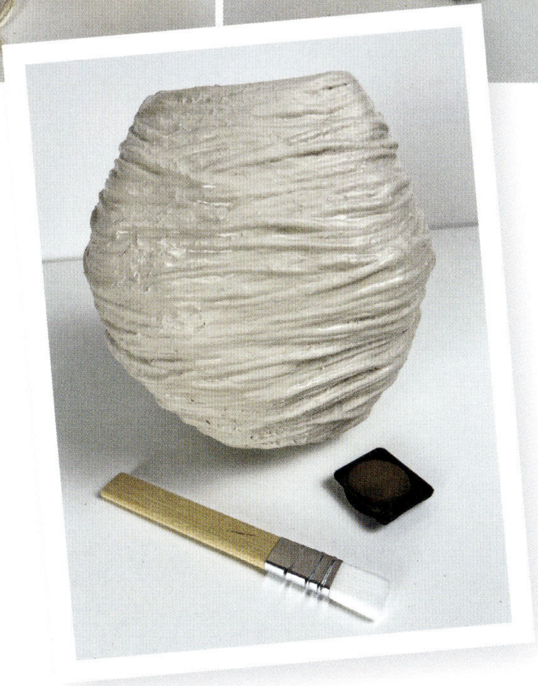

TIPP

Braune Sprenkel als Finish: Wasserfarbe mit einem Borstenpinsel aufnehmen und mit dem Daumen darüberstreifen. Achtung, Spritzgefahr!

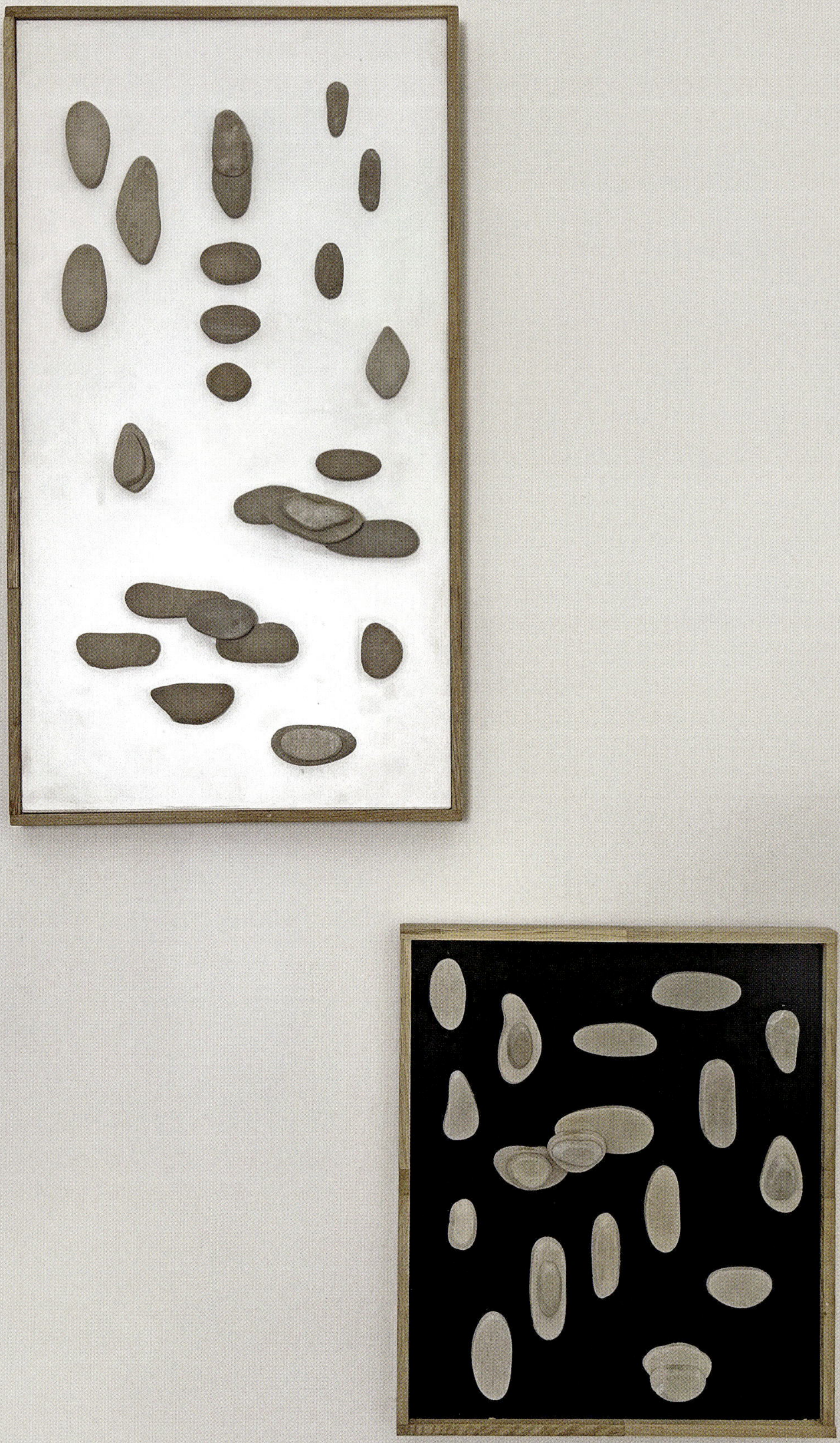

Steingarten

Diese schönen flachen und glatten Steine bekommt man in der Fliesenabteilung im Baumarkt. Damit lässt sich ganz einfach eine Art Zen-Garten für das Wohnzimmer oder Bad zaubern. Man kann natürlich auch im Flussbett nach so schönen Steinen suchen, aber da dürfte man ziemlich lange beschäftigt sein.

Der Steingarten kann flach auf dem Tisch liegen. Durch den Holzrahmen kann man ihn aber auch frei stehend dekorieren. Da das Motiv kein Oben oder Unten kennt, kann man es auf alle vier Seiten aufstellen. Wer möchte, bringt auf der Rückseite Bildaufhänger an, dann wird der Garten zum Wandschmuck.

MATERIAL

beschichtetes Brett *(z. B. aus der Restekiste im Baumarkt oder aus einem alten Regalboden)*
Holzleisten o. Ä. für den Rahmen
Montagekleber
Mosaikfliesen-Matte mit flachen Steinen
Schwamm
weiches Tuch

ANLEITUNG

1 Um das Brett herum einen einfachen Rahmen aus Holz kleben.

2 Steine von der Fliesenmatte abziehen. Mit warmem Wasser und Schwamm die Kleberreste an den einzelnen Steinen entfernen. Die Steine trocknen lassen.

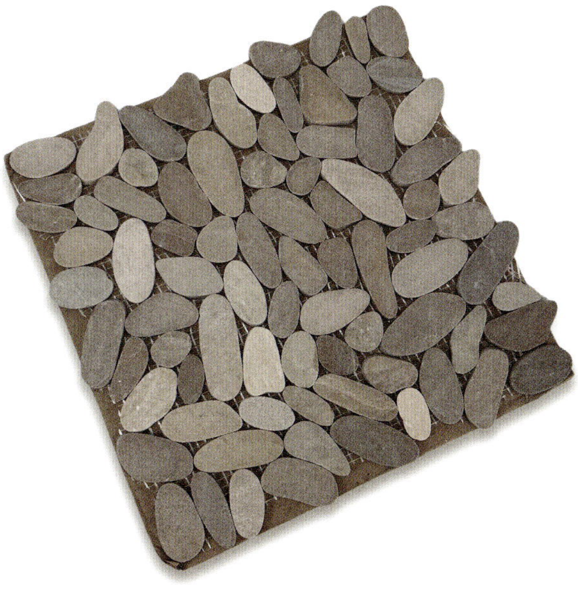

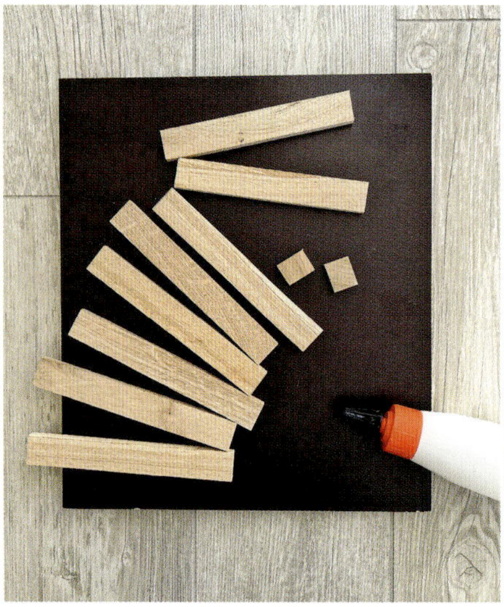

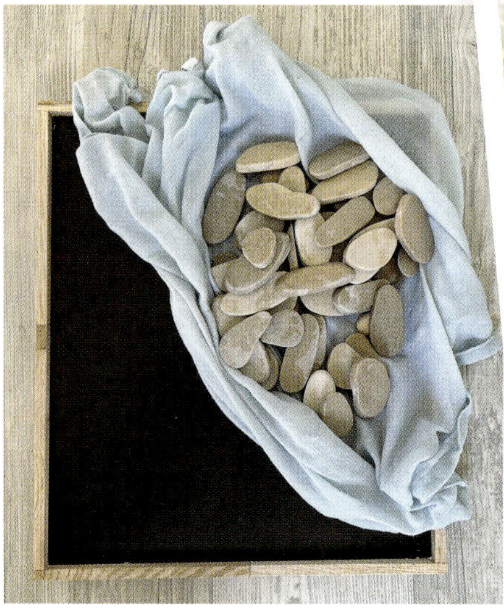

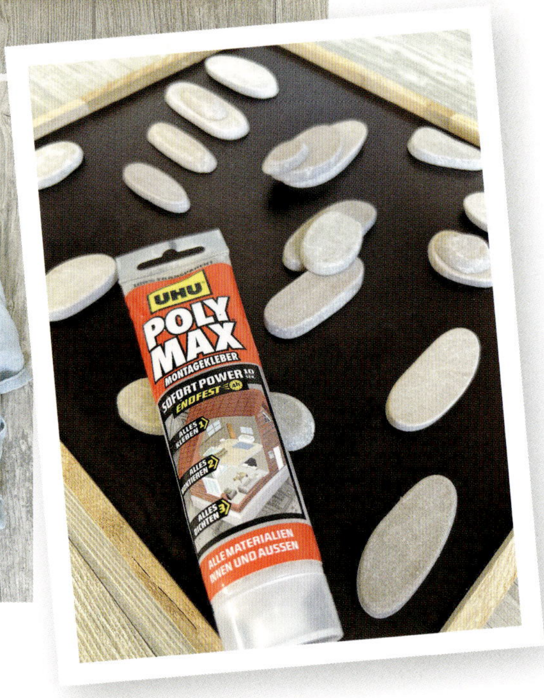

3 Anschließend die Steine auf dem beschichteten Brett zu einem harmonischen Muster legen. Dabei auch einige Steine aufeinanderlegen.

4 Wenn die Anordnung gefällt, die Steine mit Montagekleber auf dem Brett befestigen. Ausgetretenen Kleber sofort mit einem weichen Tuch entfernen.

TIPP

Wer den Wet-Look bevorzugt, kann die Steine vor dem Verkleben mit Triple Gloss Hochglanzlack von Rayher lackieren.

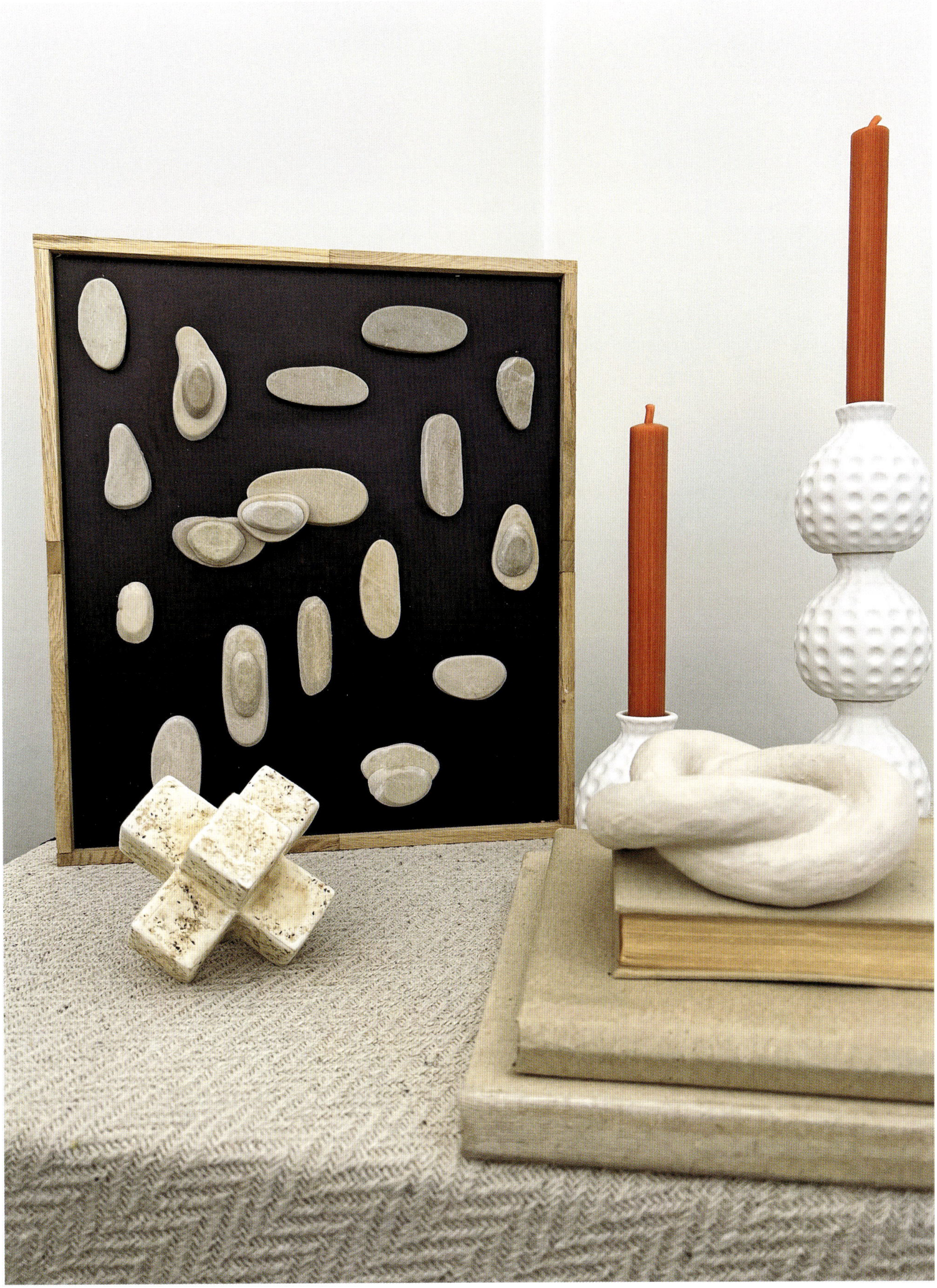

Vasen mit Nasen

Hat nicht jeder irgendwelche großen alten Vasen daheim, die mal ein neues Gewand gebrauchen könnten? Eierkartons hat auch fast jeder zu Hause. Dann braucht man nur noch etwas Kleber und schon kann es losgehen. Das Ergebnis ist eine Vase mit Nasen in einem ganz individuellen Look.

Besonders schön wird sie, wenn man Eierkartons verschiedener Größe oder die diversen „Nasen" eines Eierkartons verwendet. Man kann auch mit kleinen Anzuchttöpfen diese Nasen gestalten. Auf und zwischen die Nasen wird Pappmaché aufgetragen. Am besten nimmt man für die Nasen und das Pappmaché das gleiche Basismaterial, dann bleibt alles in derselben Farbwelt. Wie viel Eierpappe man benötigt, hängt von der Größe der Vase und dem Muster ab, das man mit den Nasen gestalten möchte. Man braucht in jedem Fall zusätzlich zu den Nasen noch mehr Eierpappe, um das Pappmaché anzusetzen.

MATERIAL

Eierkartons
Schere *(nach Bedarf)*
alte Vase *(möglichst groß)*
Holzleim
Eierkarton-Pappmaché *(siehe „Pappelapapp", Seite 40)*

ANLEITUNG

1 Für die Nasen die Schalen der Eierkartons herausreißen (ggf. eine Schere zu Hilfe nehmen). Um die Nasen herum darf ruhig noch etwas Eierkarton dranbleiben. Das sieht dann aus wie eine Nase mit vier Flügeln drum herum.

2 Die Eierkartonschalen auf die alte Vase kleben. Dabei dürfen sich die Flügel wild überlappen. Das sorgt für zusätzlichen Halt der Nasen.

3 Mit dem Pappmaché alle Übergänge verblenden und die einzelnen Nasen schön ausmodellieren. Dabei auch den Boden und ein Teil vom inneren Rand am Vasenhals mit dem Pappmaché auskleiden. Das muss alles in mehreren Schritten erfolgen, denn zwischendurch sollte die Masse trocknen.

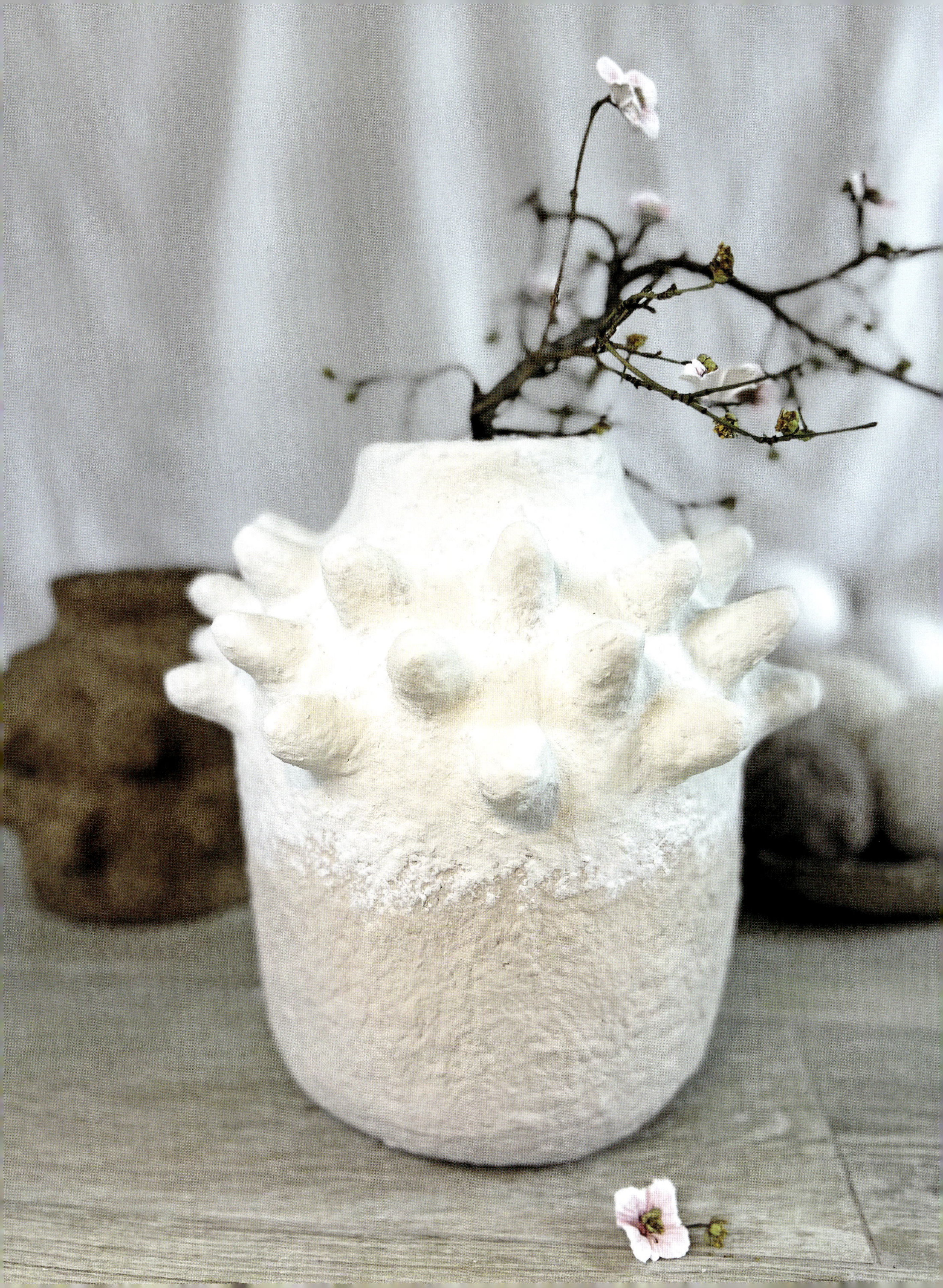

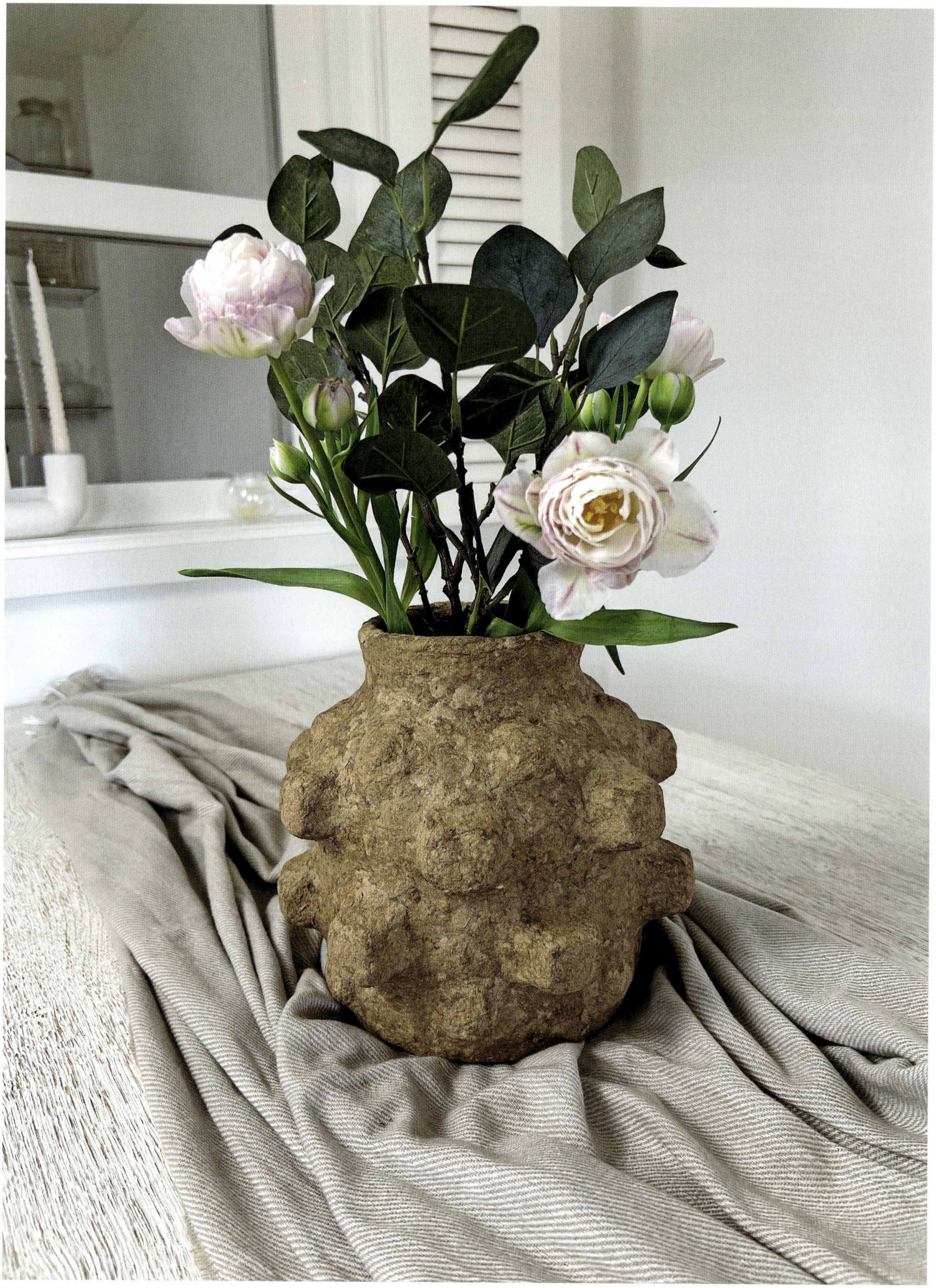

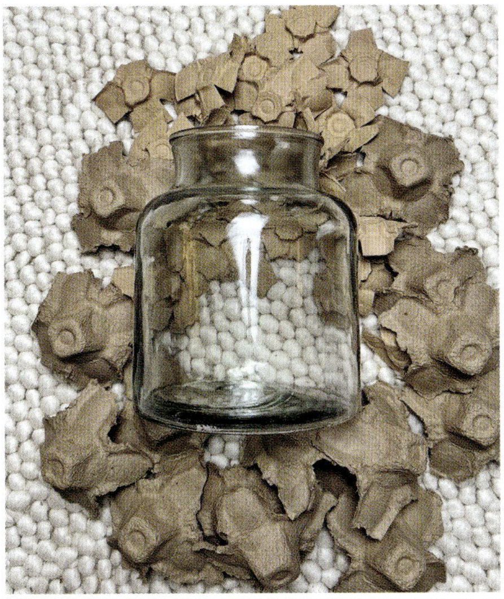
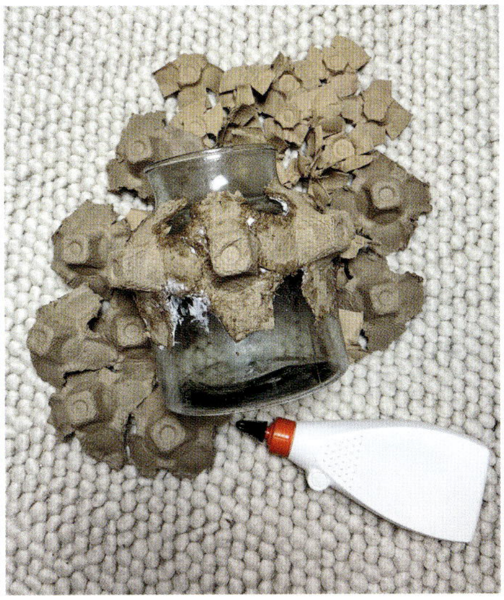
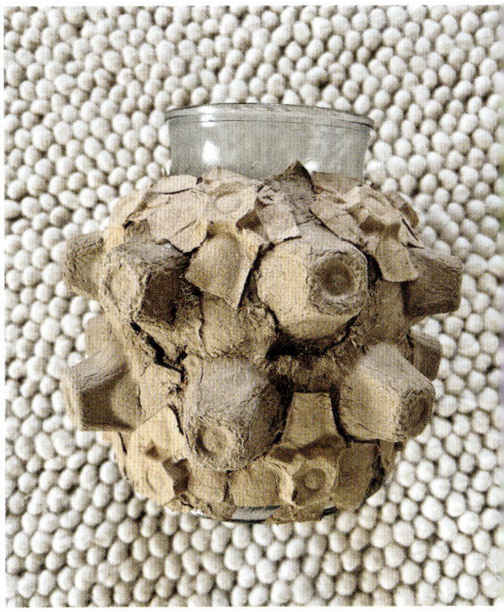
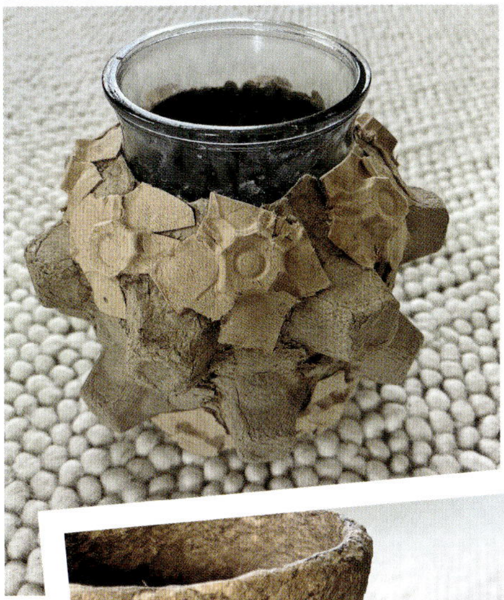
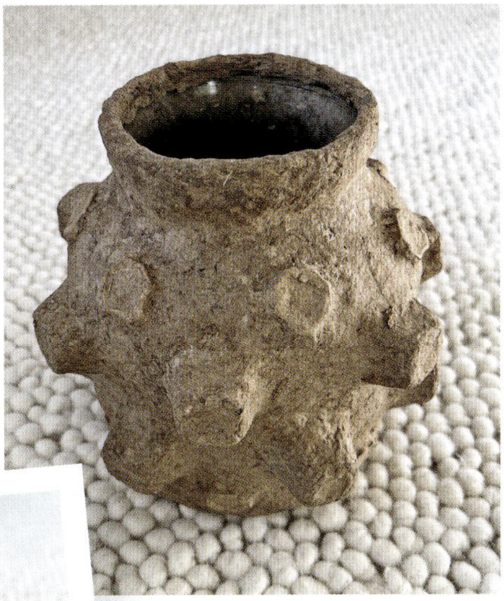
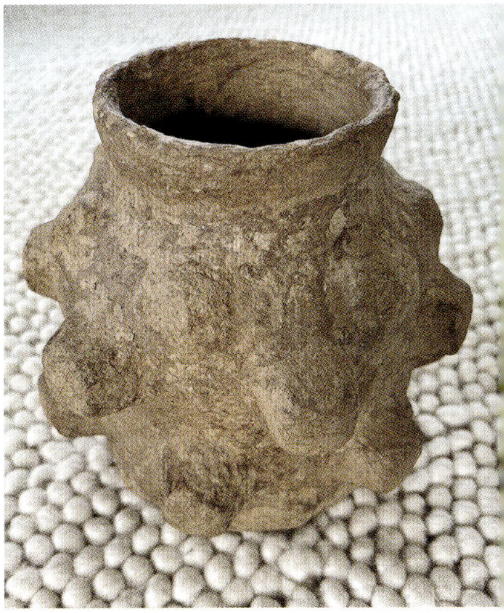
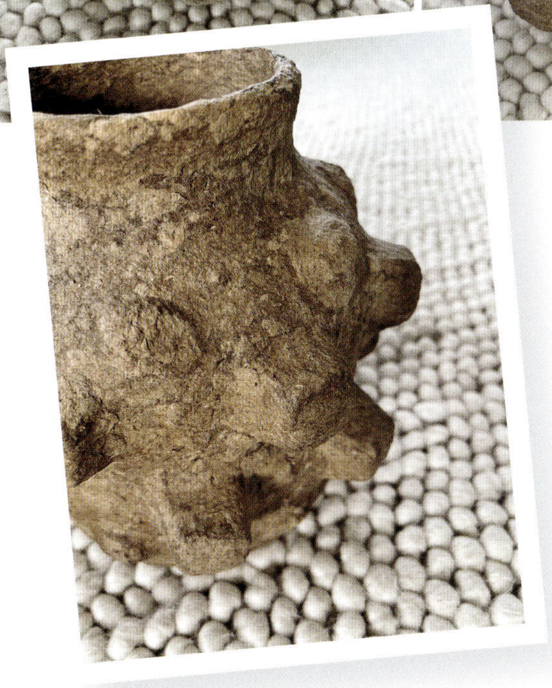

TIPP

Das Projekt für warme Tage einplanen, oder wenn der Ofen an ist. Dann trocknet alles schneller.

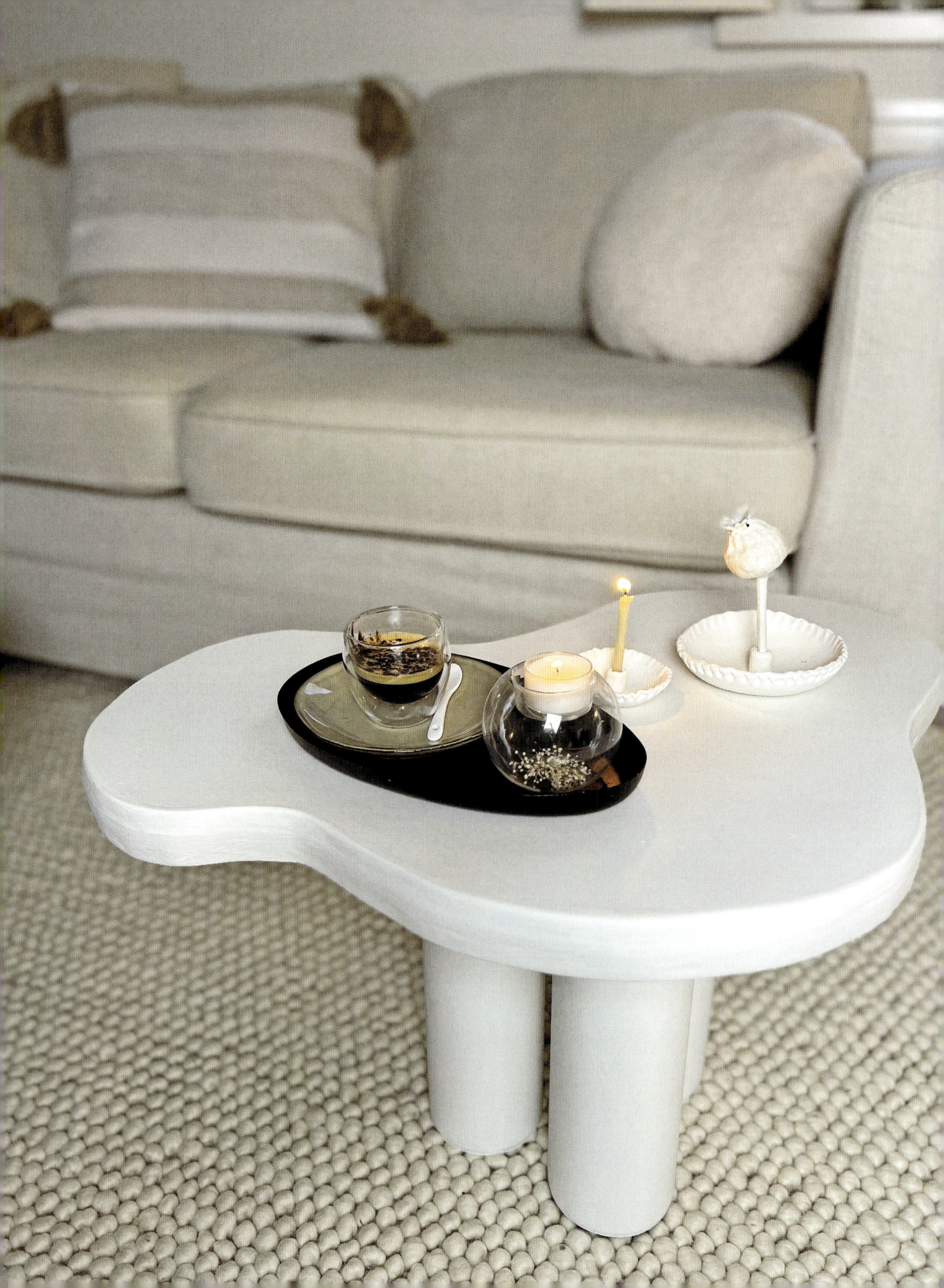

Dreibein

Die Abwasserrohre, die für das „Schlitzrohr" (siehe Seite 32) benötigt werden, kann man auch toll als Füße für einen Tisch verwenden. Da es schwierig ist, eine sehr dicke Holzplatte mit der Stichsäge in einer organischen Form auszusägen, kann man einfach zwei dünnere Platten Restholz aussägen, aufeinanderkleben und die Übergänge der beiden Platten mit Spachtelmasse überblenden.

Statt Kreidefarbe wurden bei diesem Projekt ganz gewagt verschiedene Farbreste gemischt (Fassadenfarbe, Möbelfarbe auf Acrylbasis, etwas Wandfarbe). Zuvor wurden eine Universalgrundierung und dann drei dünne Farbschichten aufgetragen. Das hält ebenfalls prima auf den Plastikrohren und auf Holz sowieso. Der Pinsel wurde bei allen Schichten immer locker kreuzförmig geführt.

Bei den Holzschrauben habe ich ebenfalls diverse Reste verwendet. Die Schrauben sieht man später ohnehin nicht mehr. Wichtig ist nur, eine Länge zu finden, die nicht etwa auf der Oberseite der Tischplatte wieder herauskommt.

MATERIAL

Bleistift
2 Holzplatten *(ca. 60 x 40 cm)*
Stichsäge
Spachtelmasse
Schleifpapier *(240er-Körnung)*
3 Abwasserrohre *(Ø 9 cm, Länge 25 cm)*
3 Muffenstopfen *(Ø 9 cm)*
Universalgrundierung
Pinsel
Farbe *(z. B. Farbreste)*
Holzbohrer
mindestens 3 Holzschrauben
Schraubendreher
Versiegelung *(Klarlack von Rust-Oleum)*

ANLEITUNG

1 Für die Tischplatte eine organische Form mit dem Bleistift auf die Holzplatte aufmalen. Die Form kann man ganz nach Belieben gestalten. Dabei einfach an Kuhflecken denken.

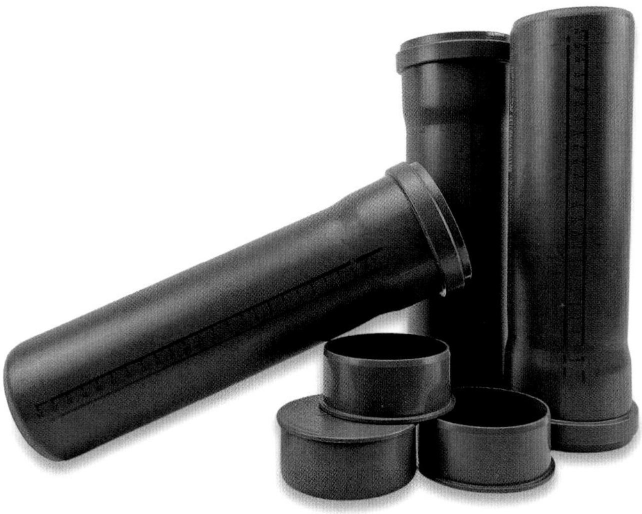

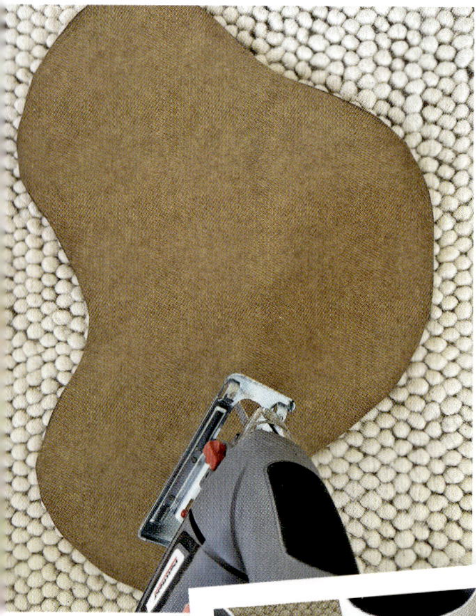

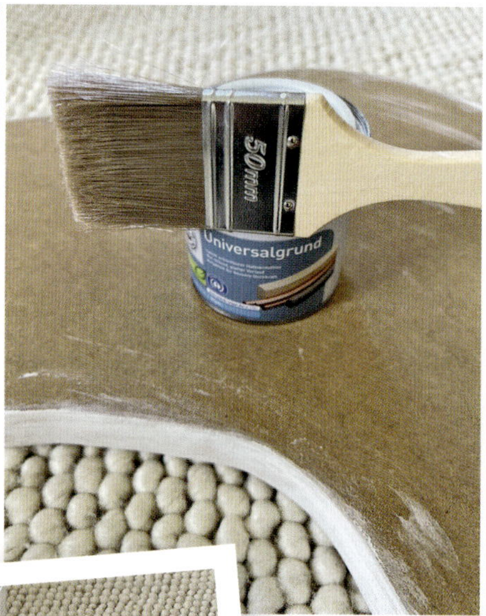

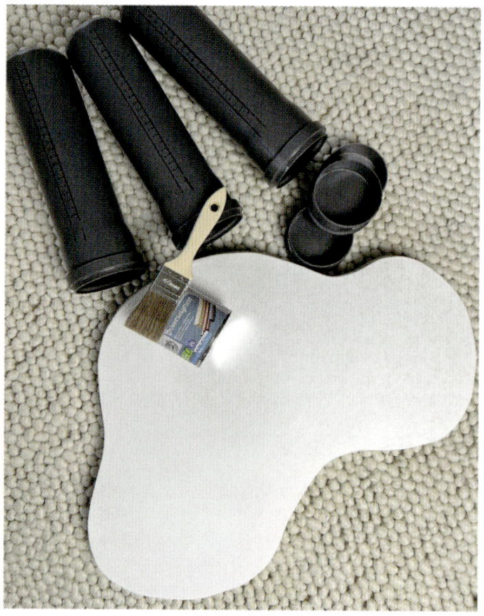

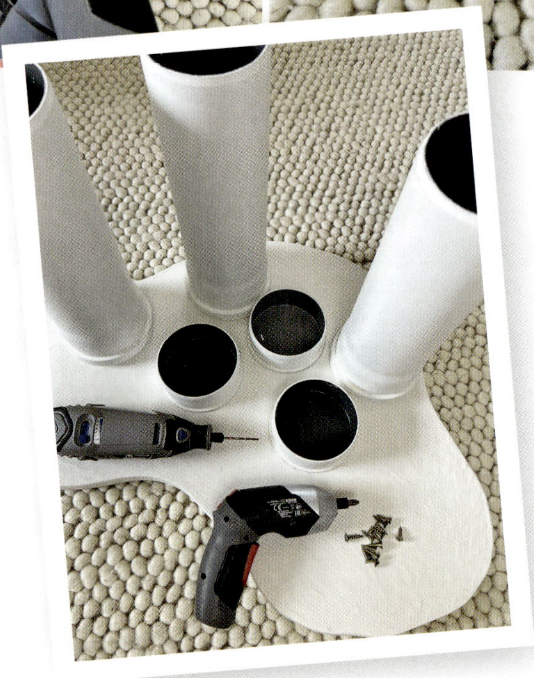

2 Die Form aussägen, den Umriss auf eine zweite Platte übertragen und diese ebenfalls aussägen.

3 Die Ränder der Tischplatte verspachteln und alles glatt schleifen.

4 Tischplatte, Muffenstopfen und Abwasserrohre grundieren, mit Farbe streichen und anschließend versiegeln.

5 Die Muffenstopfen auf der Unterseite der Tischplatte platzieren. Mit dem Holzbohrer Löcher durch die Muffen und ein kleines Stück in das Holz vorbohren (Lochdurchmesser den vorhandenen Schrauben angepasst). Dann die Muffenstopfen auf der Unterseite der Tischplatte festschrauben.

6 Die Abwasserrohre über die Muffenstopfen schieben, bis sie fest sitzen. Einmal darübergeschoben, lassen sich die Rohre nicht mehr von den Stopfen lösen. Oder wenn, dann nur mit sehr viel Muskelkraft.

TIPP

Im Baumarkt findet man Rohre in diversen Größen und Durchmessern, die sich prima als Tischbeine eignen. Somit kann man tolle Beistelltische, Balkontische, Konsolen und vieles mehr einfach selbst bauen.

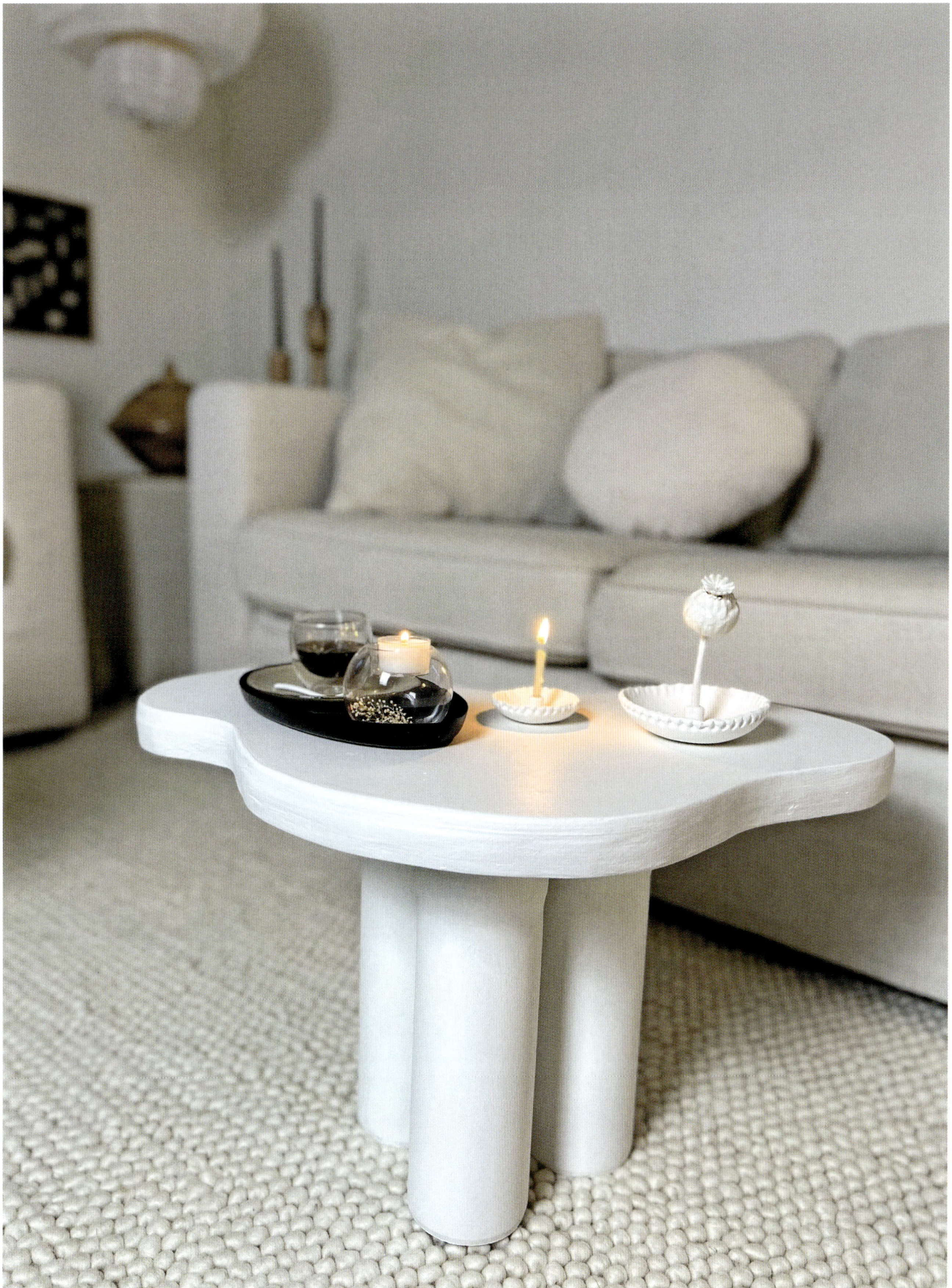

Tick Tock

Im Zeitalter von Handy und Co. braucht man kaum noch Wanduhren. Doch die können auch ein hübscher Blickfang sein.

Ursprünglich war der Plan, diese Uhr hier aus Furnierholz zu machen. Allerdings scheiterte es daran, die Löcher in die Streifen zu bekommen. Sowohl Bohren als auch Stanzen hat leider nicht funktioniert. Daher ist die Uhr nun aus hübschem Zeichenkarton gefertigt.

MATERIAL

Zeichenkarton *(250 g/m²; Naturfarben)*
Lineal
Bleistift
Schere
Vorlage *(siehe Seite 84)*
Lochzange
Sekundenkleber
Pinzette
12 Belugalinsen
metrische Schraube mit Flügelmutter *(M4 (4 mm Gewindestärke), 35 mm (Länge))*
Bohrer *(Ø 10 mm)*
Quarzuhrwerk *(Gewindelänge 24 mm, Stundenzeiger 65 mm, Minutenzeiger 90 mm)*

ANLEITUNG

1 Den Zeichenkarton in zwölf Streifen schneiden: Breite 5 cm, Länge 29,5 cm. Mithilfe der Vorlage an beiden Enden der Streifen die Wölbung anzeichnen und ausschneiden.

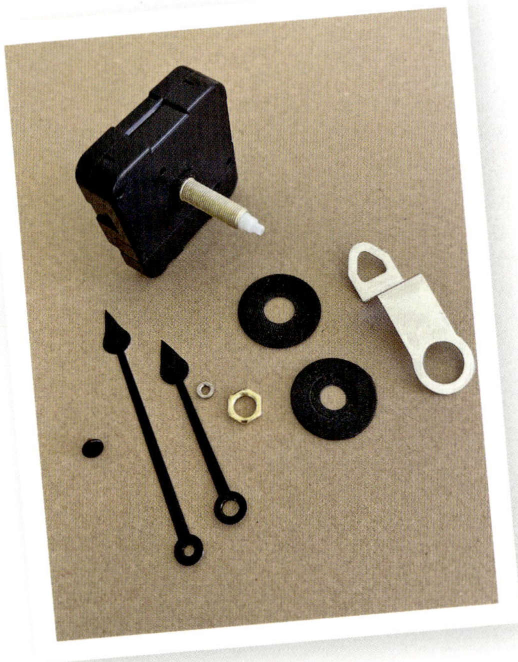

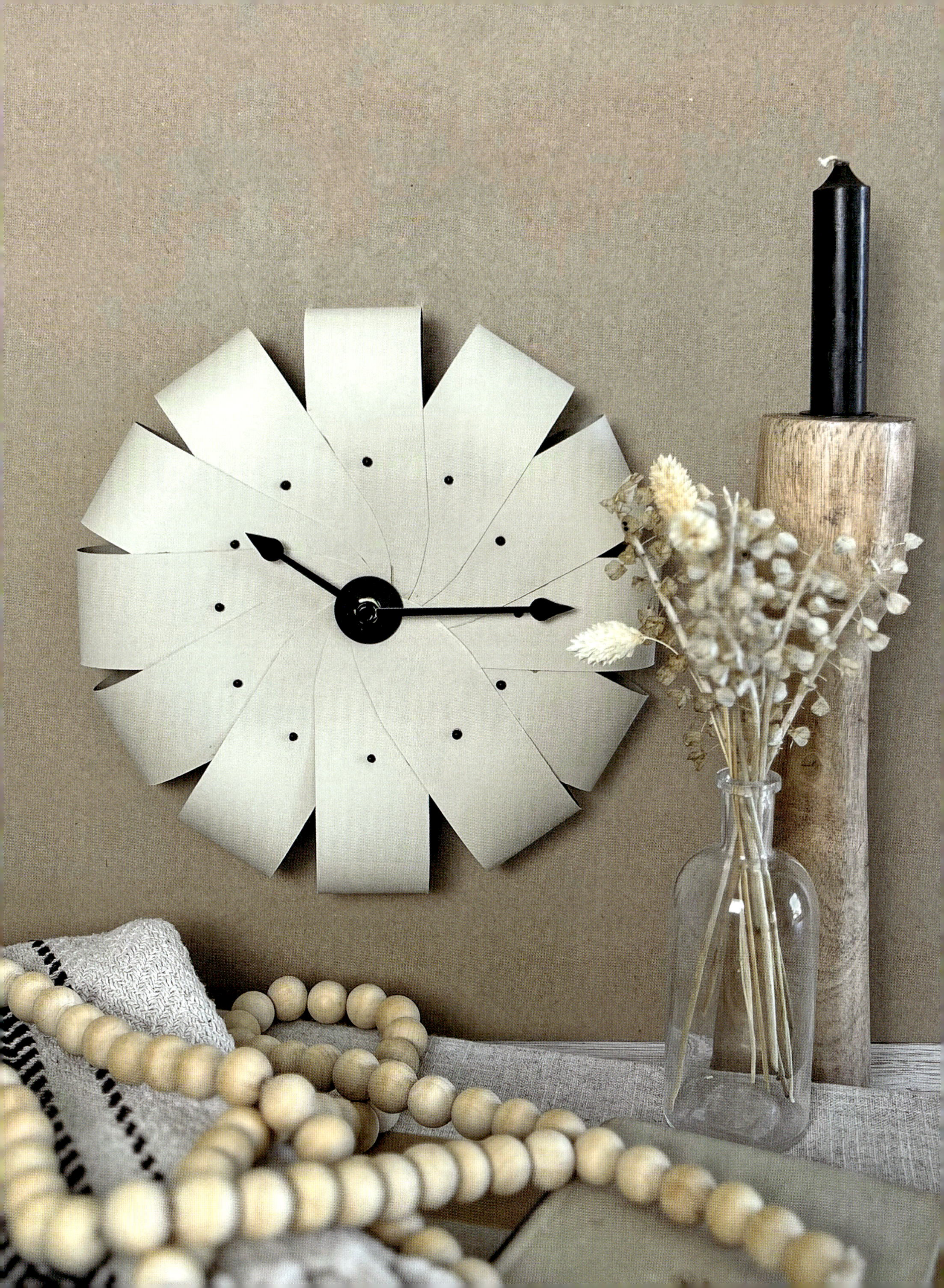

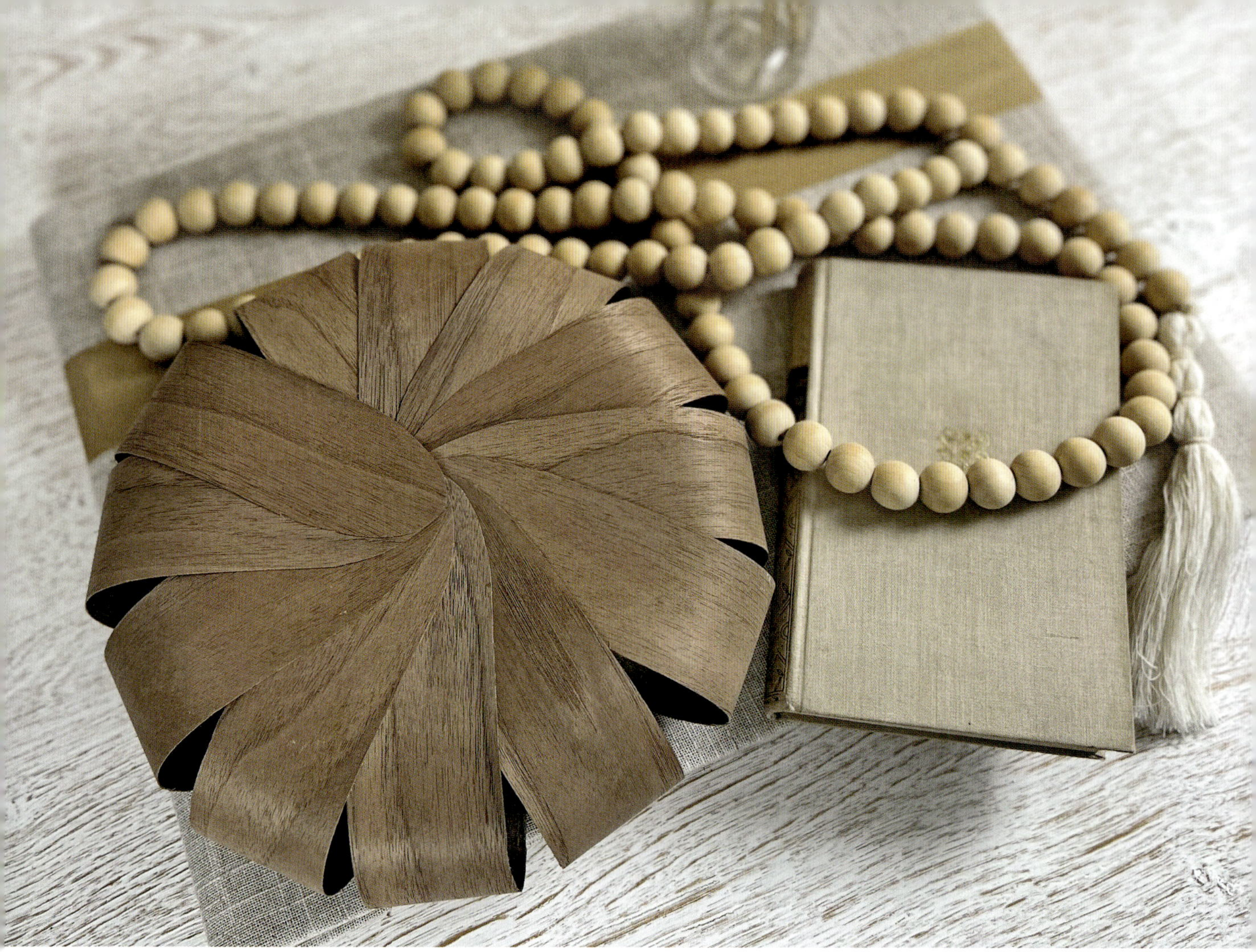

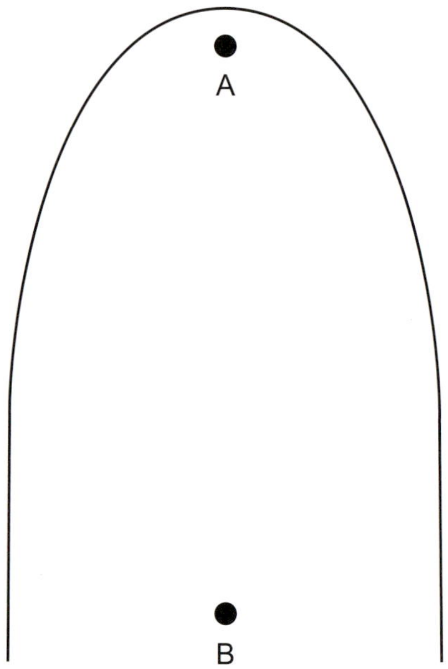

2 An beiden Enden der Streifen mit der Lochzange die Löcher (A) stanzen.

3 Den Markierungspunkt (B) nur an einem Ende der Zeichenkartonstreifen einzeichnen. Auf den Markierungspunkt B einen Tropfen Sekundenkleber geben und mittels Pinzette die Belugalinse auf den Kleber platzieren.

4 Nachdem die Linsen auf allen zwölf Streifen fest sitzen, werden die Streifen am Ende mit der Linse auf die Schraube aufgefädelt.

5 Nun werden die Streifen auch am anderen Ende auf die Schraube gefädelt. Dabei in umgekehrter Reihenfolge verfahren.

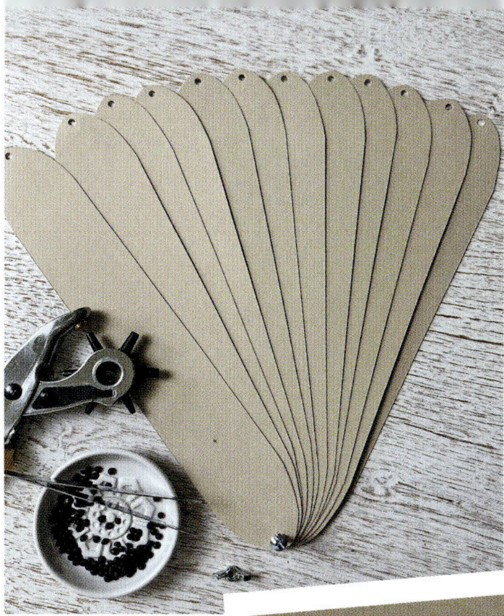

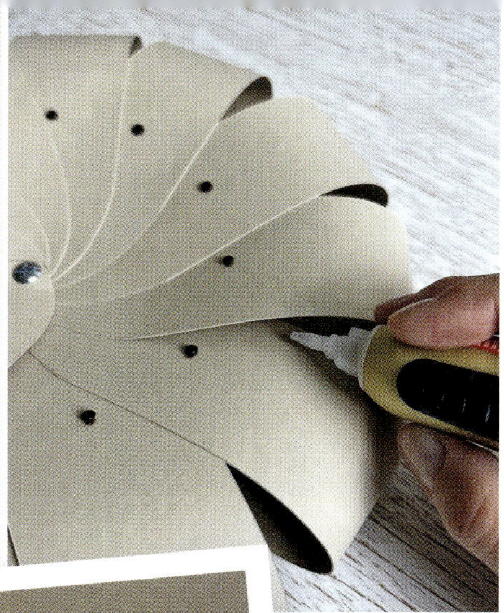

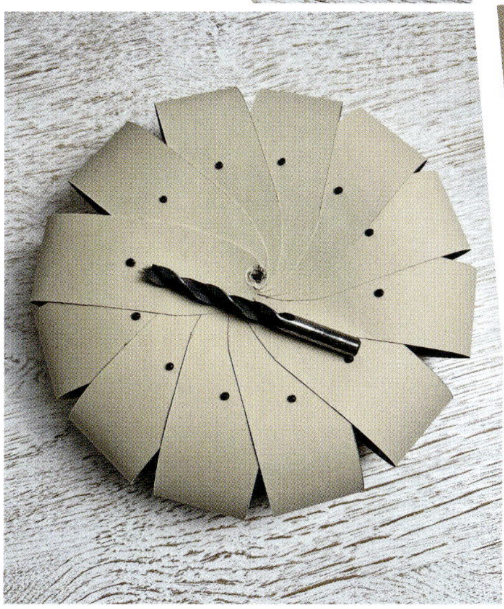

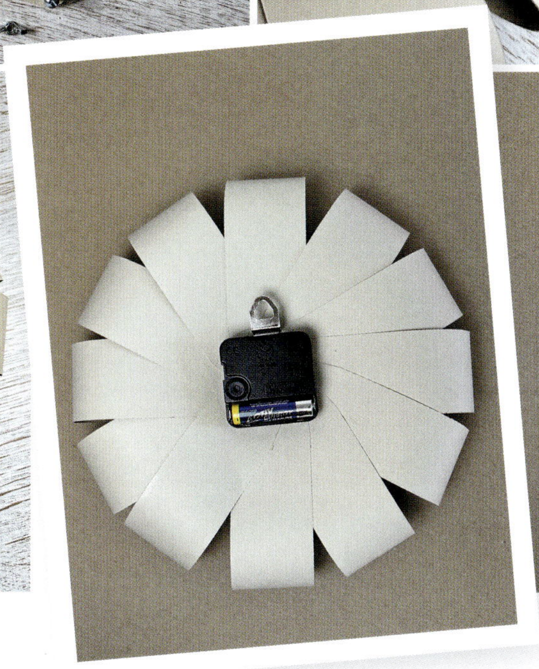

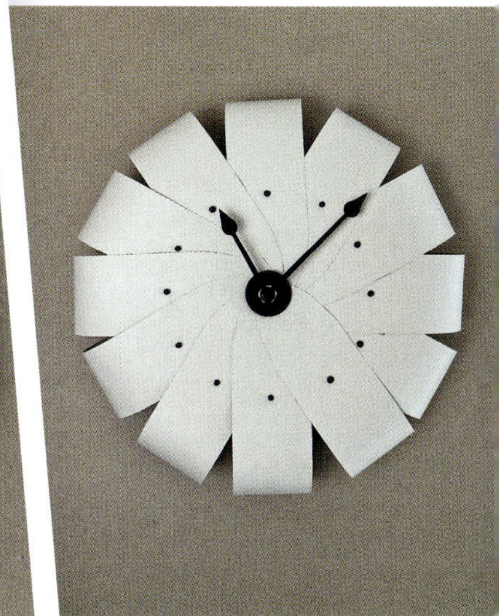

Das heißt, der Streifen, der als Letztes aufgefädelt wurde, ist jetzt als Erstes dran.

6 Die Flügelmutter auf die Schraube setzen und mit der Hand festdrehen.

7 Die zwölf Streifen nun symmetrisch (30 Grad) wie bei einem Zifferblatt ausrichten. Die Linsen helfen bei der Orientierung.

8 Mit Sekundenkleber die Schlaufen an Überlappungspunkten punktuell fixieren. Dabei darauf achten, dass die Schraube nicht verklebt wird.

9 Die Schraube herausziehen und das Loch an Punkt A auf einen Durchmesser von 10 mm vergrößern. Dazu mit der Hand und dem 10-mm-Bohrer (nicht mit der Bohrmaschine) das Loch vergrößern.

10 Gemäß Anleitung des Herstellers das Uhrwerk in die Uhr einbauen. Die Zeiger leicht nach oben biegen, damit sie nicht an der Uhr hängen bleiben.

TIPP

Mit einem Schneidplotter oder Lasercutter lässt sich diese Uhr sicherlich auch aus Holzfurnier herstellen.

Hochstapler

Mit diesem Würfelobjekt kann man mächtig Eindruck schinden. Es ist ein ultraleichtes Kunstwerk, sieht aber aus wie aus Stein oder Marmor. Nur der Bodensockel ist aus Holz, für die Stabilität. Alle anderen Würfel sind aus leichtem Styropor.

MATERIAL

4 Styroporwürfel *(Kantenlänge 10 cm)*
Lineal
Bleistift
Messer
Bohrer *(Ø 1 cm)*
Hammer
Nagel *(ca. 10 cm lang)*
Holzwürfel *(Kantenlänge 10 cm)*
Holzleim
3 Rundhölzer *(Ø 1 cm, Länge 6 cm)*
Spachtelmasse *(gebrauchsfertig)*
Einmalhandschuhe *(nach Bedarf)*
Schleifpapier *(40er- und 240er-Körnung)*
Beton *(Pulver)*
Pinsel oder Lappen *(nach Bedarf)*
Versiegelung *(Cremewachs von Rayher)*

ANLEITUNG

Styroporwürfel Nr. 1 (oben):
Von einer Ecke eines Styroporwürfels 4 cm abmessen und an den drei angrenzenden Kanten markieren. Die Markierungspunkte miteinander verbinden. Den angezeichneten Tetraeder mit dem Messer abschneiden.

Mittig der Schnittfläche ein 3 cm tiefes Loch bohren (Durchmesser 1 cm).

Styroporwürfel Nr. 2 und 3 (mittig):
Die gleichen Schritte wie bei Würfel Nr. 1 ausführen.

Die Schritte von zuvor auch an der gegenüberliegenden Ecke wiederholen.

Styroporwürfel Nr. 4 (unten):
Die gleichen Schritte wie bei Würfel Nr. 1 ausführen.
In die spitze Ecke, die der abgeflachten gegenüberliegt, ein Loch bohren, welches groß genug ist für den Nagel.

Holzwürfel:
Den Nagel in die Mitte des Holzwürfels hämmern.

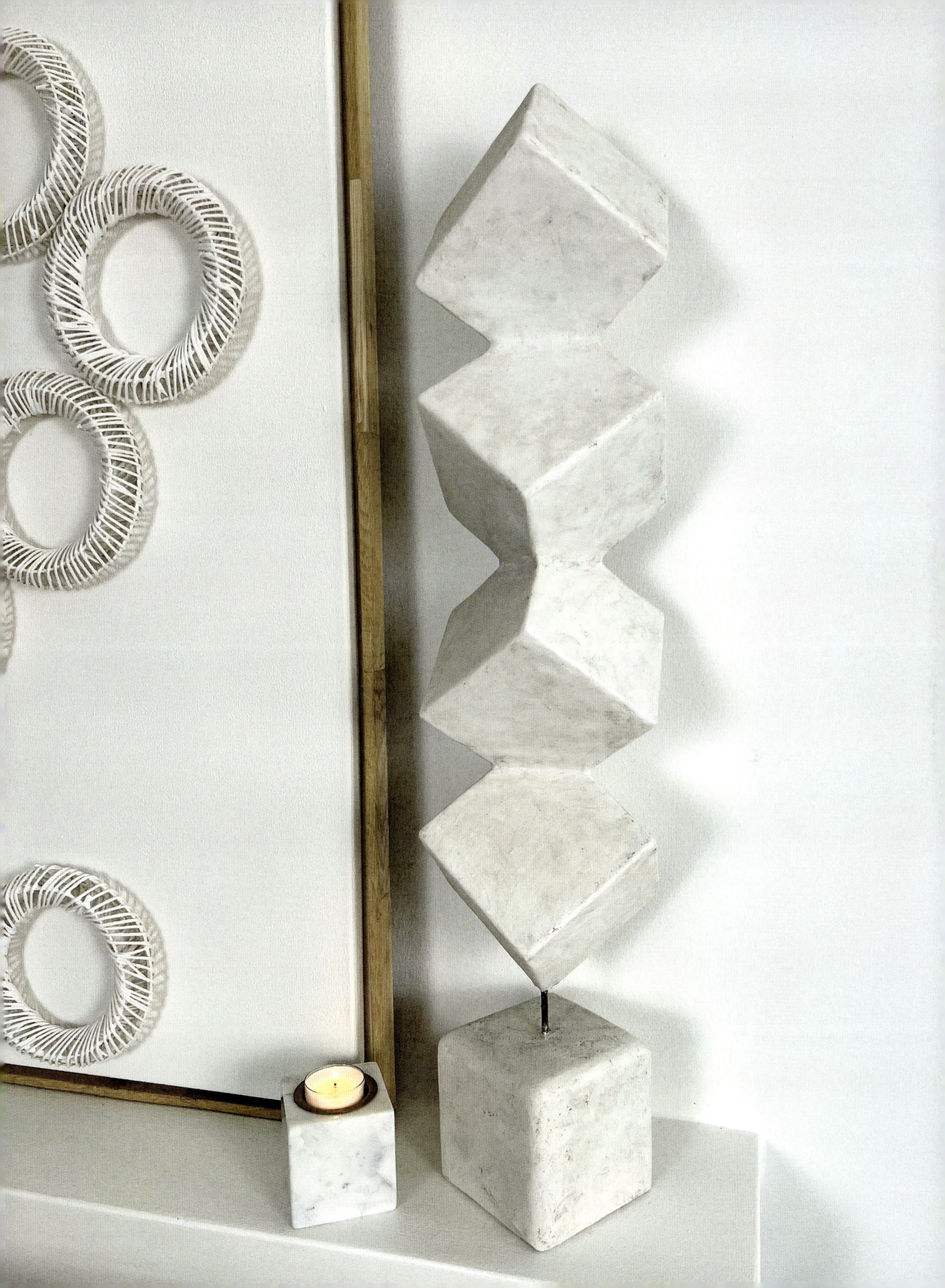

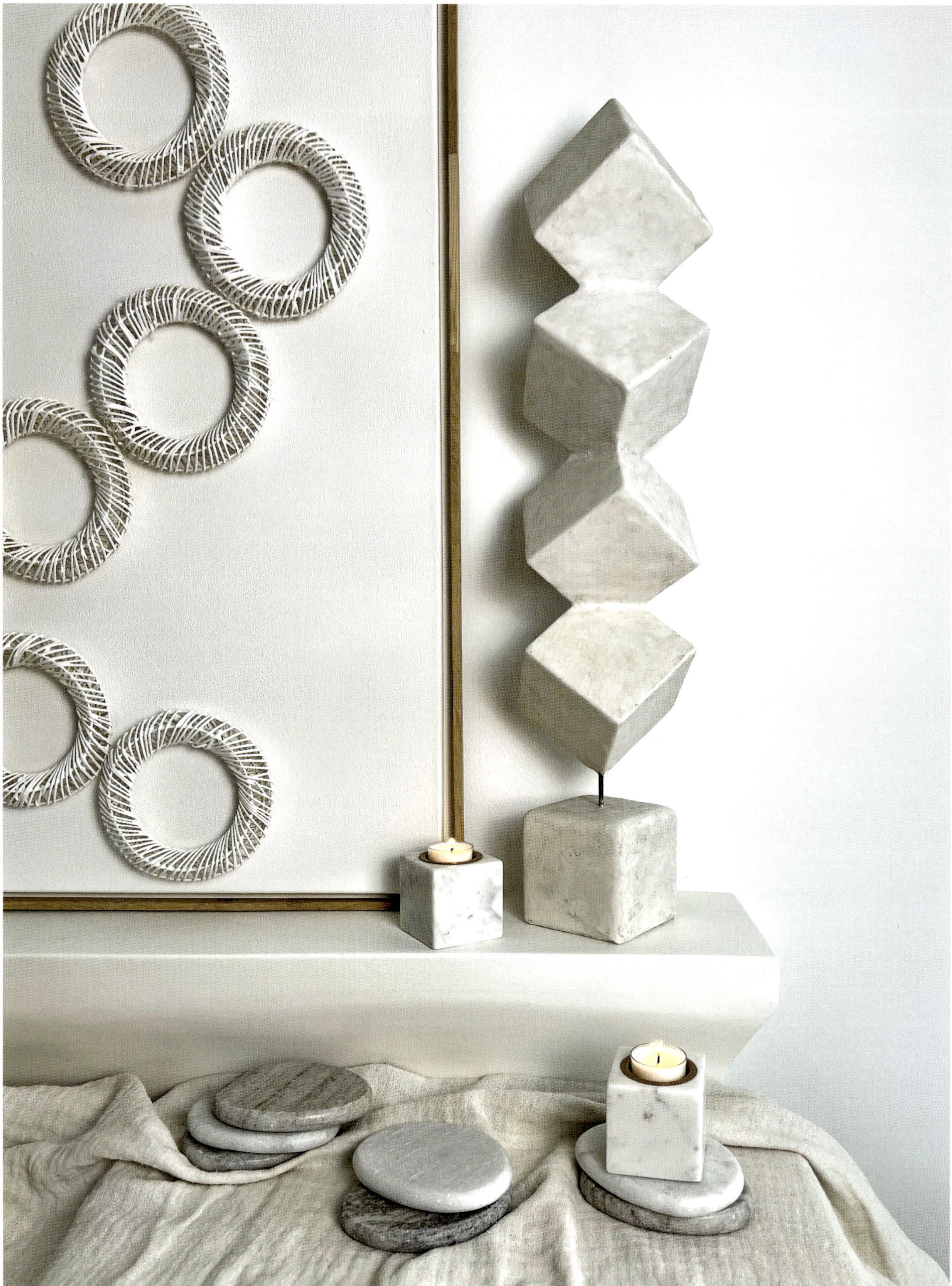

ZUSAMMENBAU

1 Die vier Styroporwürfel und den Holzwürfel nun zusammensetzen und gut miteinander verleimen. Die Rundhölzer dienen dabei als Dübel und sollten ebenfalls in den Löchern verleimt werden.

2 Die Würfel mit Spachtelmasse bestreichen bzw. betupfen. Hierfür können die Einmalhandschuhe getragen werden. Die Fugen dabei gut ausarbeiten. Trocknen lassen.

3 Nach der Trocknung alle Flächen mit dem groben Schleifpapier abschmirgeln.

4 Gegebenenfalls noch mal eine dünnere Schicht Spachtelmasse auftragen und mit einem feuchten Pinsel glätten. Trocknen lassen.

5 Wenn diese Schicht getrocknet ist, mit dem feinen Schleifpapier noch mal drübergehen.

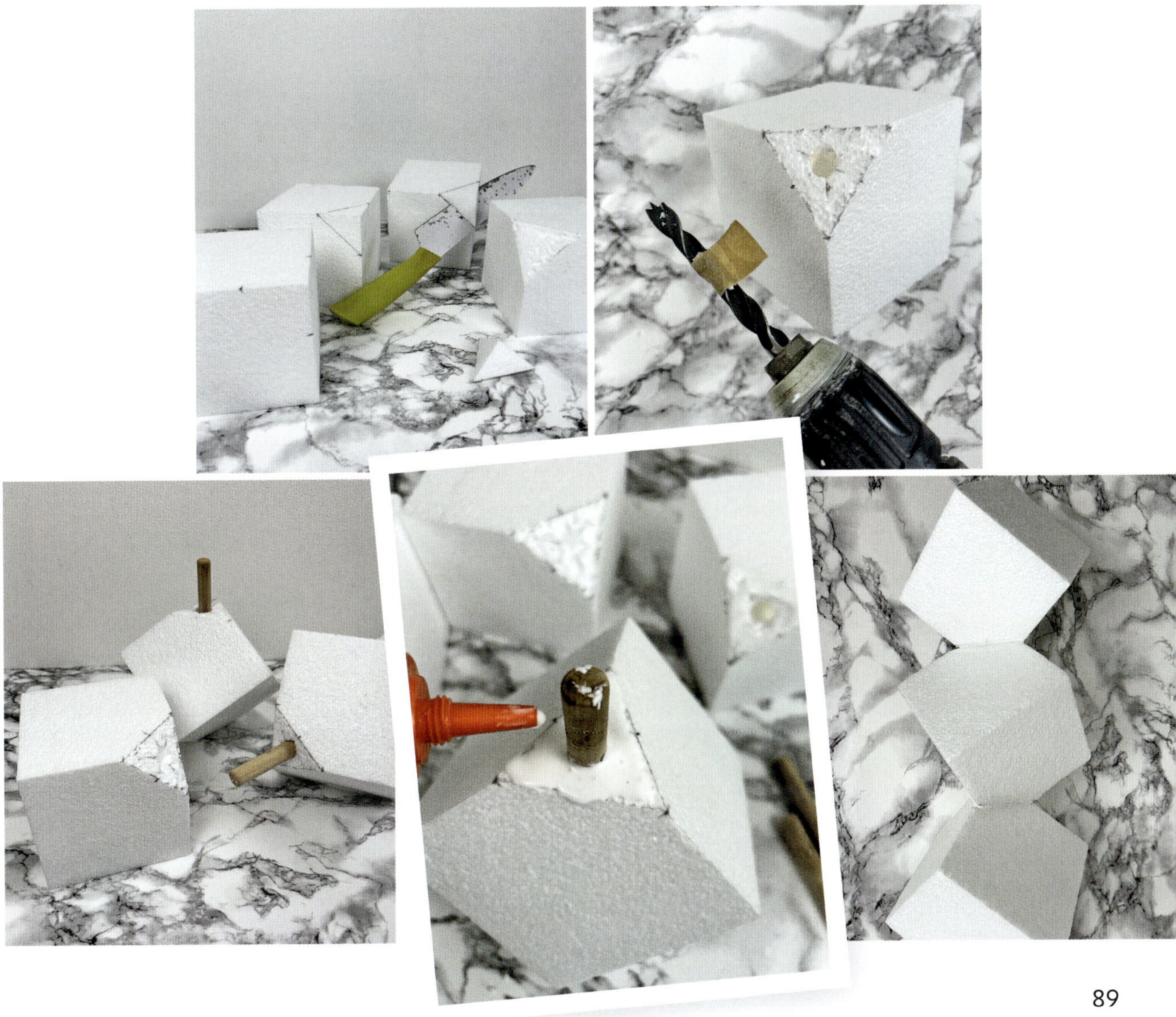

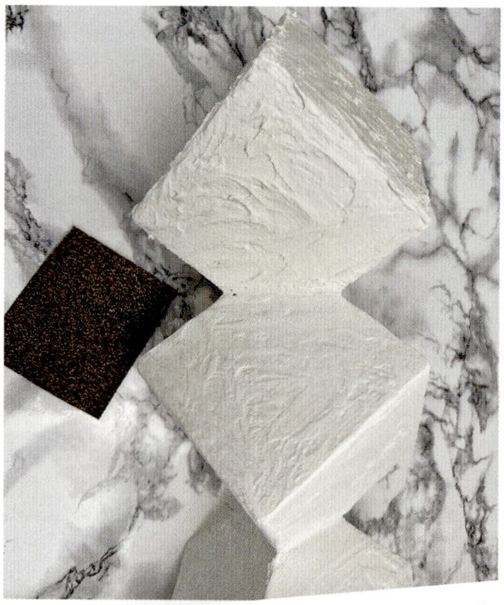

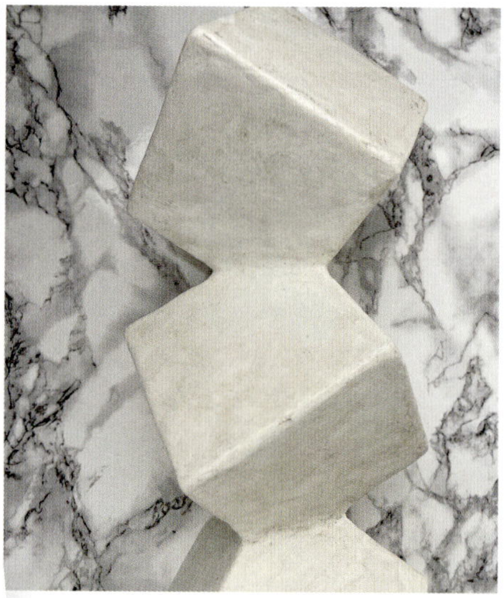

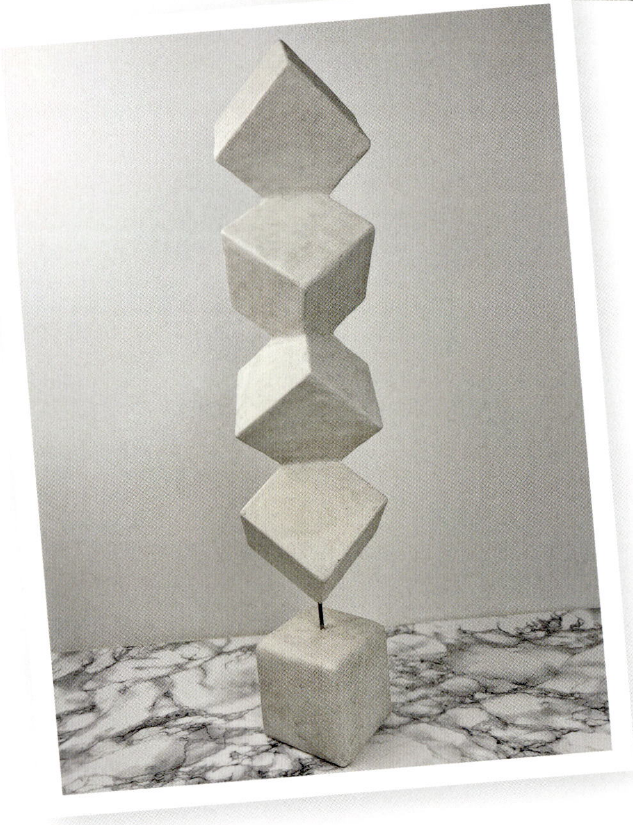

6 Die gespachtelten Flächen leicht anfeuchten, etwas Betonpulver daraufstreuen und mit den Fingern einarbeiten (tupfen, streichen).

7 Die gespachtelten Flächen zum Schluss noch versiegeln.

TIPP

Statt Betonpulver kann man auch Gips oder farbigen Fliesenmörtel verwenden.

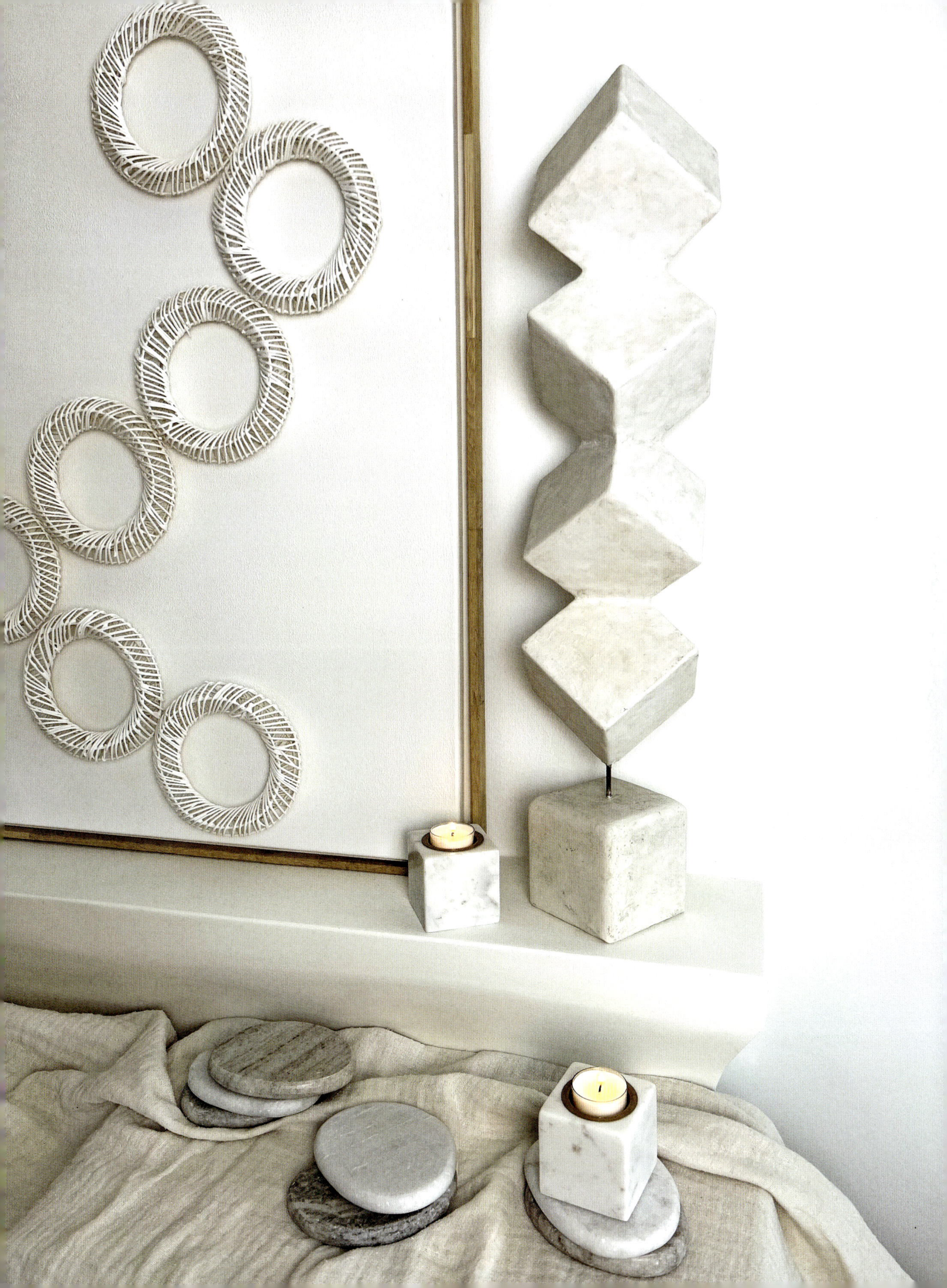

Marmorwürfel

Einen sehr einfachen und edlen Marmor-Look kann man mit der guten alten Serviettentechnik erzielen. Dazu benötigt man Servietten mit Marmordesign und Serviettenkleber, der auch als Découpage-Kleber bekannt ist. Als Basis für die Würfel kann man beispielsweise einen alten Dachbalken mit quadratischem Querschnitt nehmen, den man sich im Baumarkt auf Würfelgröße zurechtsägen lässt. Damit die Marmorwürfel später toll glänzen, kann man den Triple Gloss Hochglanzlack von Rayher zur Versiegelung verwenden. Der Hochglanzlack ist auf Wasserbasis, wirkt jedoch nach mehrmaligem Auftragen wie eine Kunstharzschicht.

MATERIAL

Holzwürfel *(Kantenlänge ca. 7 cm)*
Kreidefarbe *(Antik-Weiß von Rust-Oleum)*
Pinsel
Serviette mit Marmormotiv *(Hintergrund in Weiß)*
Nadel
Serviettenkleber
Klarsichthülle *(optional)*
Triple Gloss Hochglanzlack *(von Rayher)*
Spiegel *(o. Ä. mit glatter, harter und nicht saugender Fläche; optional)*

ANLEITUNG

1 Die Holzwürfel mit der Kreidefarbe grundieren. Das dient nur dazu, dass das Motiv der Serviette später schön zur Geltung kommt.

2 Servietten bestehen gewöhnlich aus drei Schichten. Es wird nur die oberste Schicht mit dem Motivaufdruck verwendet. Die Schichten lassen sich am besten an einer Ecke aufdröseln. Man kann hierfür eine einfache Nadel zu Hilfe nehmen.

3 Eine Würfelseite mit Serviettenkleber dünn bestreichen und die oberste Schicht der Serviette vorsichtig darauf platzieren. Falten und Blasen sollten dabei vermieden werden, nur winzige Falten korrigieren sich beim Trocknungsprozess oft von alleine. Das frisch geklebte Motiv vorsichtig festtupfen. Das geht mit den weißen übrig gebliebenen Schichten der Serviette, mithilfe einer Klarsichthülle oder mit

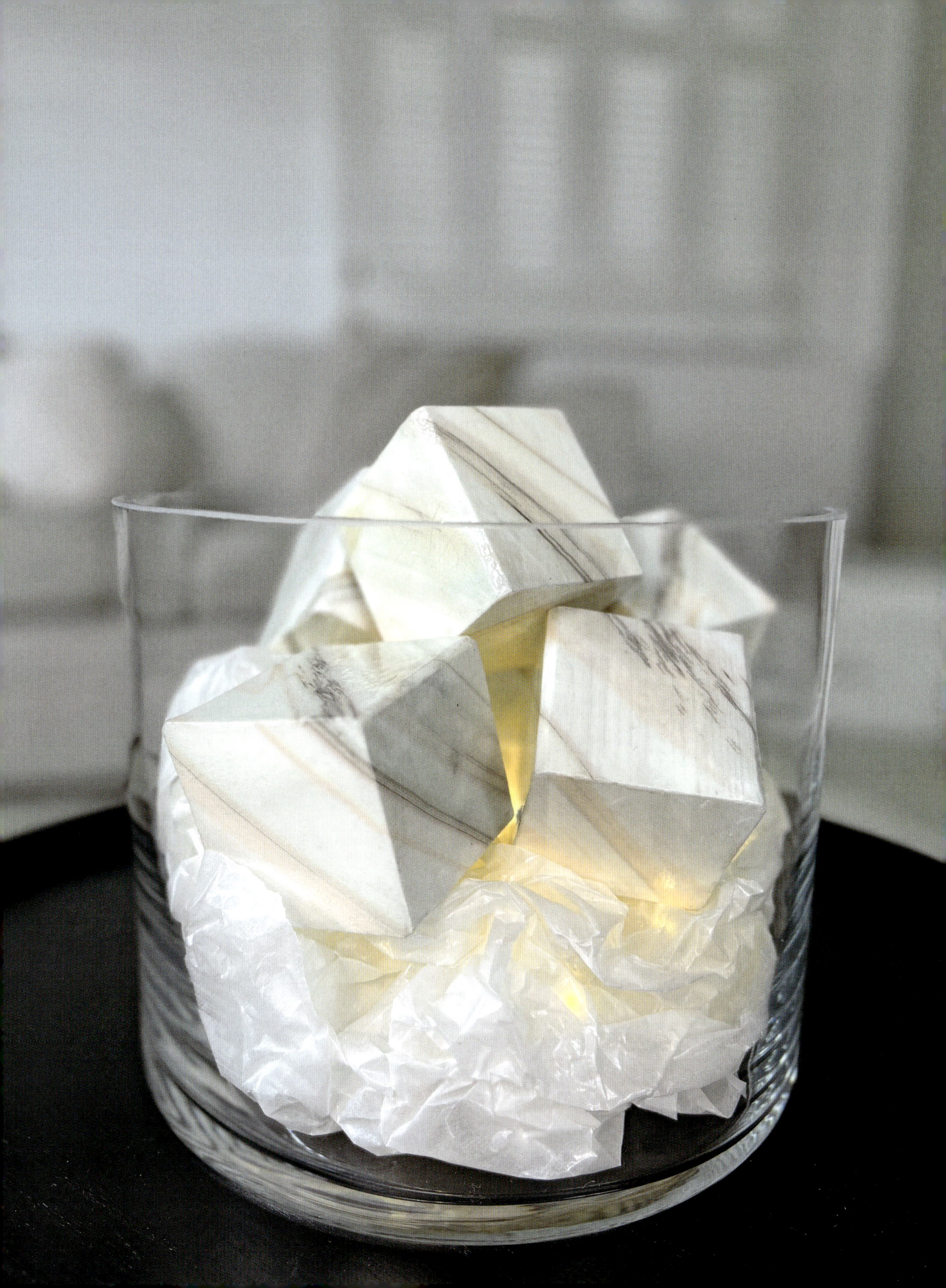

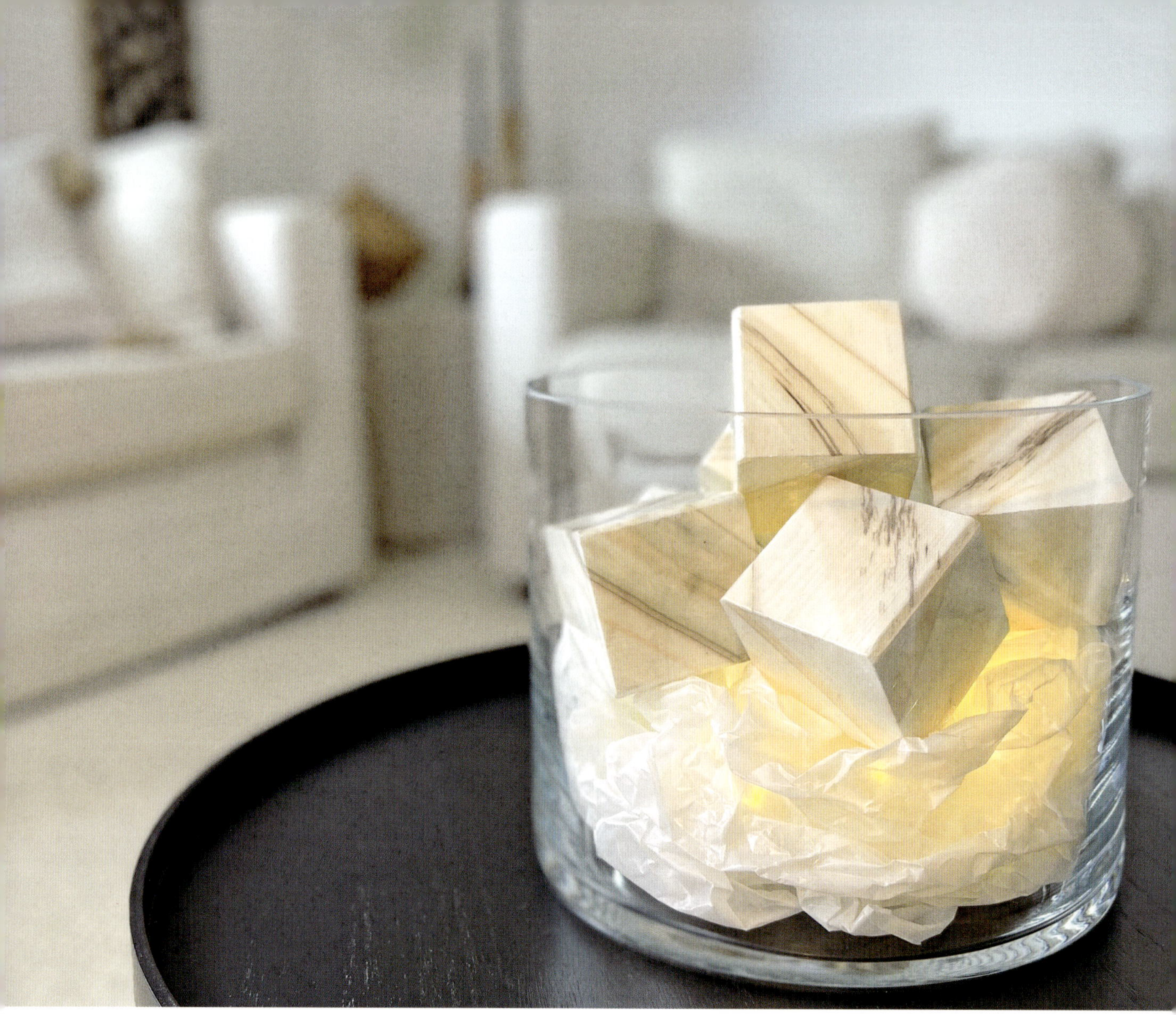

einem Pinsel, auf den etwas Serviettenkleber getupft ist. Welche Methode am besten funktioniert, sollte jeder für sich selbst ausprobieren.

4 Nacheinander alle sechs Seiten des Würfels mit dem Serviettenmotiv bekleben. Überstände kann man ganz einfach mit den Fingern abzupfen. Das wird schöner, als die Überstände mit der Schere abzuschneiden. Danach sollten die Würfel ein paar Stunden gut trocknen.

TIPP

Die Marmorwürfel sind an sich schon dekorativ. Man kann sie außerdem hübsch stapeln, als Briefbeschwerer oder Podest für kleine Figuren nutzen oder zu einem Kerzenständer weiterverarbeiten.

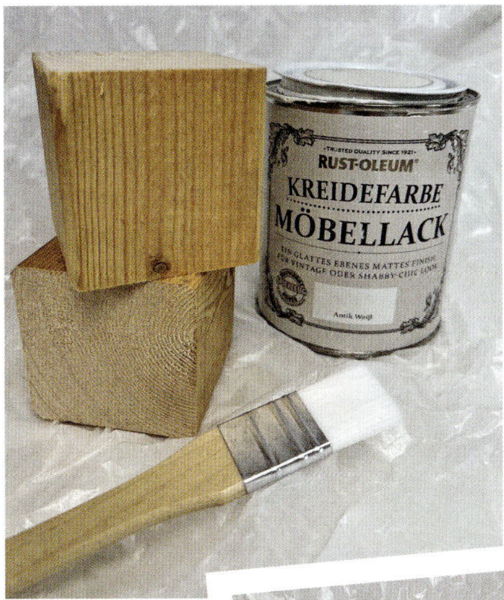

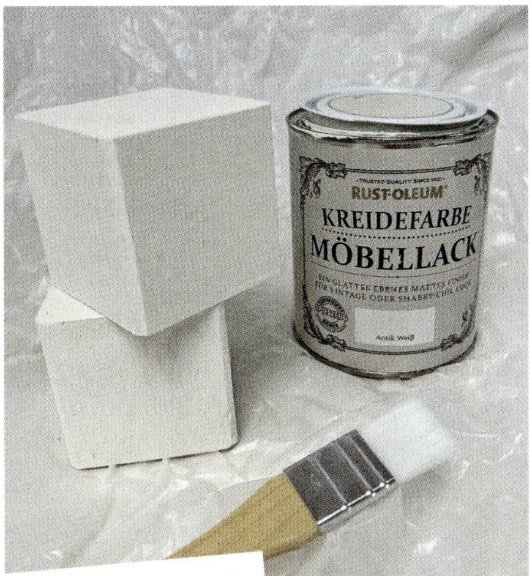

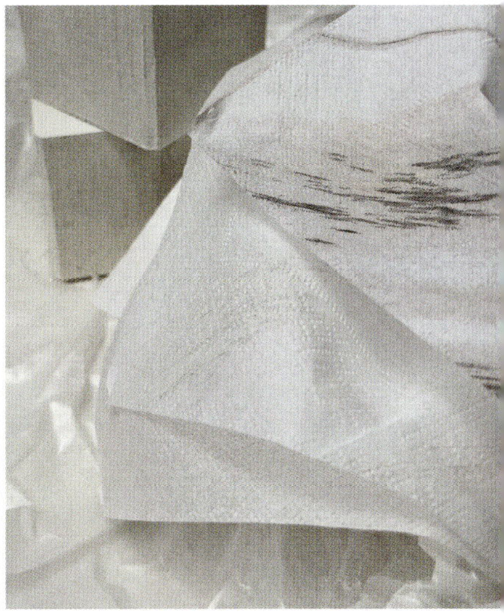

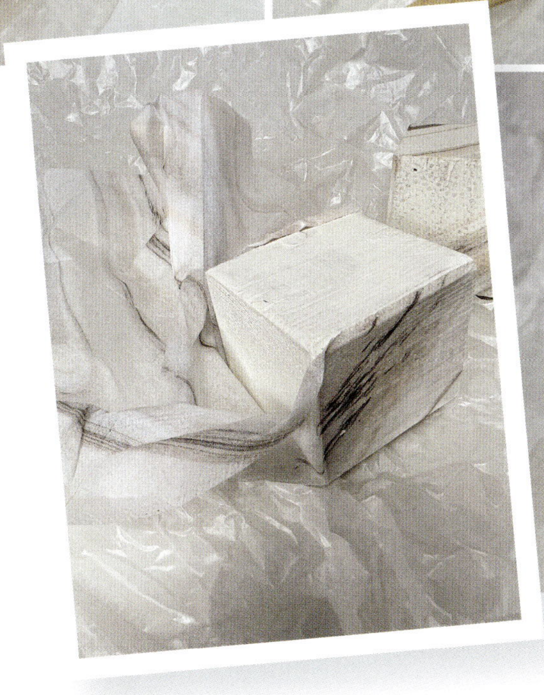

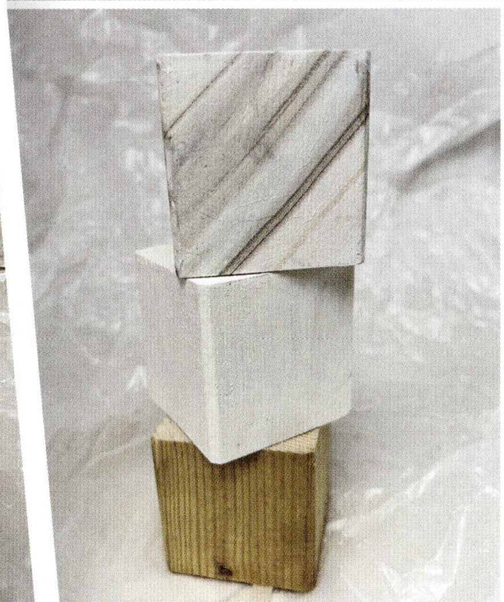

5 Anschließend zur Versiegelung den Triple Gloss Hochglanzlack auftragen. Er muss in der Waagrechten trocknen, damit er nicht verläuft. Das bedeutet, dass man immer nur eine Seite versiegeln kann, diese gut trocknen lässt und dann den Würfel dreht, um die nächste Seite zu lackieren. Es empfiehlt sich, alle sechs Seiten einmal zu lackieren und danach den Lackierungsprozess noch zwei- bis dreimal zu wiederholen. Für diese Versiegelung sollte man 2 bis 3 Tage einplanen, da die Trocknungsphasen wichtig sind. Am besten stellt man den Würfel zum Trocknen immer auf eine glatte, harte und nicht saugende Fläche (z. B. einen Spiegel).

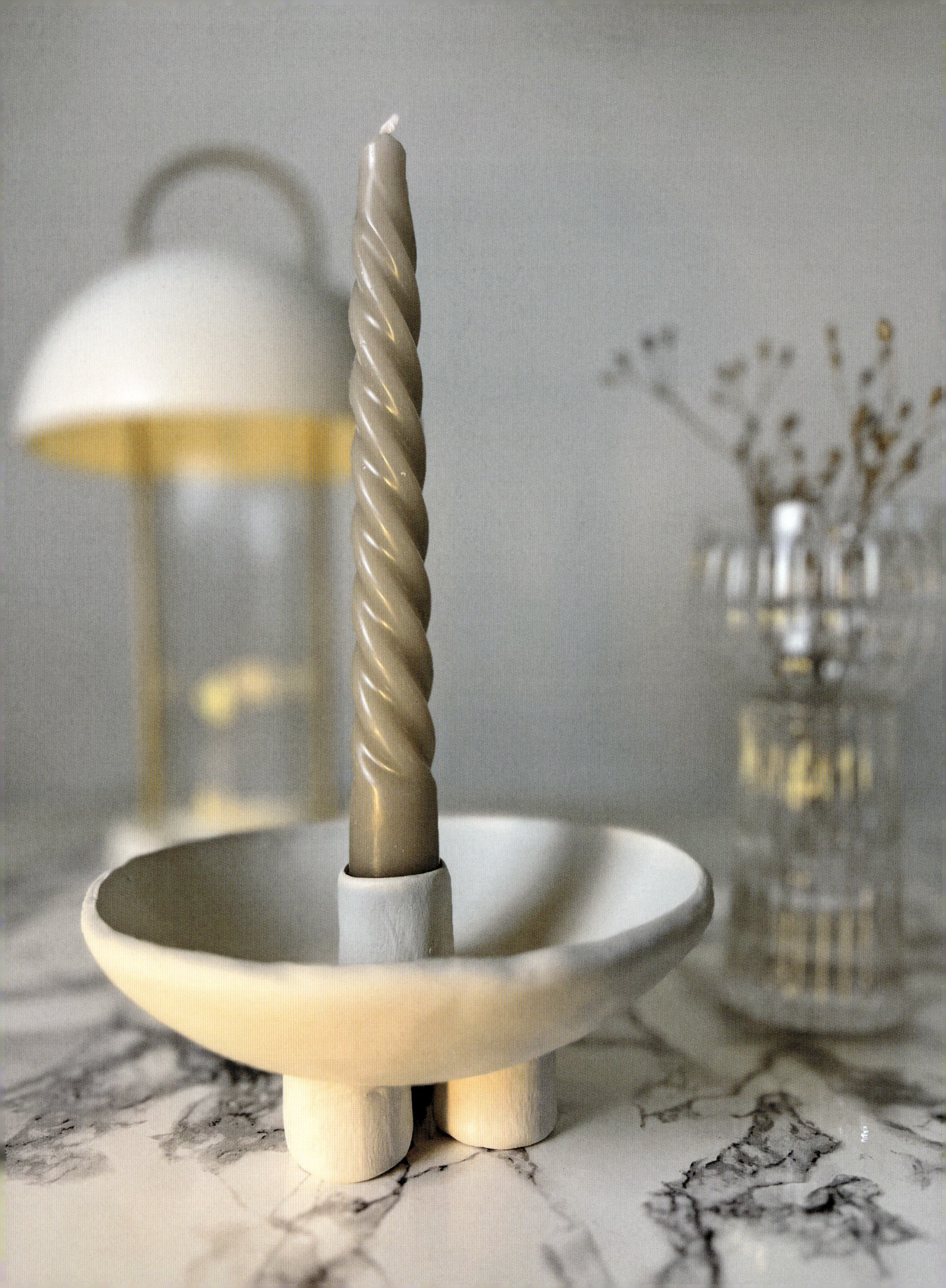

Kerzenschale mit Füßen

Schalen mit Kerzenhaltern in der Mitte sind typisch skandinavisch. Das Schöne daran ist, dass man um die Kerze herum noch ein paar dekorative Kleinigkeiten legen kann. Damit kann man die Schale saisonal schmücken oder kleine Lieblingsstücke hübsch in Szene setzen.

MATERIAL

Modelliermasse *(lufttrocknend; ca. 500 g)*
Nudelholz
2 Holzleisten *(Höhe: 3 mm)*
Lineal
Wasserschale
Küchenmesser
Stabkerze
Schleifpapier *(80er- und 400er-Körnung; nach Bedarf)*
Holzleim
Acrylfarbe *(Weiß)*
Pinsel

ANLEITUNG

1 Aus ca. 400 g der Modelliermasse zunächst eine flache Schale gestalten (siehe auch Anleitung „Blühende Verwicklung", Seite 126).

2 Die übrige Modelliermasse ausrollen und einen ca. 3 cm breiten Streifen abschneiden. Den Streifen um die Kerze legen, an der Überlappung den Streifen kürzen, die Enden einritzen und die Nahtstelle verblenden. Diesen Ring trocknen lassen und von der Kerze lösen (wenn er

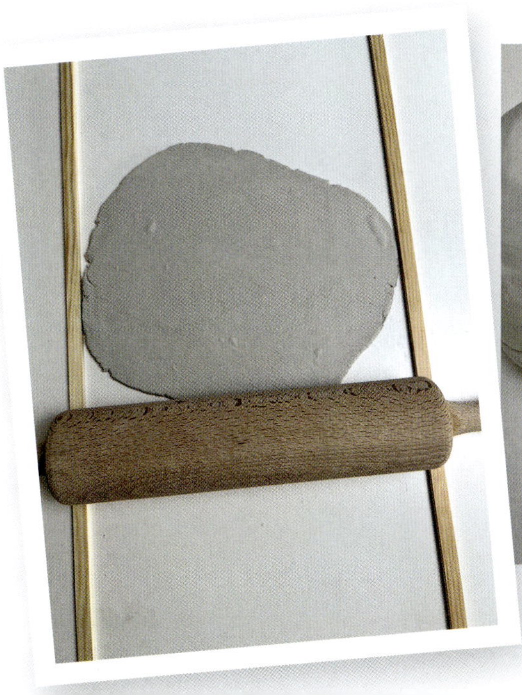

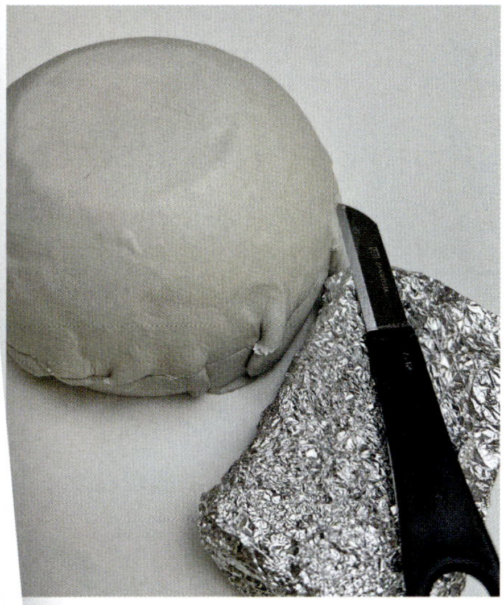

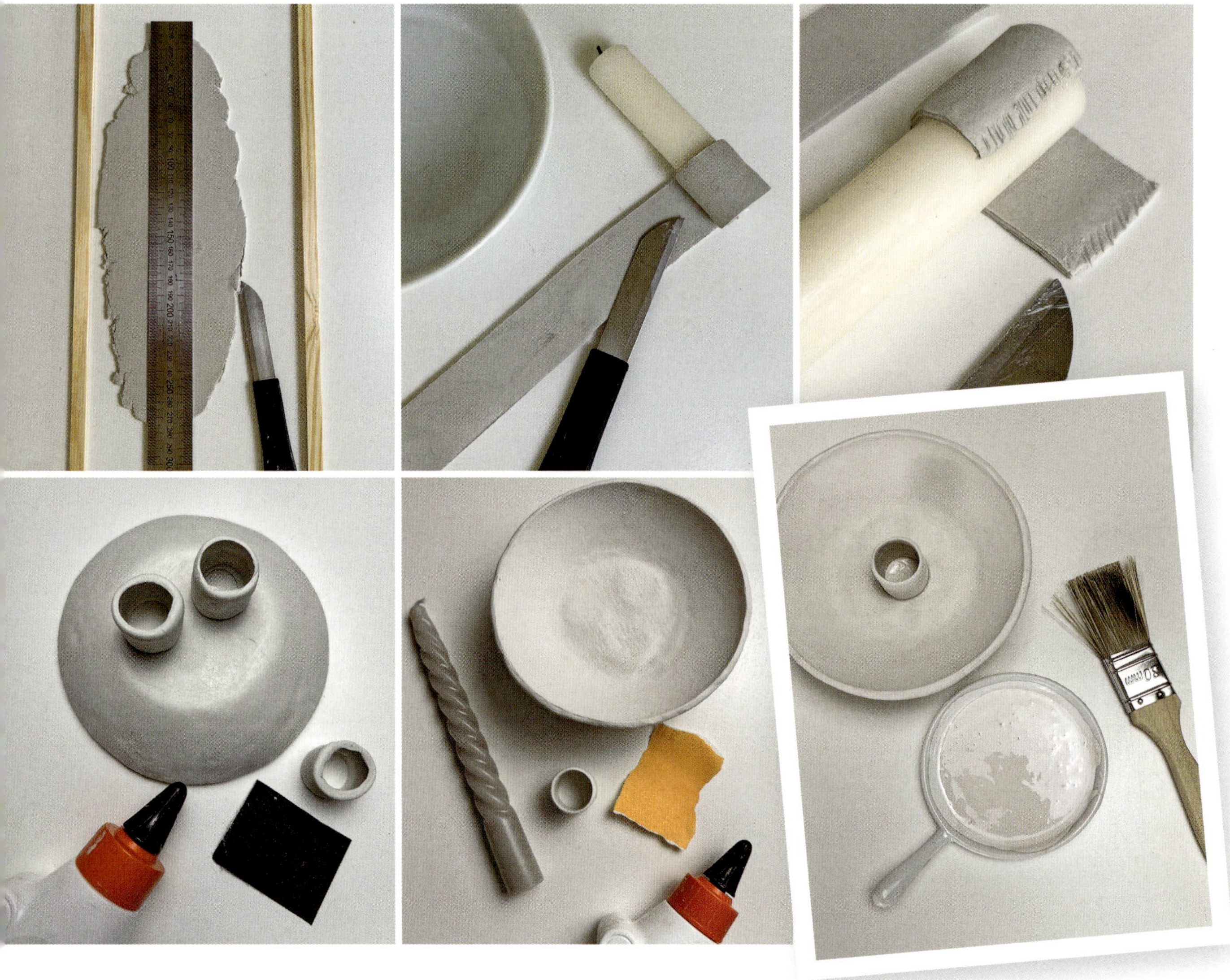

getrocknet ist, lässt er sich leicht von der Kerze schieben). Insgesamt vier solcher Ringe anfertigen. Nach Bedarf die getrockneten Ringe mit Schleifpapier bearbeiten (erst das grobe, dann das feine Schleifpapier verwenden).

3 Drei der Ringe als Füße an den Boden der Schale und den vierten Ring als Kerzenhalter innen in die Mitte der Schale leimen.

4 Die Kerzenschale mit Acrylfarbe anmalen.

TIPP

Alternativ kann man auch statt der Kerze ein Reagenzglas mit einer Blume in die Mitte stecken.

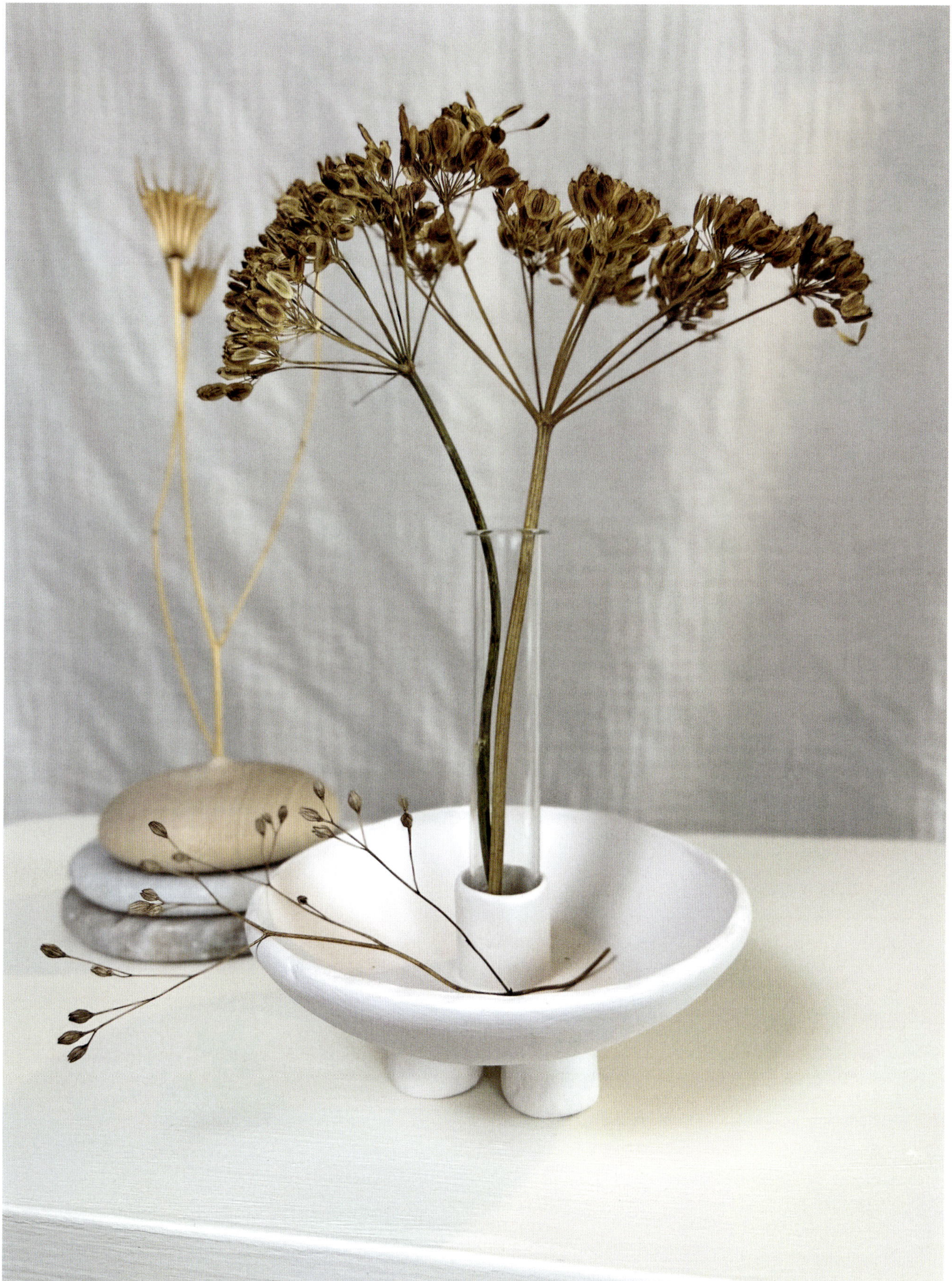

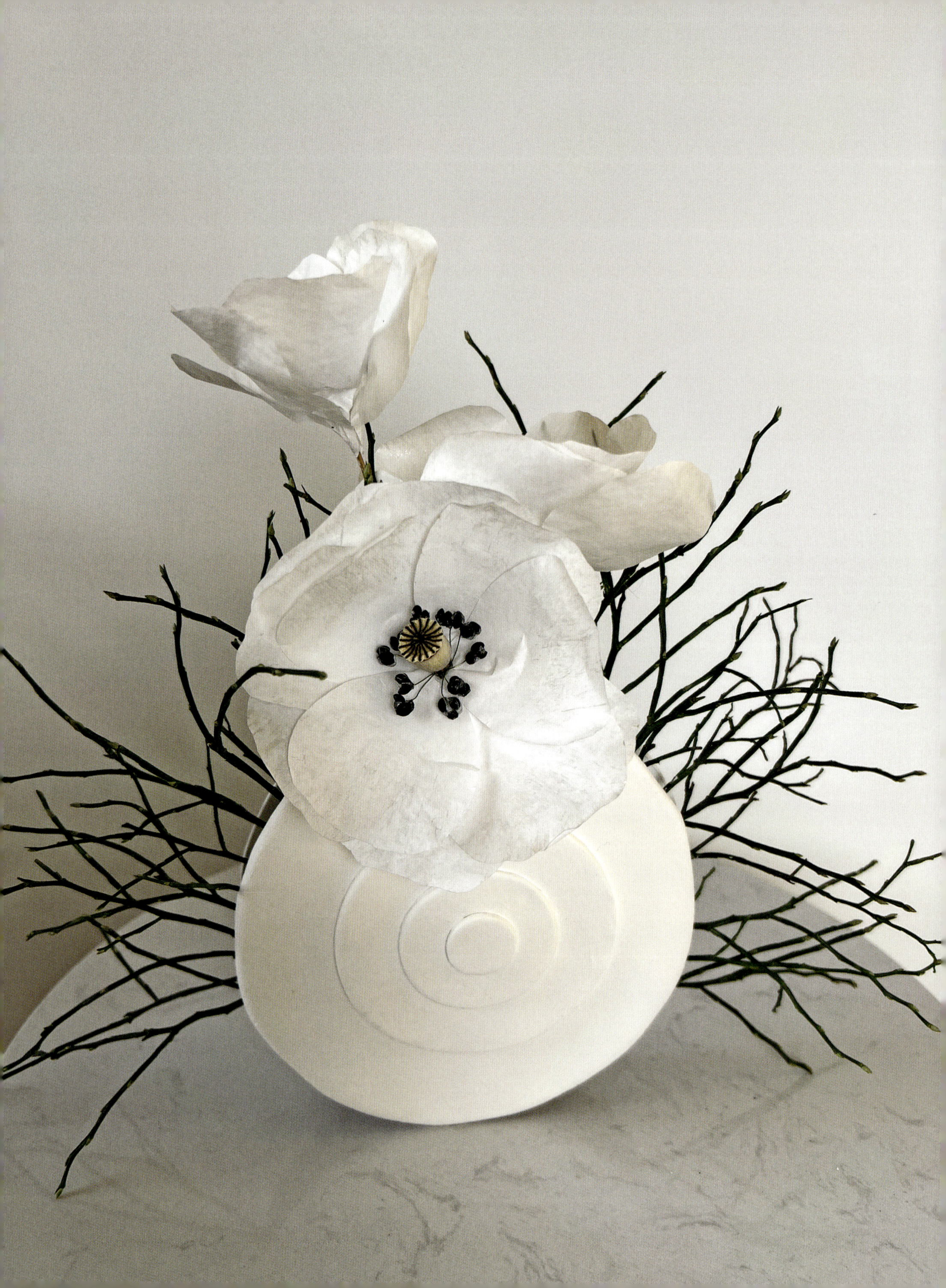

Zielscheibe

Diese Vase erinnert sowohl an eine Zielscheibe als auch an ein Sandwich. Sie ist prima geeignet für Trockenblumen, aber auch eine frische Blume kann schön in Szene gesetzt werden. Das Raffinierte ist, dass man neben dem mittigen Reagenzglas noch kleine Blümchen, Äste, Federn usw. in die Seiten stecken kann. Es ergeben sich somit zahlreiche Dekorationsmöglichkeiten.

MATERIAL

Modelliermasse *(lufttrocknend; 500 g)*
Nudelholz
Kreisausstecher *(oder Papierkreise als Schablone + Messer)*
Montagekleber
Reagenzglas mit flachem Boden
2 Metall-Topfreiniger

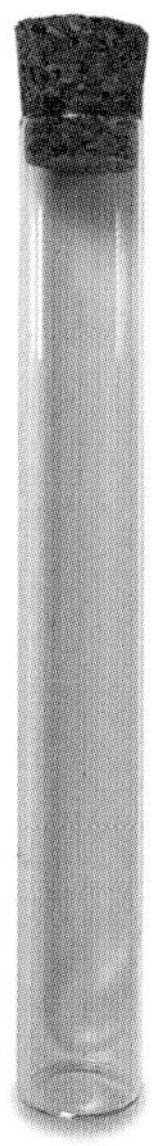

ANLEITUNG

1 Den Block Modelliermasse halbieren und beide Teile wie beim Plätzchenbacken ca. 0,5 cm dick ausrollen.

2 Aus beiden Teilen jeweils einen Kreis ausstechen (oder ausschneiden), der etwa 1 cm im Durchmesser größer als das Reagenzglas ist. Aus der restlichen Modelliermasse noch ein paar kleinere Kreise herausarbeiten. Die Ränder der Kreise mit feuchten Fingern glätten. Die Kreise sollten dann ca. 1 Tag durchtrocknen.

3 Anschließend mit dem Montagekleber das Reagenzglas mittig auf einen der gro-

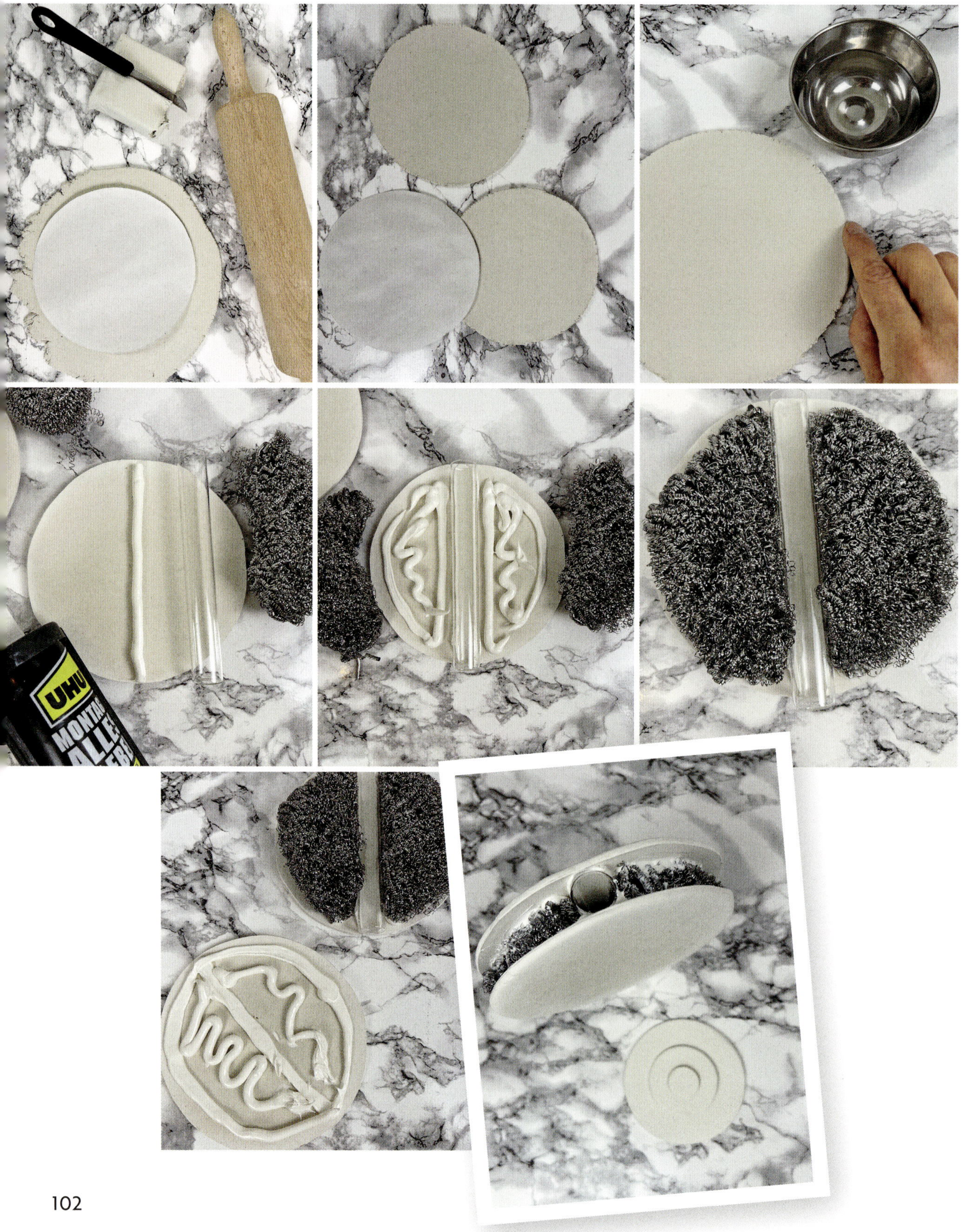
UHU

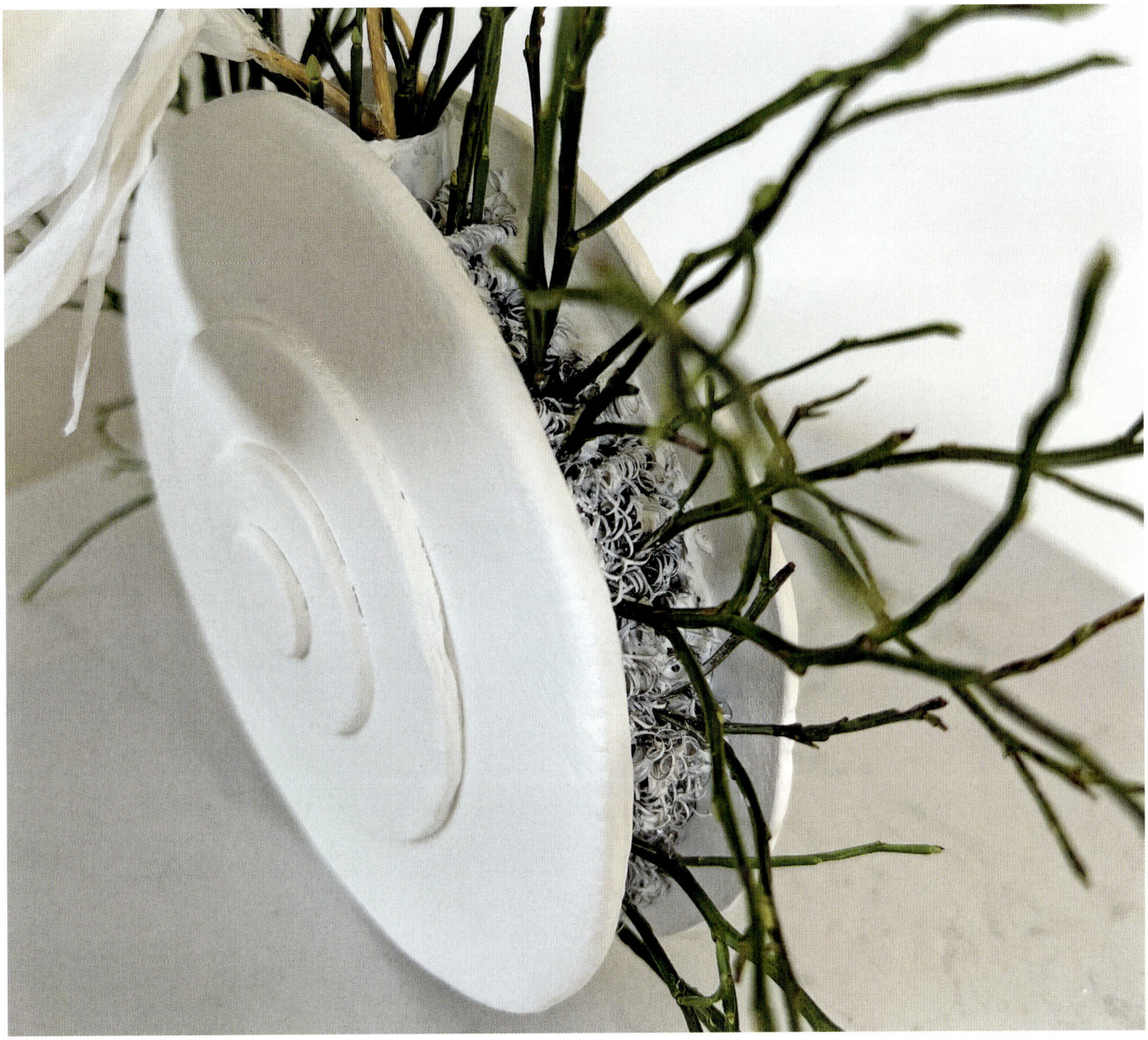

ßen Kreise kleben. Dabei sollte der Boden des Reagenzglases ganz minimal über den Kreis hinausragen, damit die Vase später besser steht.

4 Die Topfreiniger jeweils zu einem Halbkreis formen und links und rechts neben das Reagenzglas kleben.

5 Den anderen großen Kreis obendrauf kleben. Es entsteht dadurch eine Art Sandwich. Die kleineren Kreise wie bei einer Zielscheibe auf die Frontseite kleben.

TIPP

Wenn man möchte, kann man zum Schluss die ganze Vase, inklusive der silbernen Topfreiniger, mit weißer Kreidefarbe bemalen.

Stacheltier

In den 80ern haben wir Glühbirnen und Feuerzeuge mit Silikonspikes versehen. Diese alte Idee kommt nun mit Acryl wieder. Dieses Material kann man, anders als Silikon, sehr gut bemalen. Mit einer Kartusche Acryl kommt man bei diesem DIY locker aus. Es bleibt also noch Spielraum für weitere kreative Projekte mit dem Acryl. Oder man macht gleich mehrere Vasen zum Verschenken.

MATERIAL

1 Acrylkartusche
Kartuschenpresse
Kartuschenmesser *(oder Teppichmesser)*
Küchenpapier
Keramik-Milchkanne *(trocken, staub- und fettfrei; weiß)*
Kreidefarbe *(Antik-Weiß von Rust-Oleum)*
Borstenpinsel
Versiegelung *(Klarlack von Rust-Oleum)*

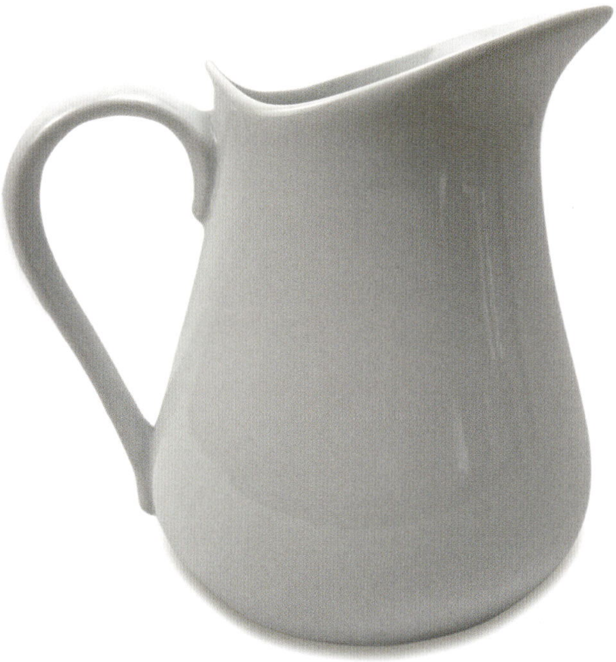

ANLEITUNG

1 Die Acrylkartusche in die Presse einspannen und mit dem Kartuschenmesser die Kartusche öffnen.

2 Einen Probeklecks Acryl auf dem Küchenpapier machen. Das funktioniert wie beim Backen mit dem Spritzbeutel. Wenn der Klecks zu fein ist, noch ein Stück von der Tülle abschneiden, damit die Öffnung größer wird.

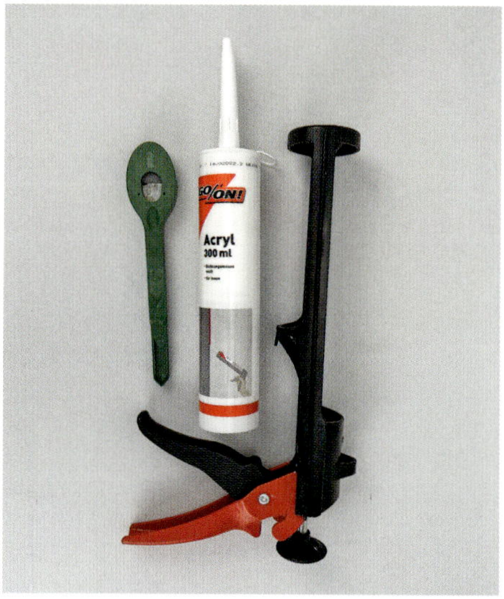

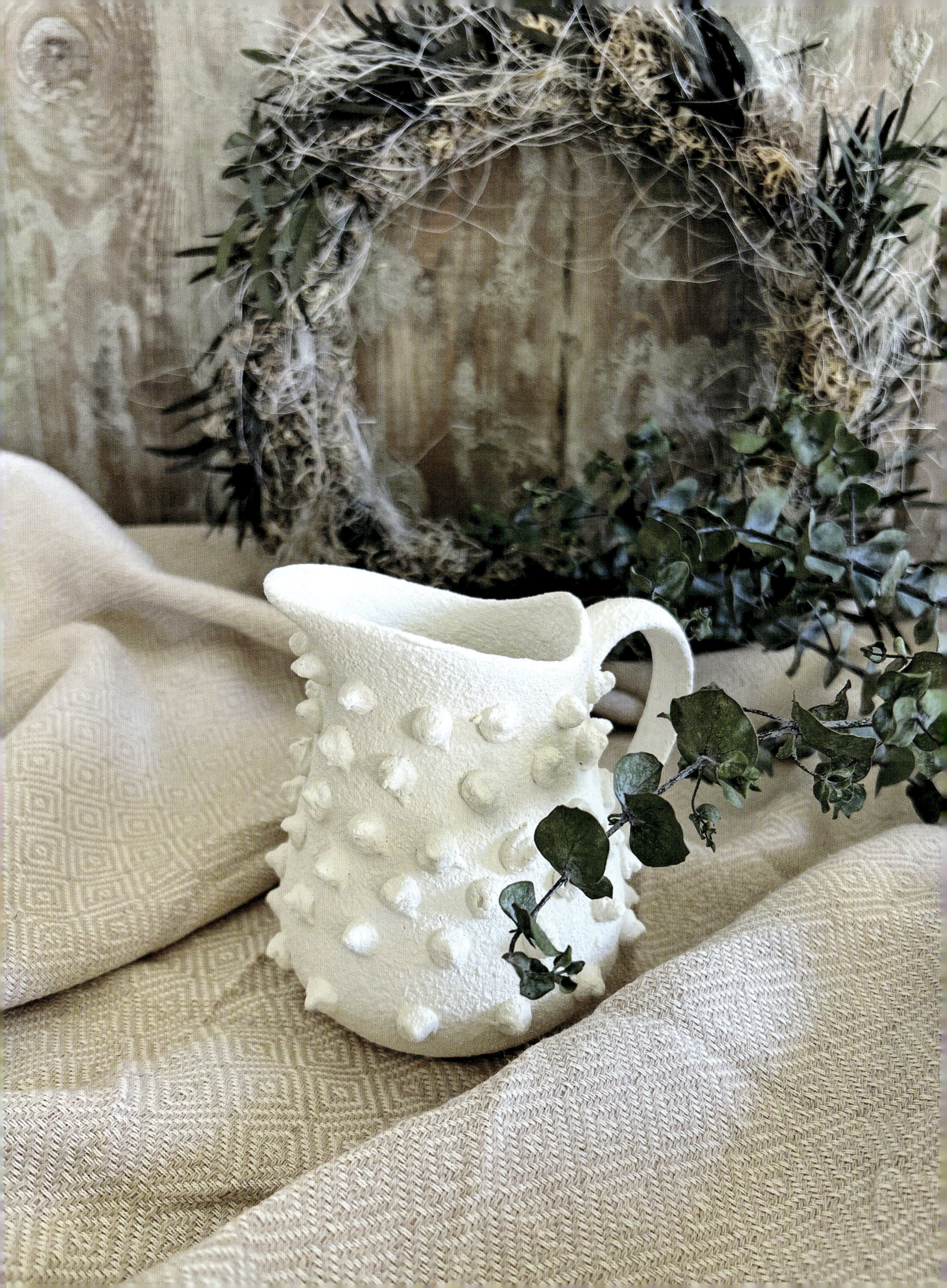

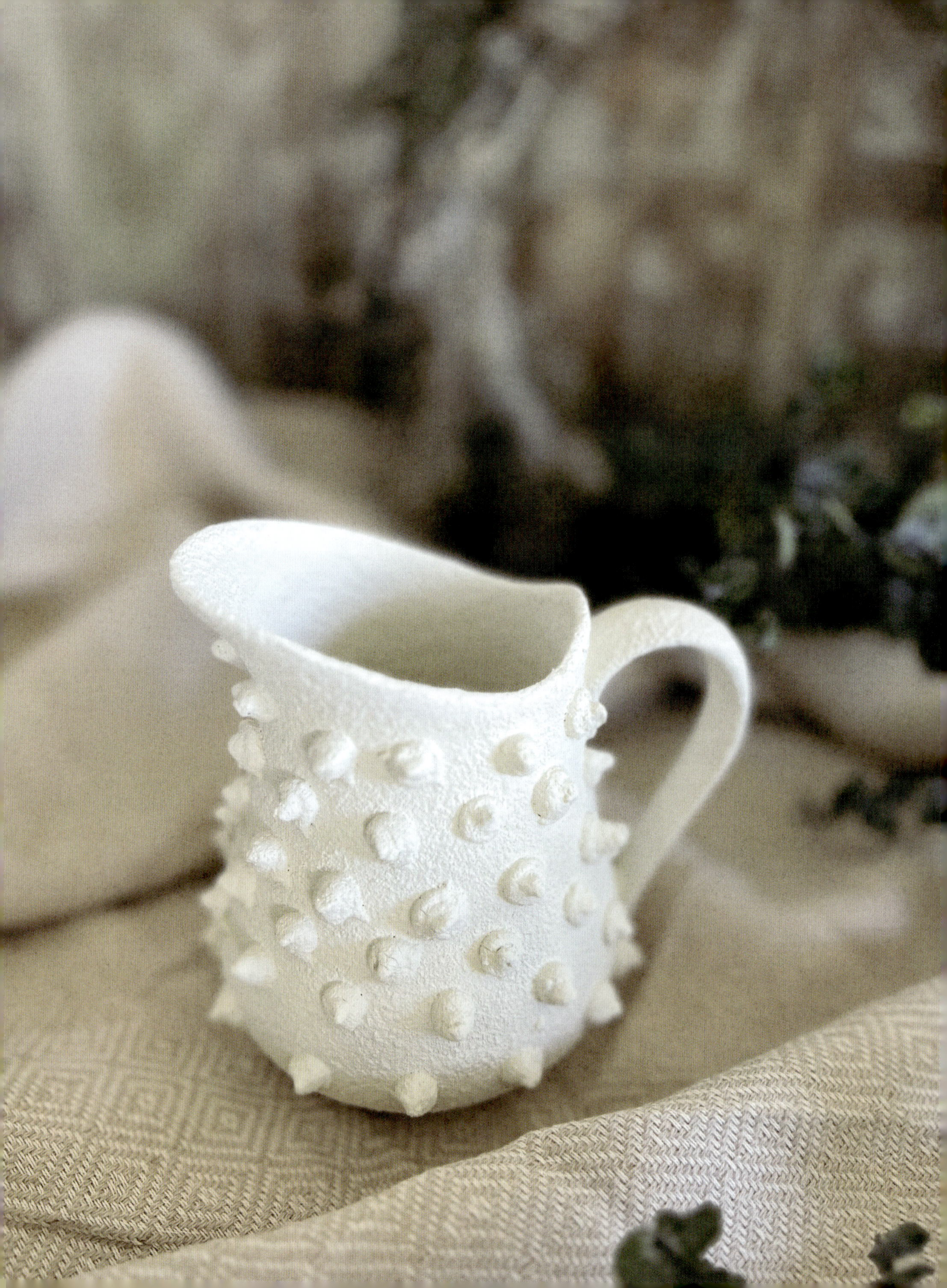

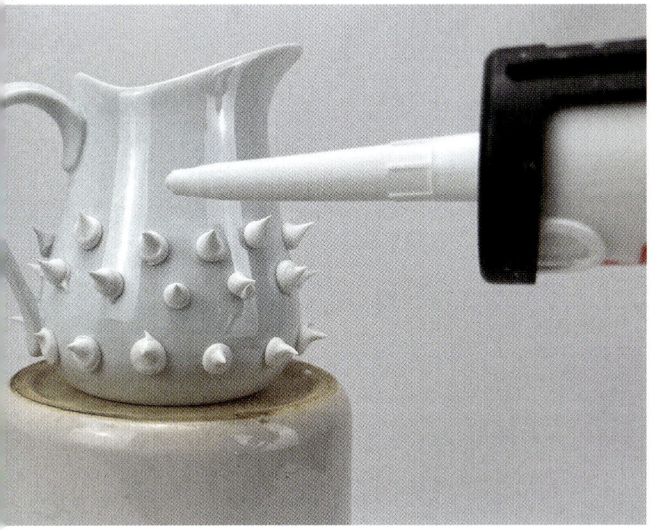

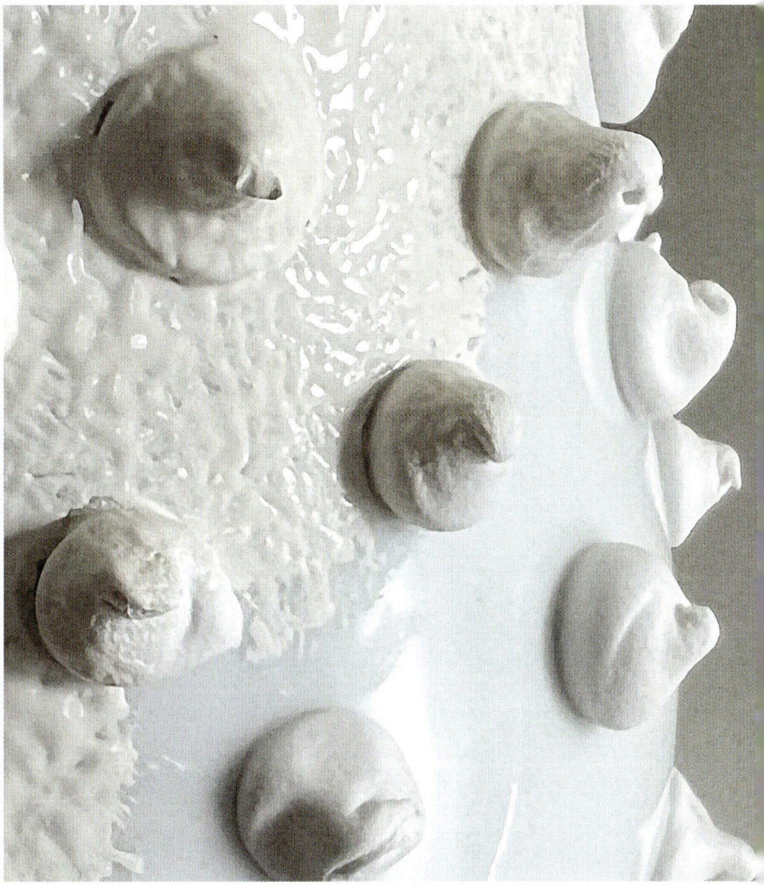

3 Nach Belieben Acrylstacheln auf die Milchkanne setzen. Zwischen den Klecksen immer wieder die Tülle mit Küchenpapier abwischen. Das Acryl 1 Stunde ein wenig antrocknen lassen.

4 Anschließend die langen Spitzen mit den Fingern leicht andrücken. Die Stacheln werden dadurch dicker und flacher. Die Milchkanne mindestens 2 Tage trocknen lassen.

5 Dann mit Kreidefarbe betupfen. Damit alles gut abgedeckt ist, mehrere Schichten auftragen. Dazwischen sollte jede Schicht gut trocknen, was aber nur wenige Minuten dauert.

6 Zum Abschluss die Kanne noch mit Klarlack versiegeln.

TIPP

Wenn man die Kanne für frische Blumen verwenden möchte, die Innenseite nicht bemalen.

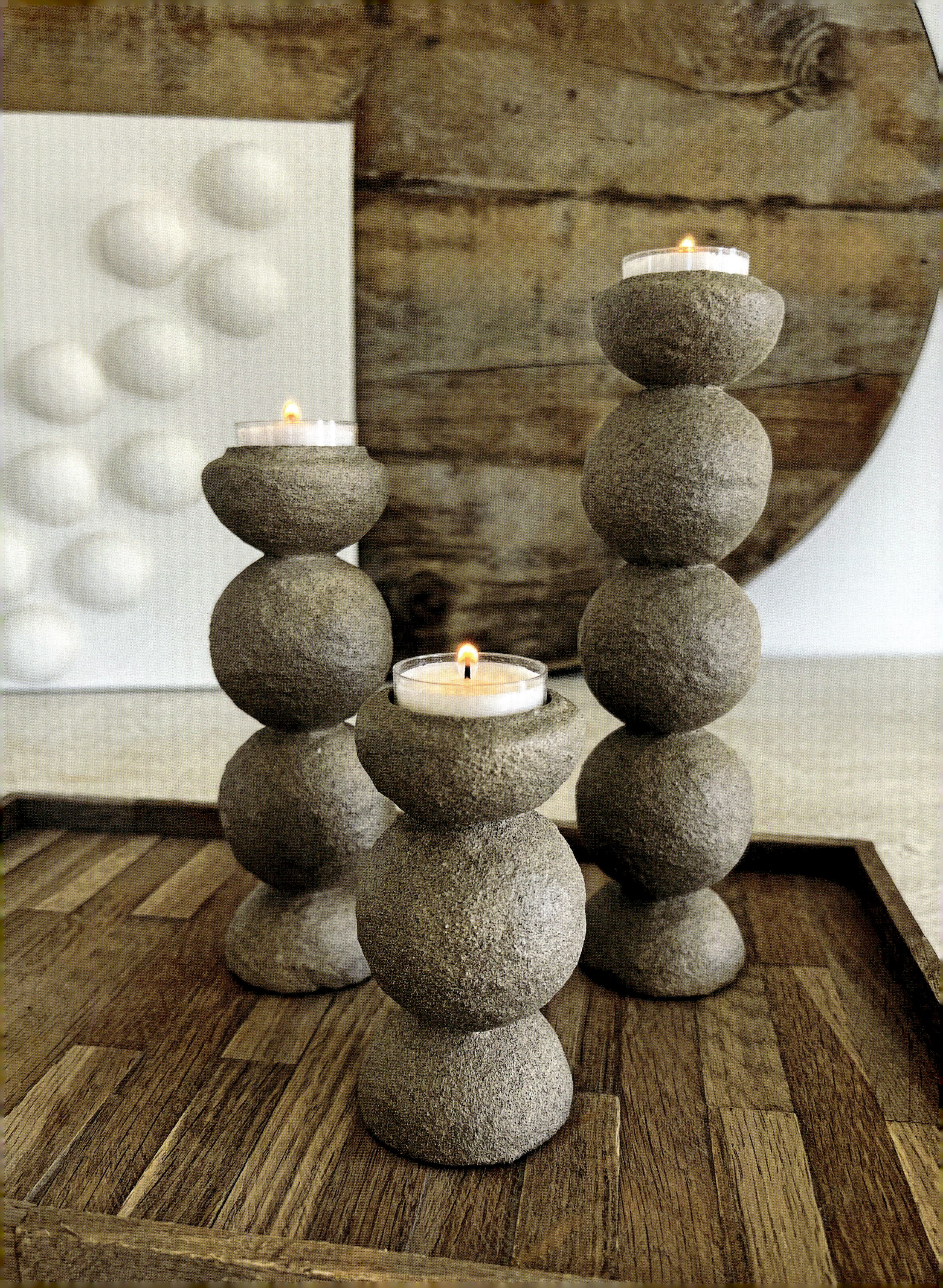

Kugellager

Auf meinem Instagram-Account @chalet8_diy habe ich die Anleitung für Kerzentürme aus Gips gezeigt. Dafür braucht man allerdings spezielle Gießformen. Hier im Buch stelle ich eine Variante ohne Gießen vor. Die Kugelleuchter sind aus Styropor-Halbkugeln zusammengesetzt. Das geht ganz einfach. Allerdings fallen die Türme natürlich auch leichter um. Daher empfiehlt es sich, entweder nur LED-Teelichter zu verwenden oder die Türmchen auf einem kleinen Tablett festzukleben.

Für diese kugelige Idee wurde Effektspray verwendet. Das Spray enthält Substanzen (Aceton), die Styropor angreifen würden. Wenn Letzteres aber in Spachtelmasse und Kreidefarbe eingepackt ist, dringt das Spray nicht bis zum Styropor durch. Dennoch sollte man hier lieber vorsichtig mehrere dünne Schichten Effektspray auftragen und diese immer gut durchtrocknen lassen.

MATERIAL

Obstmesser
Styropor-Halbkugeln *(Ø 6 cm)*
Teelichthalter mit Stiel
Zahnstocher
Holzleim
Spachtelmasse *(gebrauchsfertig)*
Schleifpapier *(80er- und 250er-Körnung)*
Kreidefarbe
Pinsel
Effektspray *(Wüstensand von Rust-Oleum)*

ANLEITUNG

1 Mit dem Obstmesser die Halbkugeln so weit aushöhlen, dass der Teelichthalter hineinpasst, und diesen in die Öffnung setzen.

2 Mehrere Halbkugeln mit Zahnstochern und Leim miteinander verbinden.

3 Die Halbkugel mit dem Teelichthalter ganz oben auf den Turm stecken und verleimen.

4 Kleine Lücken zwischen Teelichthalter und Halbkugel mit Holzleim auffüllen. Gut trocknen lassen.

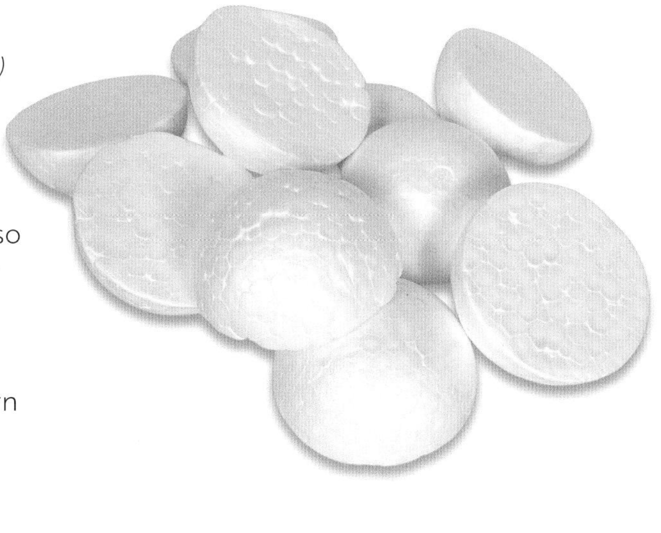

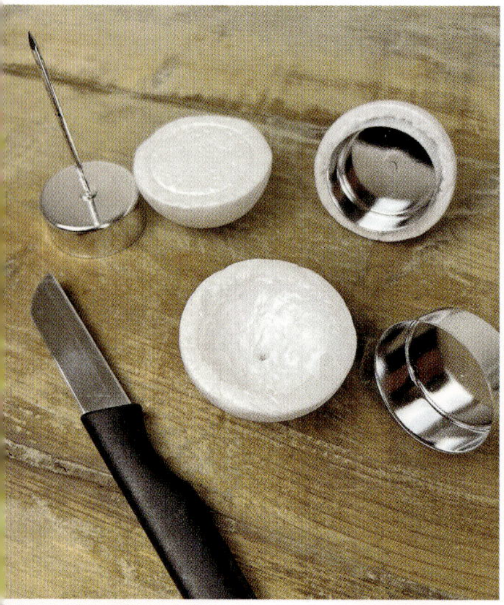

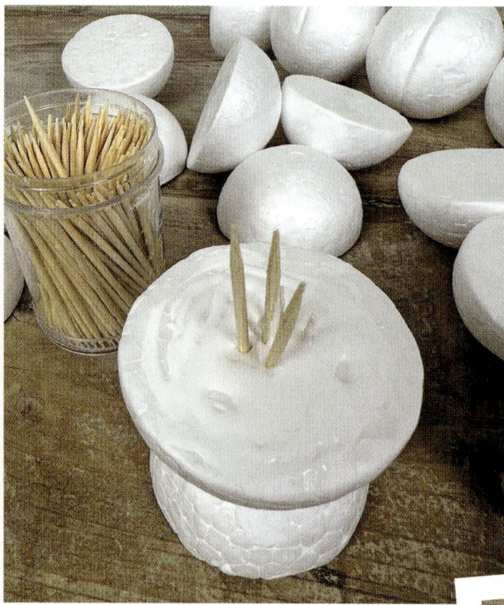

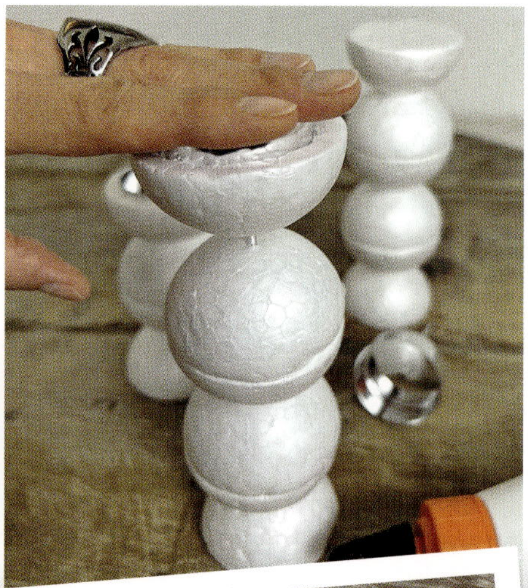

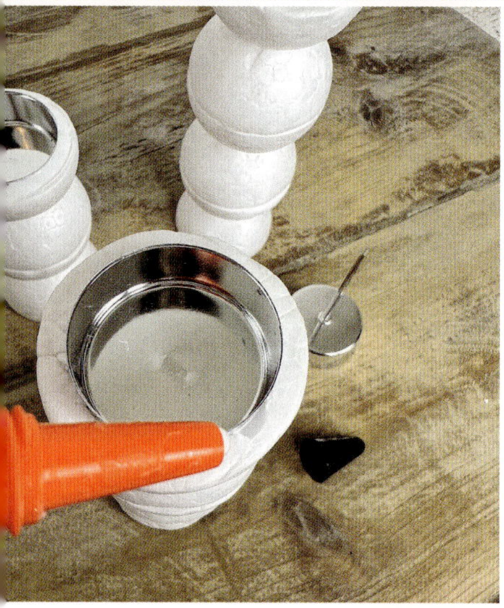

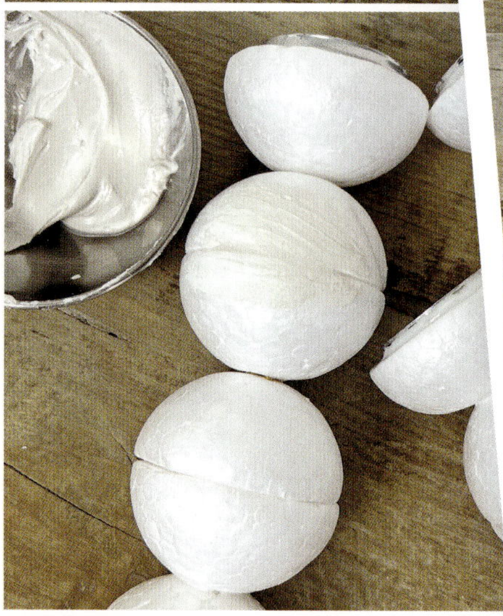

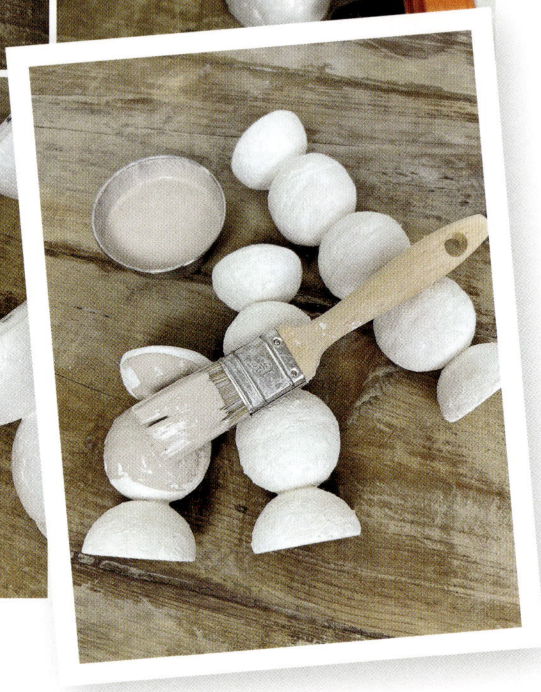

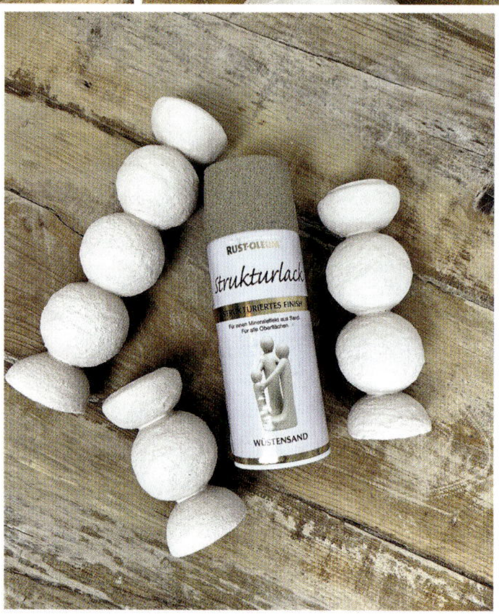

5 Anschließend die Fugen mit Spachtelmasse ausgleichen. Die Spachtelmasse trocknen lassen und dann glatt schleifen (erst das grobe, dann das feine Schleifpapier verwenden).

6 Eine Schicht Kreidefarbe als Grundierung auf dem gesamten Turm auftragen. Zuletzt alles mit Effektspray besprühen.

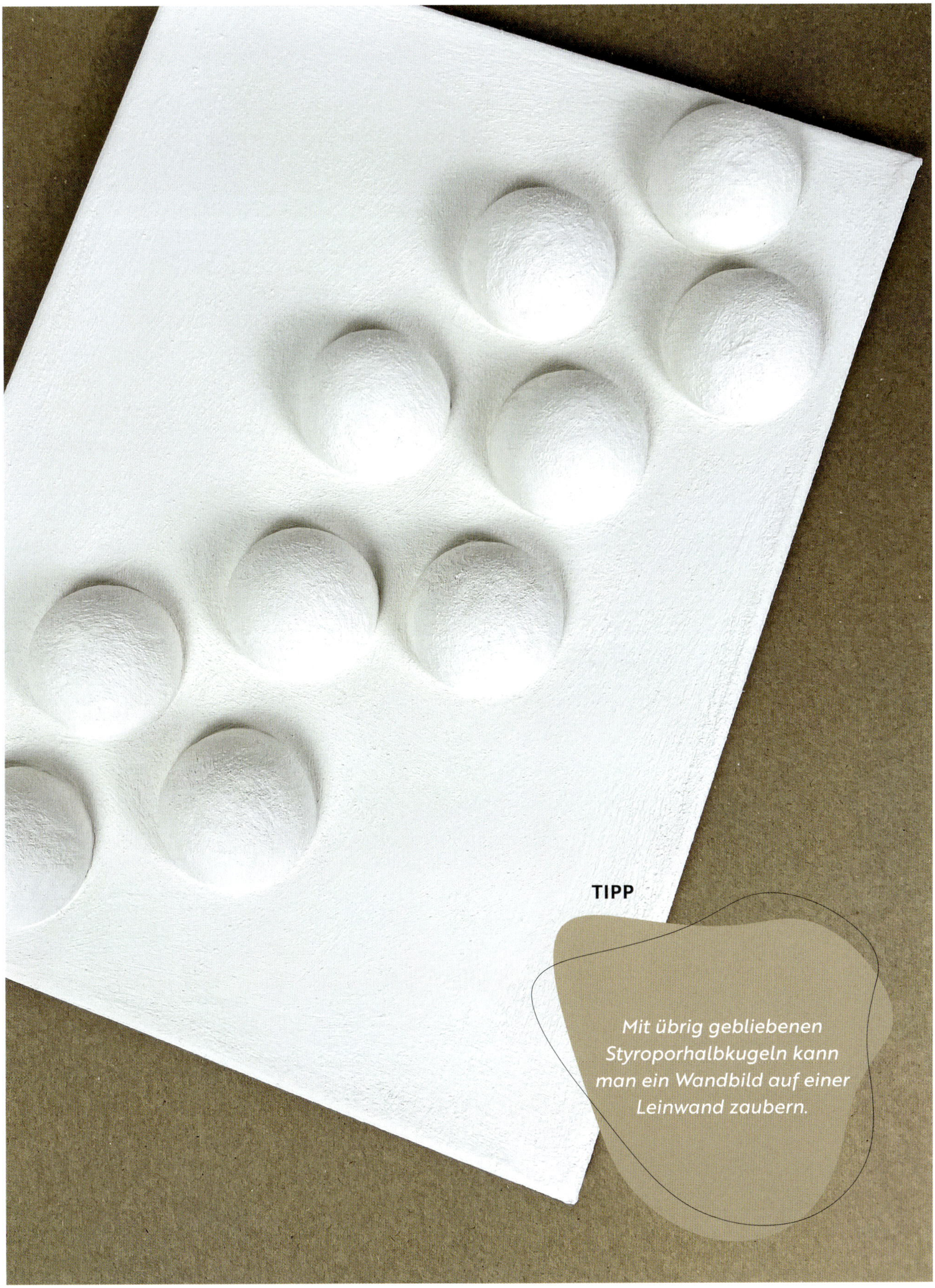

TIPP

Mit übrig gebliebenen Styroporhalbkugeln kann man ein Wandbild auf einer Leinwand zaubern.

Bouclé-Kugel

Kuschelige Kullerkugeln aus Bouclé- oder Teddystoff sind tolle Highlights in minimalistischen Wohnstilen. Als Basis kann man alte Spielbälle verwenden oder ältere Dekokugeln, denen man ein neues Leben schenken möchte. Auch Styroporkugeln wären möglich. Ebenso geht zerknülltes Packpapier, mit Papierklebeband umwickelt, als Kugelbasis. Für den Stoff eignen sich alte Läufer, Jacken, Kissenhüllen, Decken etc., er sollte nur dem edlen Bouclé-Stoff mit seinen Knötchen möglichst nahe kommen.

MATERIAL

Teddyfellbordüre *(o.Ä.)*
Schere
Spielball *(o.Ä.)*
Holzleim

ANLEITUNG

1 Die Stoffbordüre eiförmig oder in Form einer Zitrone ausscheiden. Das Teilstück sollte um den halben Spielball passen.

2 Das Stoffstück auf den Ball kleben. Sollten sich größere Falten ergeben, kann man diese einschneiden und die Überstände entfernen.

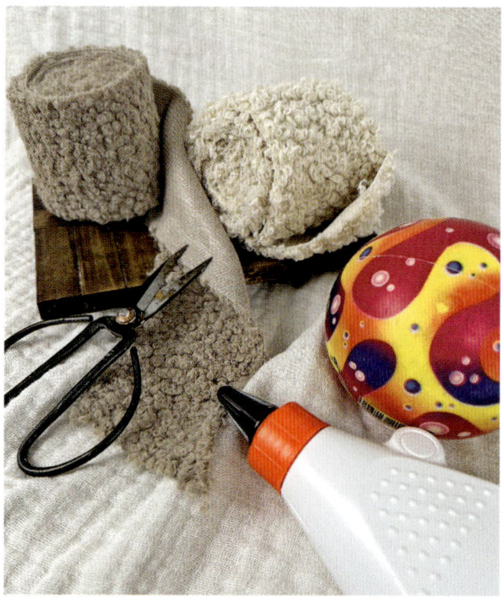

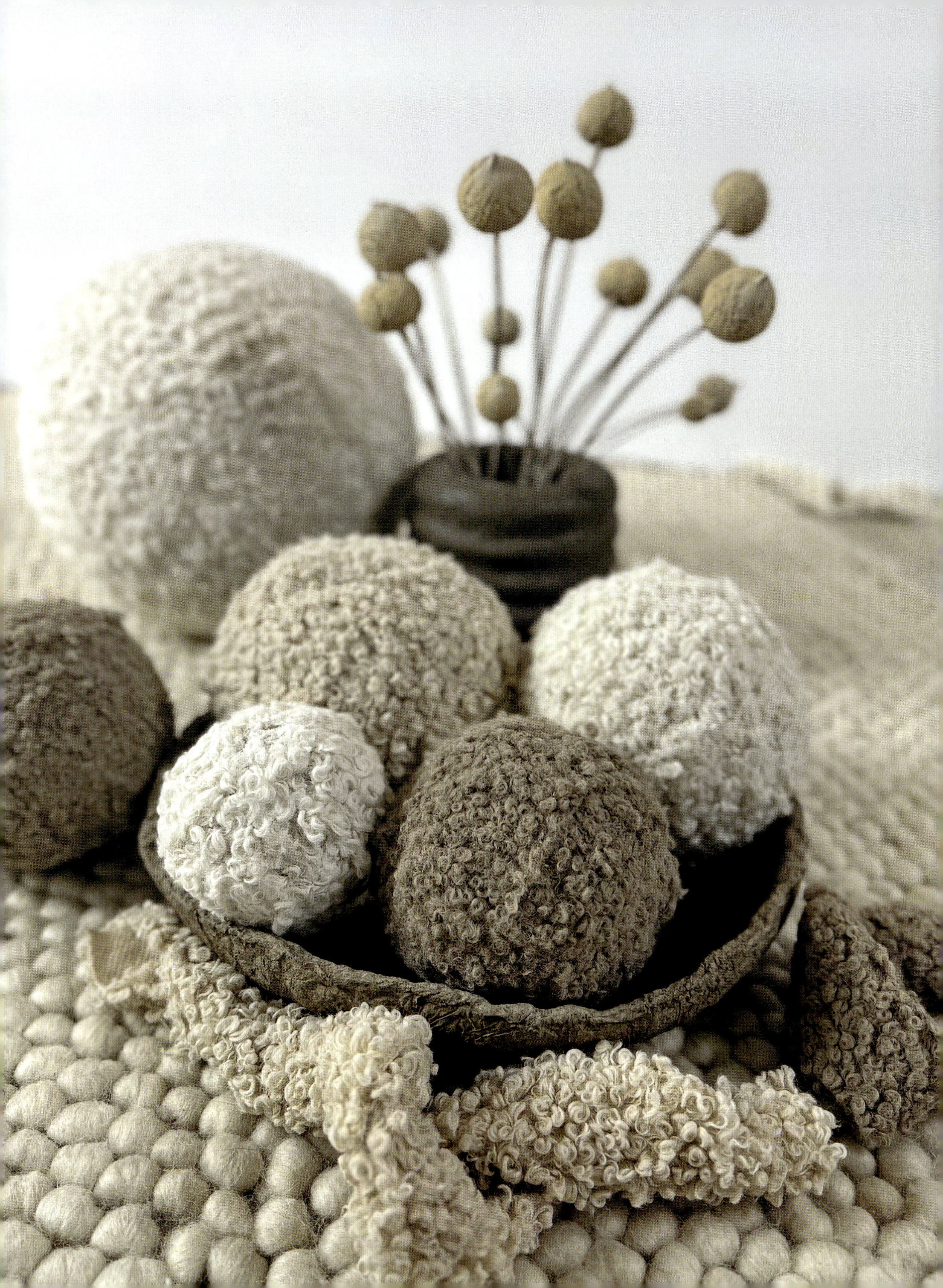

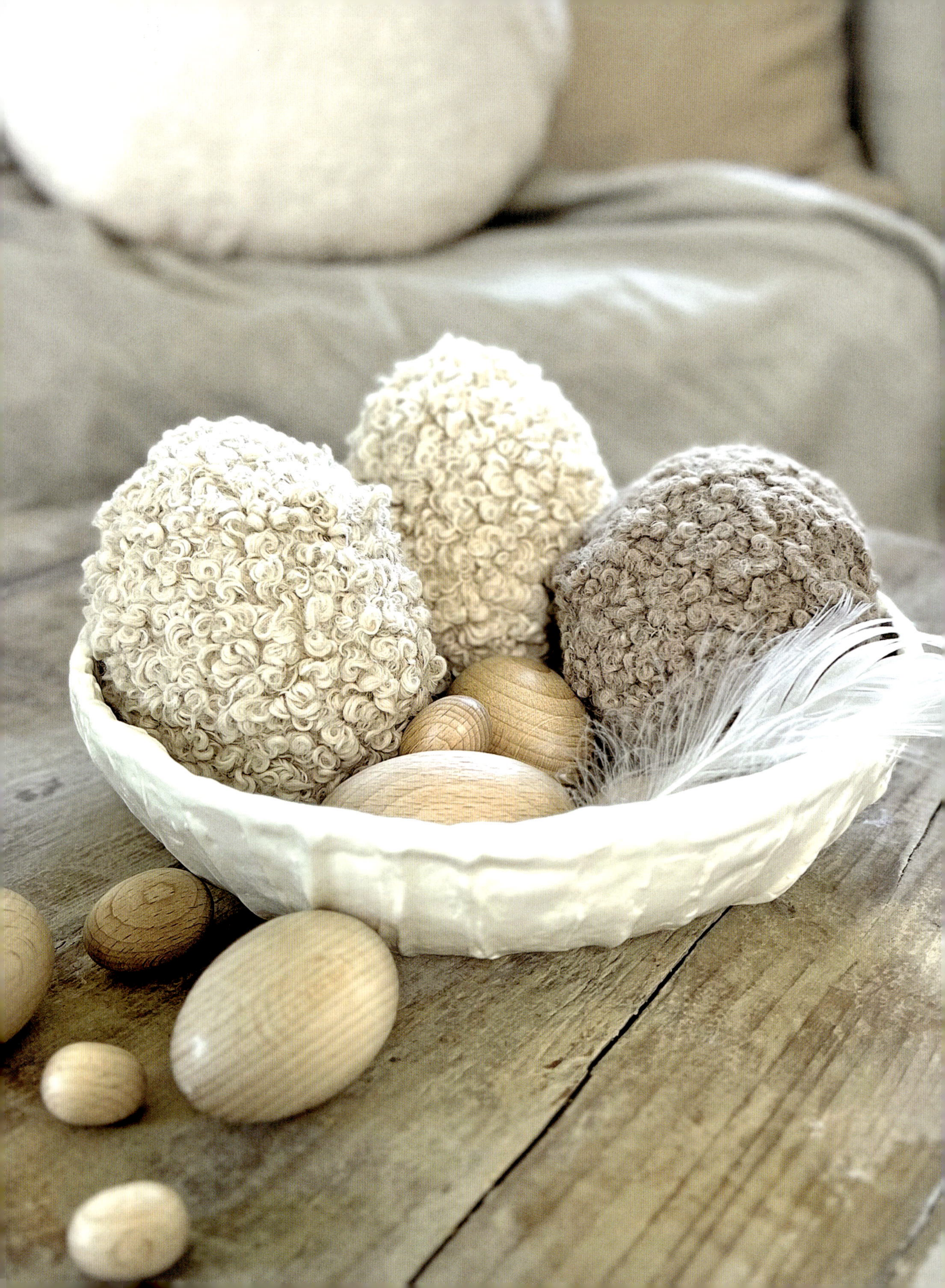

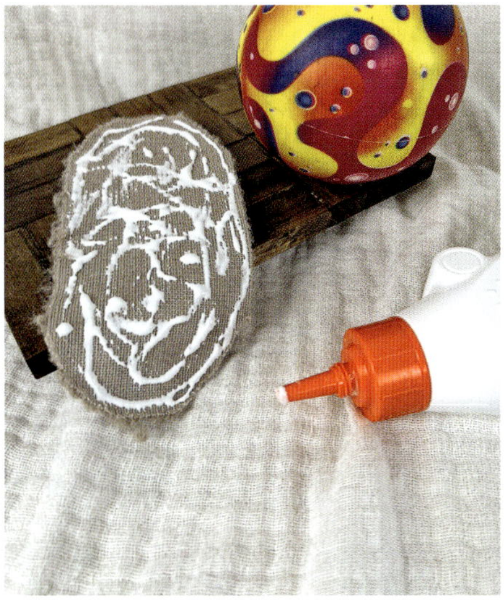

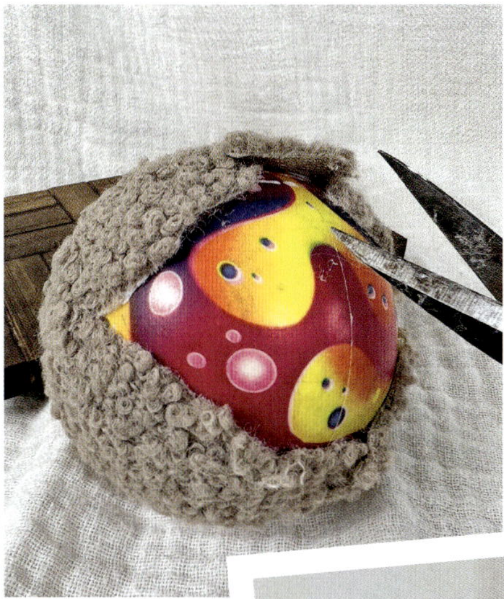

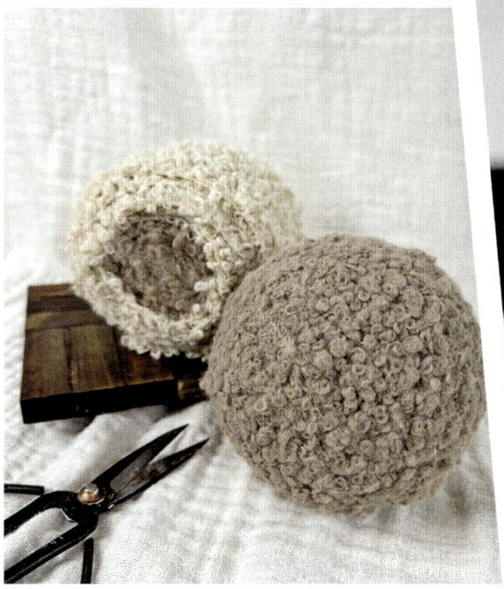

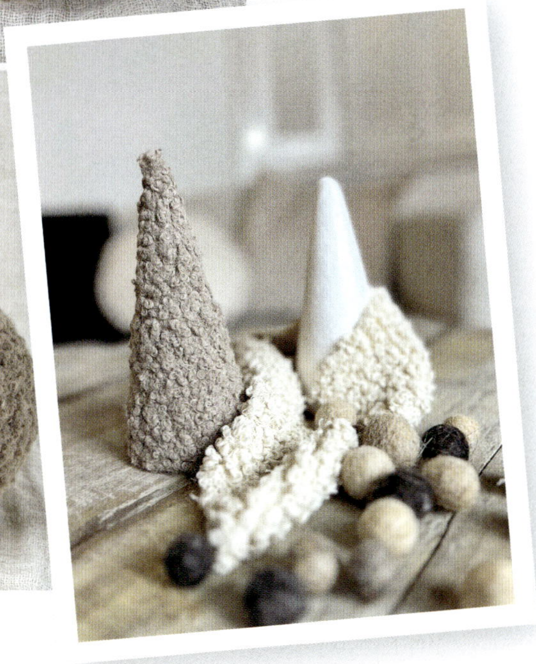

3 Weiter Stoffstücke auf den Ball kleben, bis dieser vollflächig bedeckt ist. Überlappungen der Stoffstücke sollten vermieden werden. Stattdessen sollten die Stücke auf Stoß zusammenkommen und die „Locken" des Stoffs dann über der Naht etwas verwuschelt werden.

TIPP

Man kann auf die gleiche Art auch Ostereier oder Tannenbäume basteln, je nach Saison. Als Basis eignen sich dafür Eier oder Kegel aus Styropor.

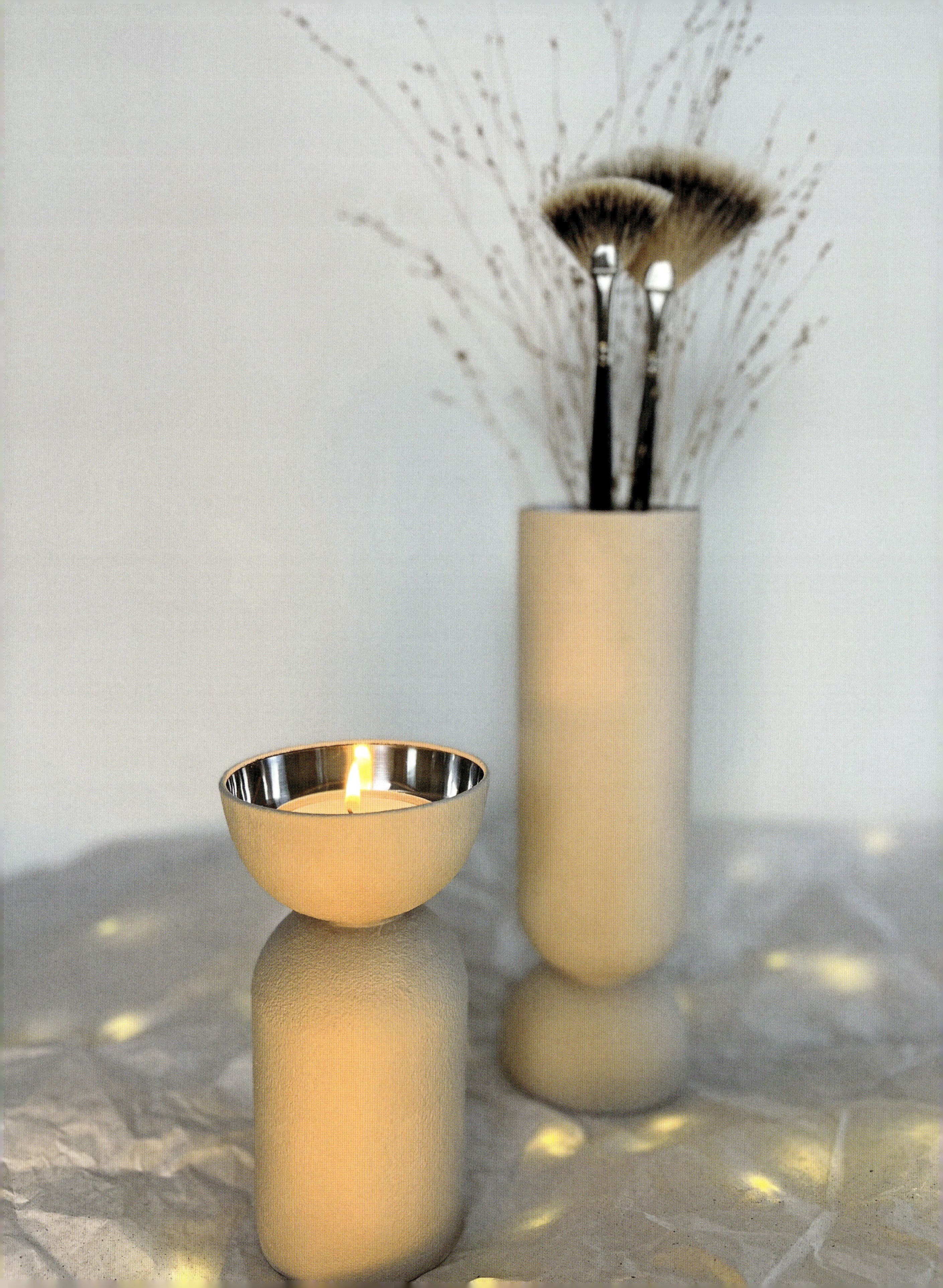

Feuerwasser

Beim Feuerwasser handelt es sich sowohl um einen Kerzenhalter für Teelichter (Feuer) als auch um eine Vase (Wasser). Ein richtiges 2-in-1-Objekt. Wenn der Teil mit der Schale oben ist, kann man ein Teelicht hineinstellen. Dreht man das Werkstück um, hat man eine Blumenvase.

MATERIAL

feine Säge *(z. B. Japansäge)*
alte leere Plastikflasche *(z. B. von Handseife, Badeschaum; 750 ml)*
Feile *(oder Schleifpapier; nach Bedarf)*
Metall-Saucenschale *(Ø 8 cm oben, Ø 2,5 cm unten)*
Zwei-Komponenten-Kleber
Malschwämmchen
Kreidefarbe *(Jute von Rust-Oleum)*

ANLEITUNG

1 Mit der Säge den Flaschenboden und am Hals der Flasche das Gewinde entfernen. Die Schnitte müssen gerade sein. Ansonsten sollten die Schnittflächen mit einer Feile (oder Schleifpapier) begradigt werden.

2 Die Metallschale auf die Schnittfläche am Flaschenhals kleben. Die beiden Teile müssen luftdicht miteinander verbunden

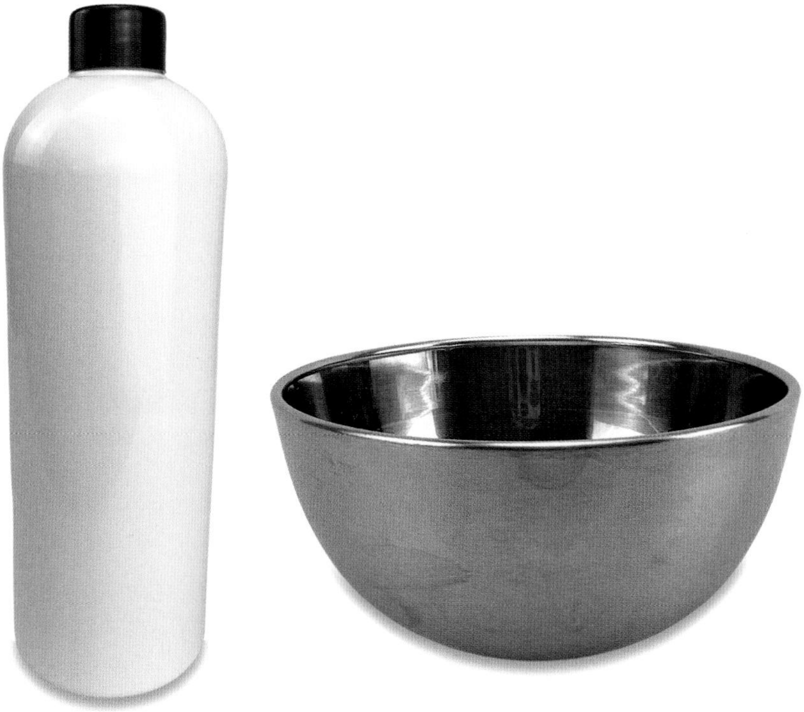

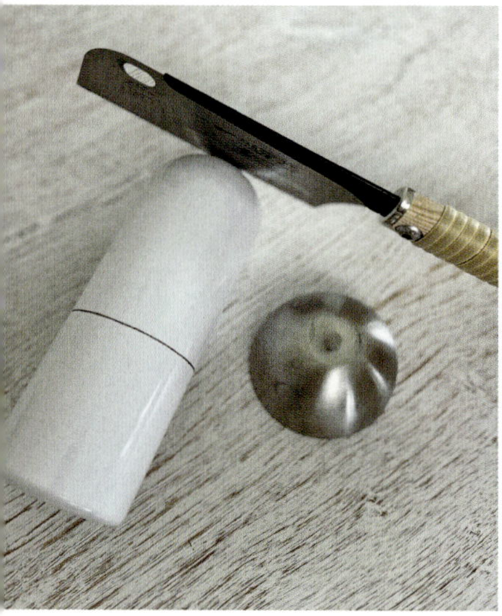

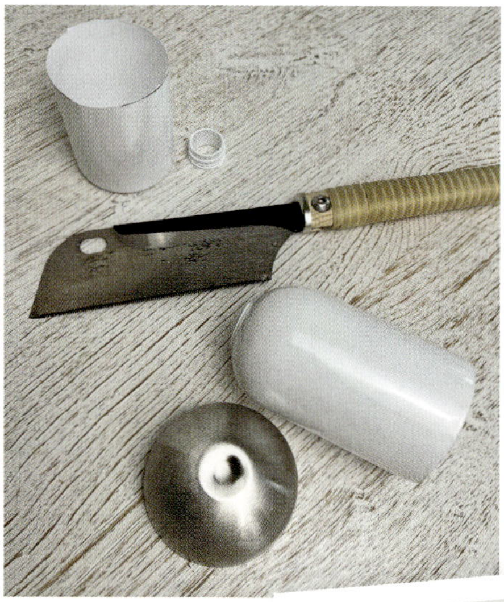

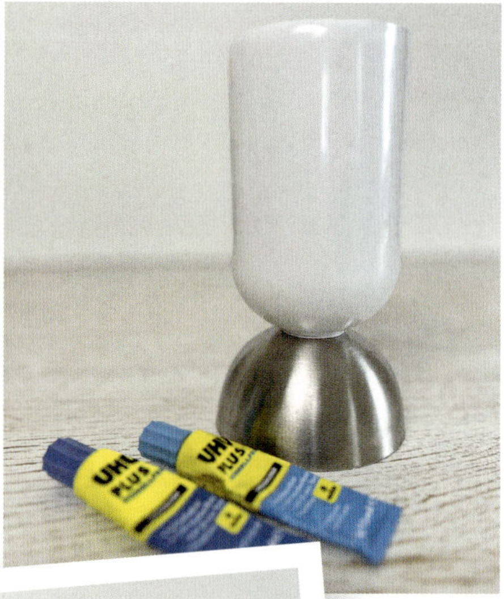

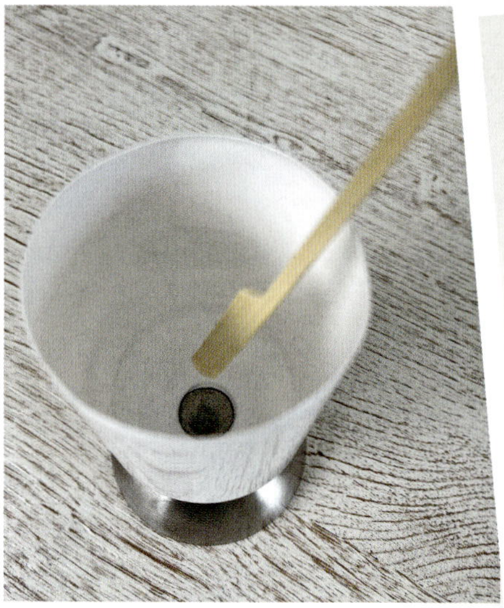

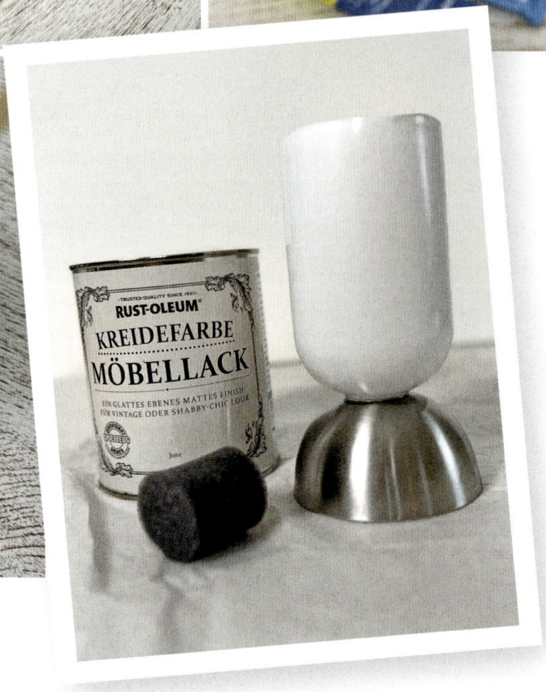

TIPP

Für die Nutzung als Vase: Den Boden innen zusätzlich mit Silikon abdichten, dann läuft garantiert nichts aus.

sein. Sicherheitshalber noch mal eine Extraportion Kleber innen auf die Verbindungsflächen geben.

3 Den Kleber 4 bis 6 Stunden aushärten lassen.

4 Anschließend mit dem Schwämmchen die Kreidefarbe auf das Teelicht-/Vase-Werkstück tupfen, dabei allerdings die Innenwände aussparen.

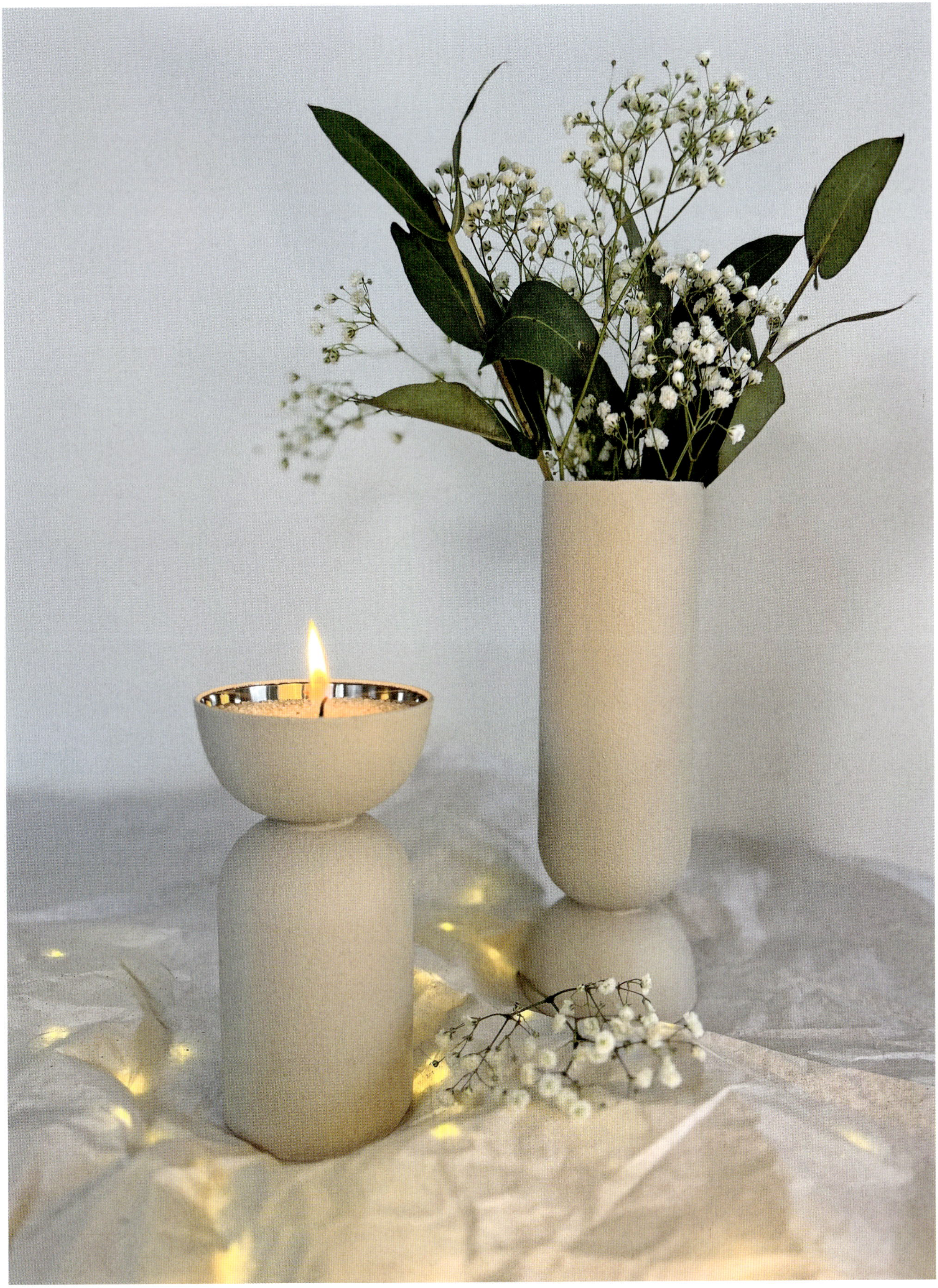

Tagliatelle-Bild

Dieses kunstvolle Bild kann jeder daheim selbst machen. Die Herstellungskosten sind sehr gering, aber das Ergebnis ist absolut einzigartig. Das Holztablett ist auch ratzfatz selbst gezimmert. Natürlich wurden bei diesem Projekt keine Nudeln aufgeklebt, doch man könnte fast denken, dass es Tagliatelle sind, die sich hier kunstvoll aneinanderschmiegen.

MATERIAL

Modelliermasse *(lufttrocknend; 750–1000g)*
Nudelholz
2 Holzleisten *(Höhe 3mm)*
Lineal
Küchenmesser
Wasserschale
Frischhaltefolie
Holzleim
Kreidefarbe-Spray *(Antik-Weiß von Rust-Oleum)*
Holzbrett *(36,5 x 24 x 0,5cm)*
2 Holzleisten *(24 x 1,9 x 0,5cm)*
2 Holzleisten *(37,5 x 1,9 x 0,5cm)*
Pinsel oder Lappen *(nach Bedarf)*
Cremewachs *(Dunkel von Rayher)*

ANLEITUNG

1 Die Modelliermasse durchkneten und ausrollen. Dabei die Modelliermasse zwischen die beiden Holzleisten (Höhe 3mm) legen und das Nudelholz darübergleiten lassen. Somit wird die ausgerollte Masse gleichmäßig dick.

2 Mithilfe des Lineals und Küchenmessers die ausgerollte Masse in gleichmäßig lange und breite Streifen schneiden (Breite maximal 1,4cm, Länge 27cm).

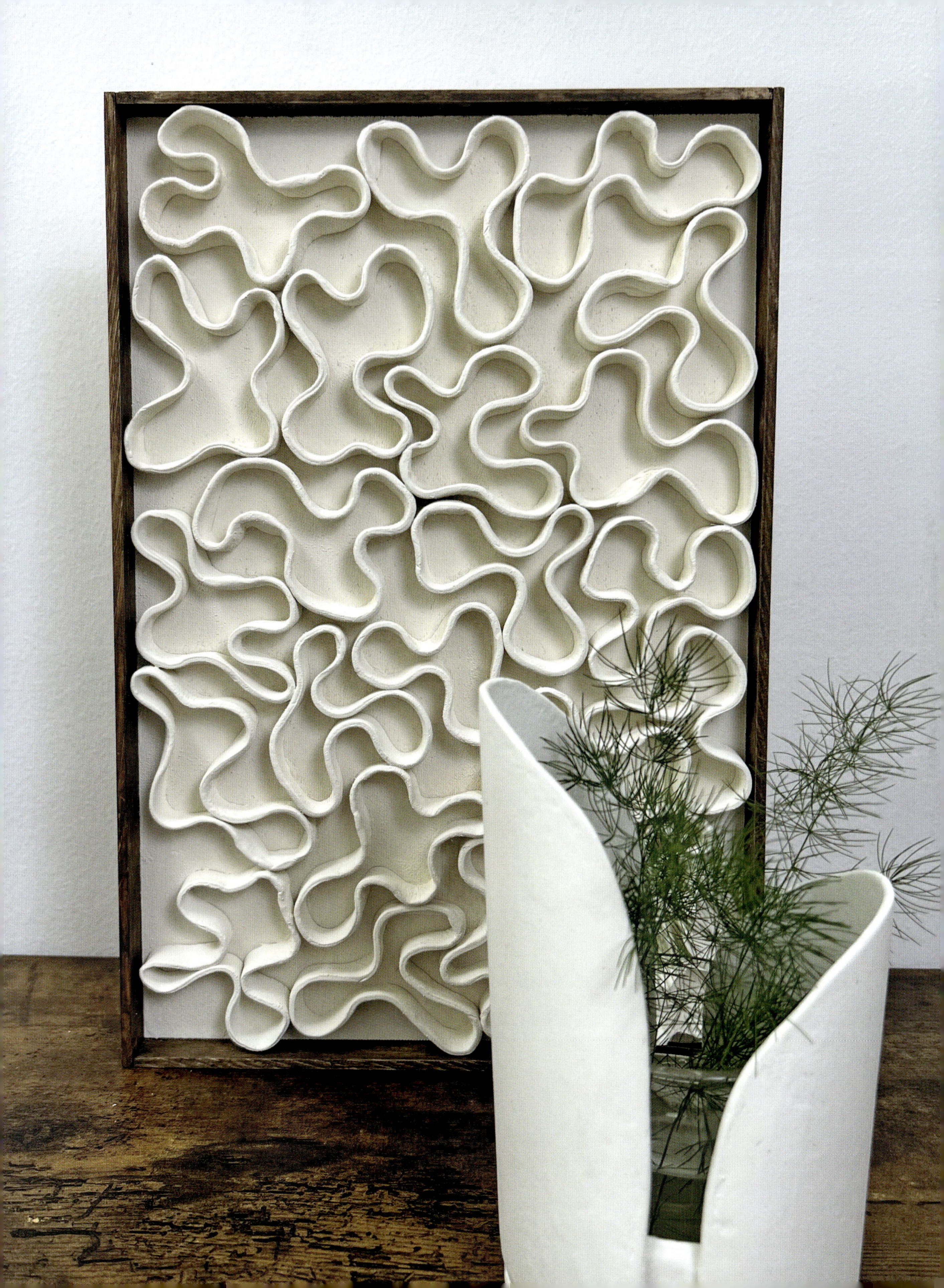

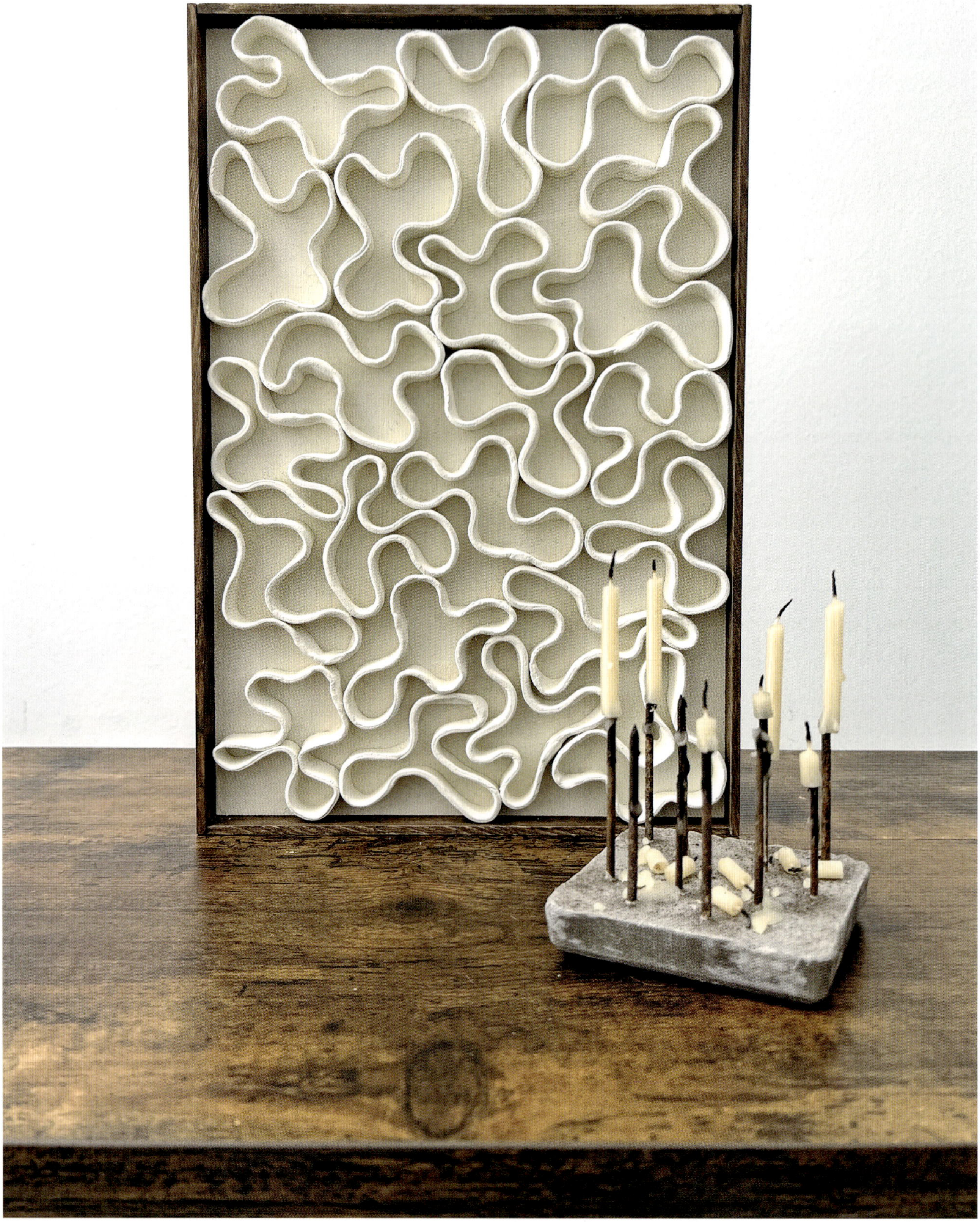

3 Eine Schale mit Wasser zum Anfeuchten der Finger bereitstellen. Eine der langen Seiten der Streifen mit nassen Fingern glätten. Diese Seite zeigt später nach oben.

4 An den kurzen Enden die Streifen anritzen, überlappen und dann die Schnittenden verblenden. Es sollte jetzt jeweils ein Ring entstanden sein.

5 Das Holzbrett mit der Frischhaltefolie abdecken und die Ringe mit einer amorphen Form darauf arrangieren. Die Figuren sollten jeweils mehrere Kontaktpunkte mit den angrenzenden Figuren haben. Die Folie verhindert, dass zu viel Feuchtigkeit in das Holz eindringt und es sich wölbt. Alle Figuren trocknen lassen.

6 Danach die Frischhaltefolie vorsichtig wegziehen. Die Figuren mit dem Holzleim nacheinander auf das Holzbrett kleben. Anschließend alles mit dem Kreidefarbe-

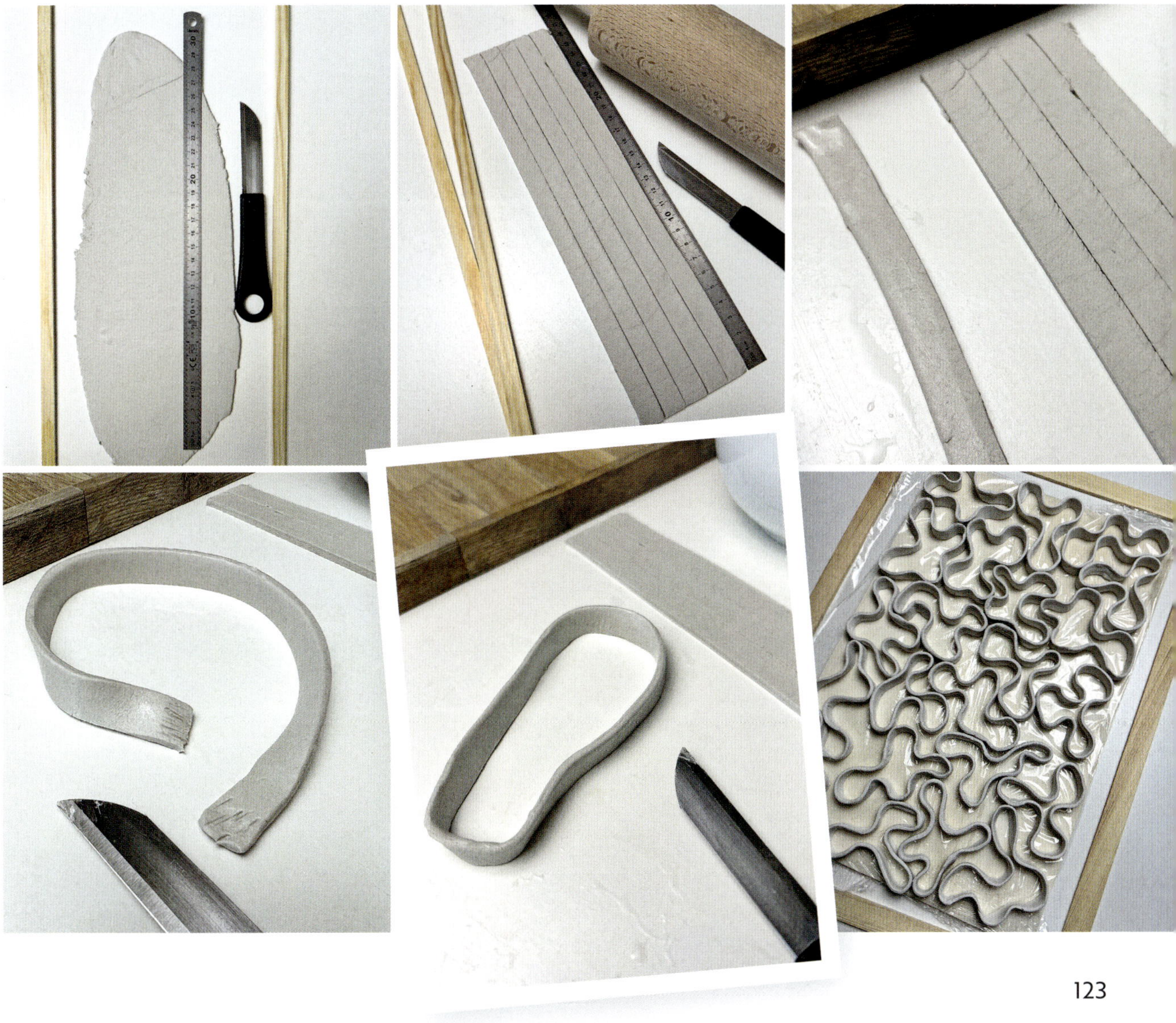

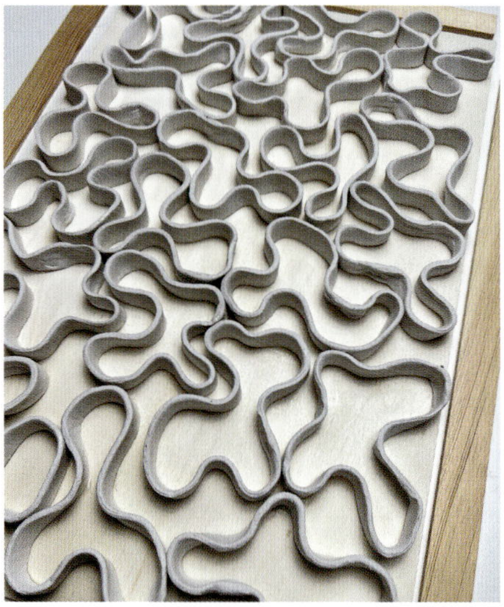

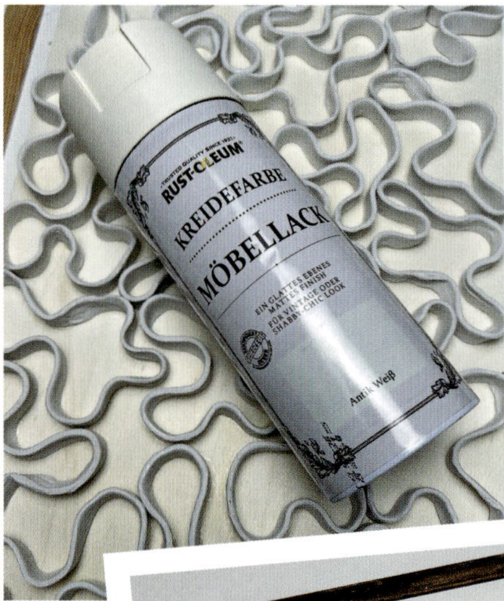

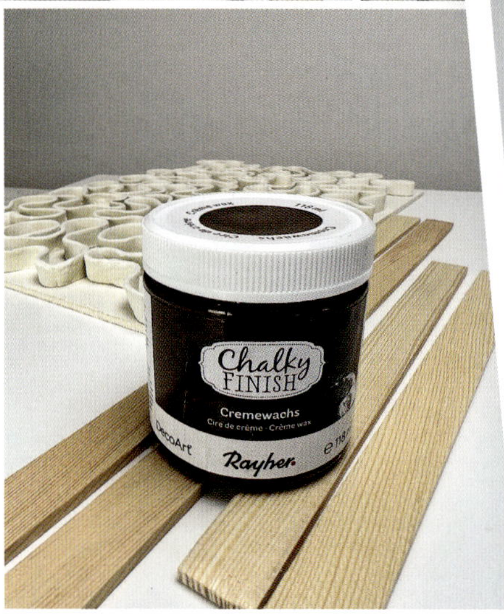

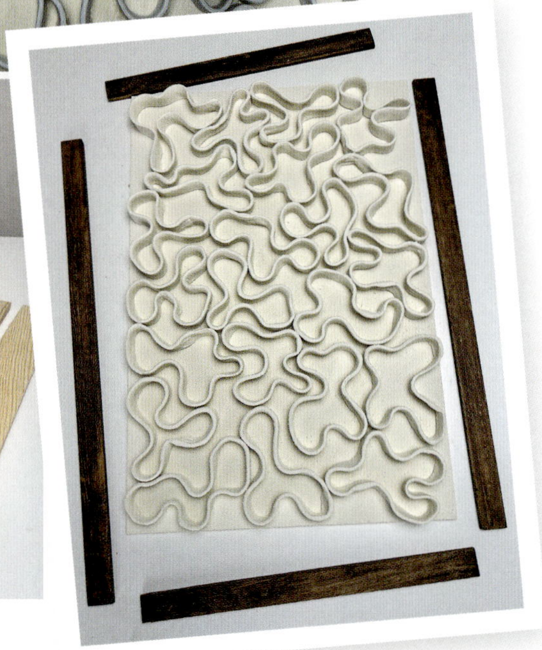

TIPP

Ein Foto von den Figuren machen, bevor sie trocknen. Sollte vor dem Verleimen der Modelliermasse-Tagliatelle etwas verwackeln, kann man so das Puzzle mithilfe des Fotos wieder zusammenfügen.

Spray besprühen und trocknen lassen. Die Kreidefarbe trocknet schnell, was wichtig ist, damit das Holz keine Feuchtigkeit aufnimmt.

7 Die Holzleisten mit dem Cremewachs beizen und dann um das Holzbrett herum ankleben. Als Ergebnis hat man feine Tagliatelle auf Holztablett.

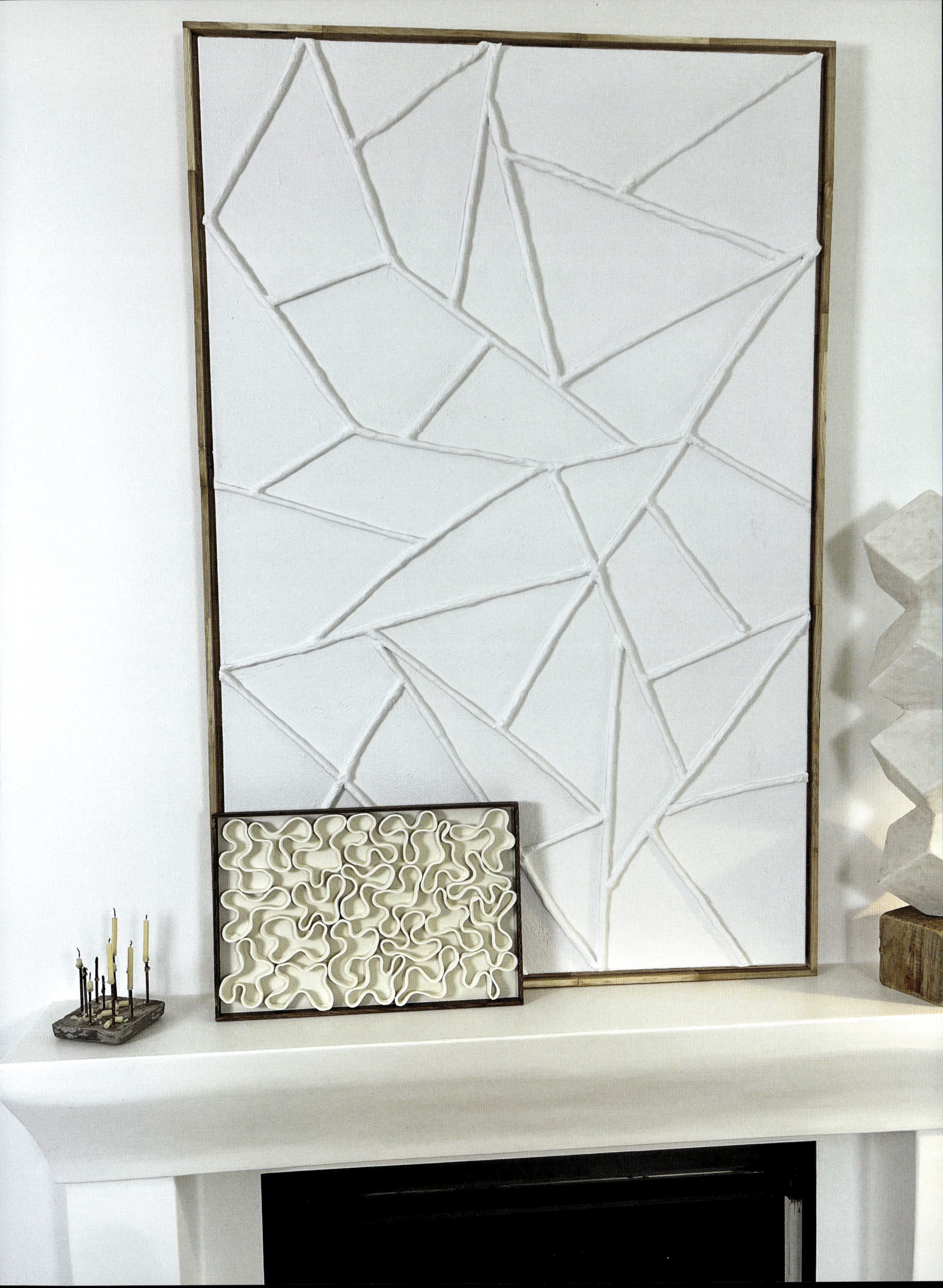

Blühende Verwicklung

Bei dieser Vase ist der Blumenschmuck bereits mit eingebaut. Die Tentakel sind nämlich die Blumen. In die Schale kann man ein LED-Licht oder eine LED-Kerze einbringen und damit eine tolle Lichtstimmung zaubern.

MATERIAL

Modelliermasse *(ca. 500 g)*
Backpapier
Nudelholz
Plastik-Müslischale *(Ø 14,5 cm, Höhe 7 cm)*
Glas
Wasserschälchen
Holzstäbchen
Modellierbesteck *(nach Bedarf)*
Papierdraht *(Ø 3 mm, Länge 20 m; Weiß)*
Schere

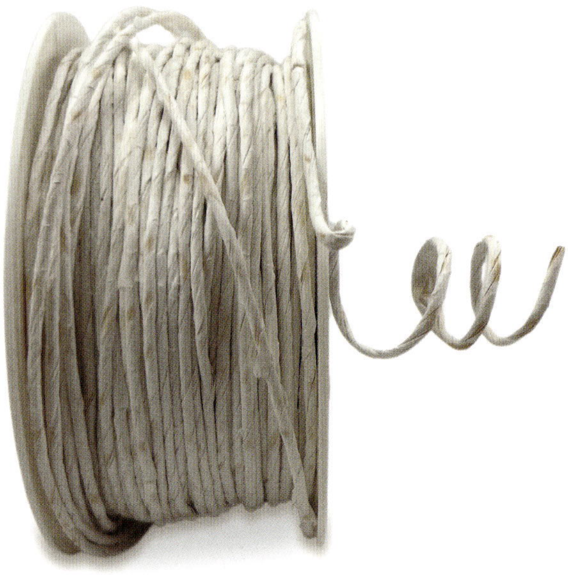

ANLEITUNG

1 Die Modelliermasse auf dem Backpapier mit dem Nudelholz ca. 0,5 cm dick zu einem Quadrat ausrollen.

2 Die Schale über das Glas stülpen und danach das Quadrat aus Modelliermasse vorsichtig über die Schale legen.

3 Ein Schälchen mit Wasser für die Finger bereitstellen. Die Masse gut andrücken, den überschüssigen Rand abstreifen und die Masse mit feuchten Fingern glatt streichen.

4 Mit dem Holzstäbchen ca. 1 cm unterhalb des Schüsselrandes und mit jeweils daumenbreitem Abstand voneinander Löcher in die Modelliermasse bohren.

5 Die Schale über Nacht durchtrocknen lassen. Anschließend die Schale aus Modelliermasse von der Plastikschale herunterschieben, im trockenen Zustand geht das ganz einfach. Beim Durchtrocknen können sich Risse bilden, die anschließend wieder mit etwas Modelliermasse und feuchten Fingern oder Modellierbesteck verspachtelt werden müssen.

6 Den Papierdraht in Stücke schneiden, die jeweils zehnmal so lang sein sollten,

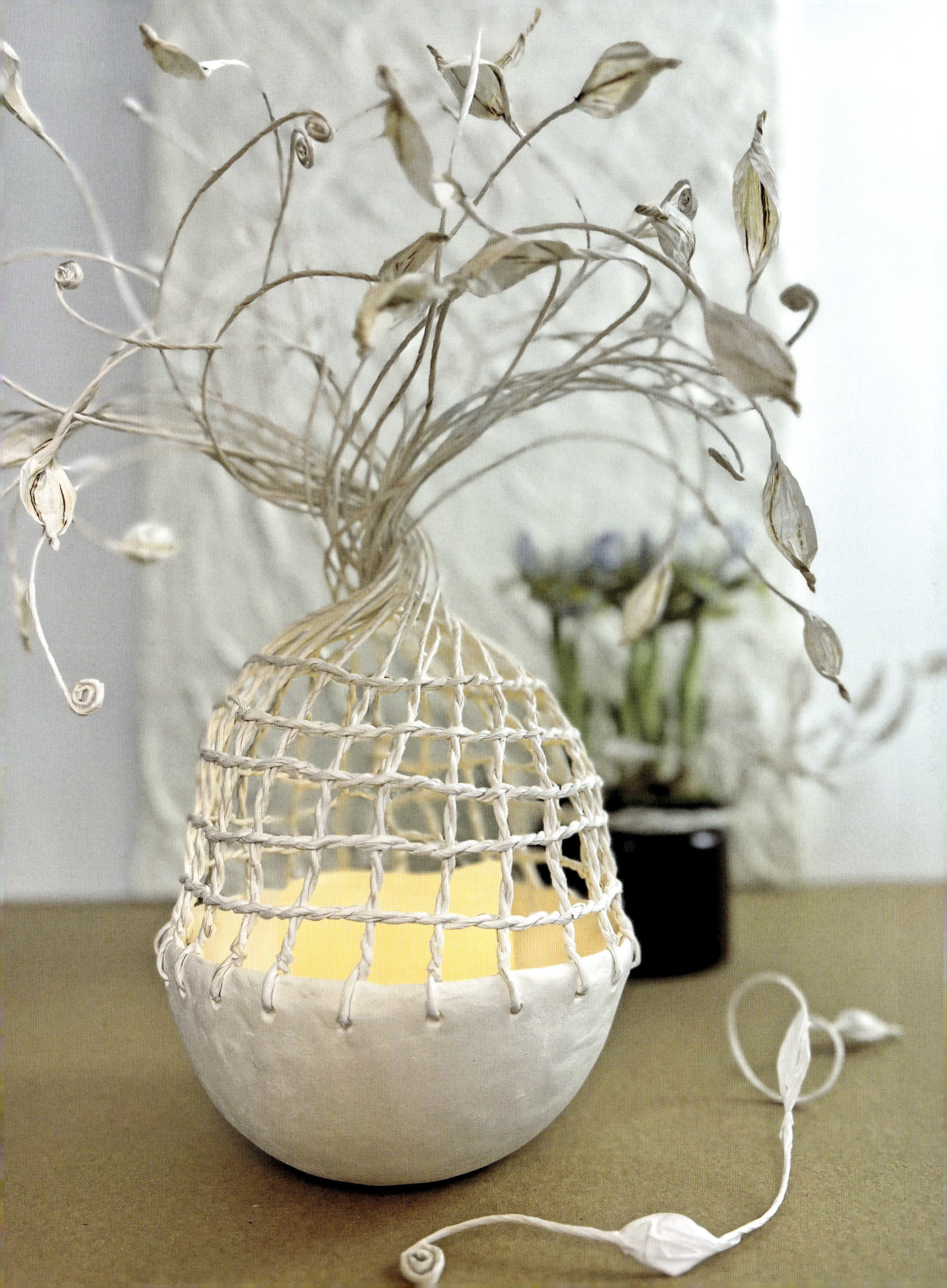

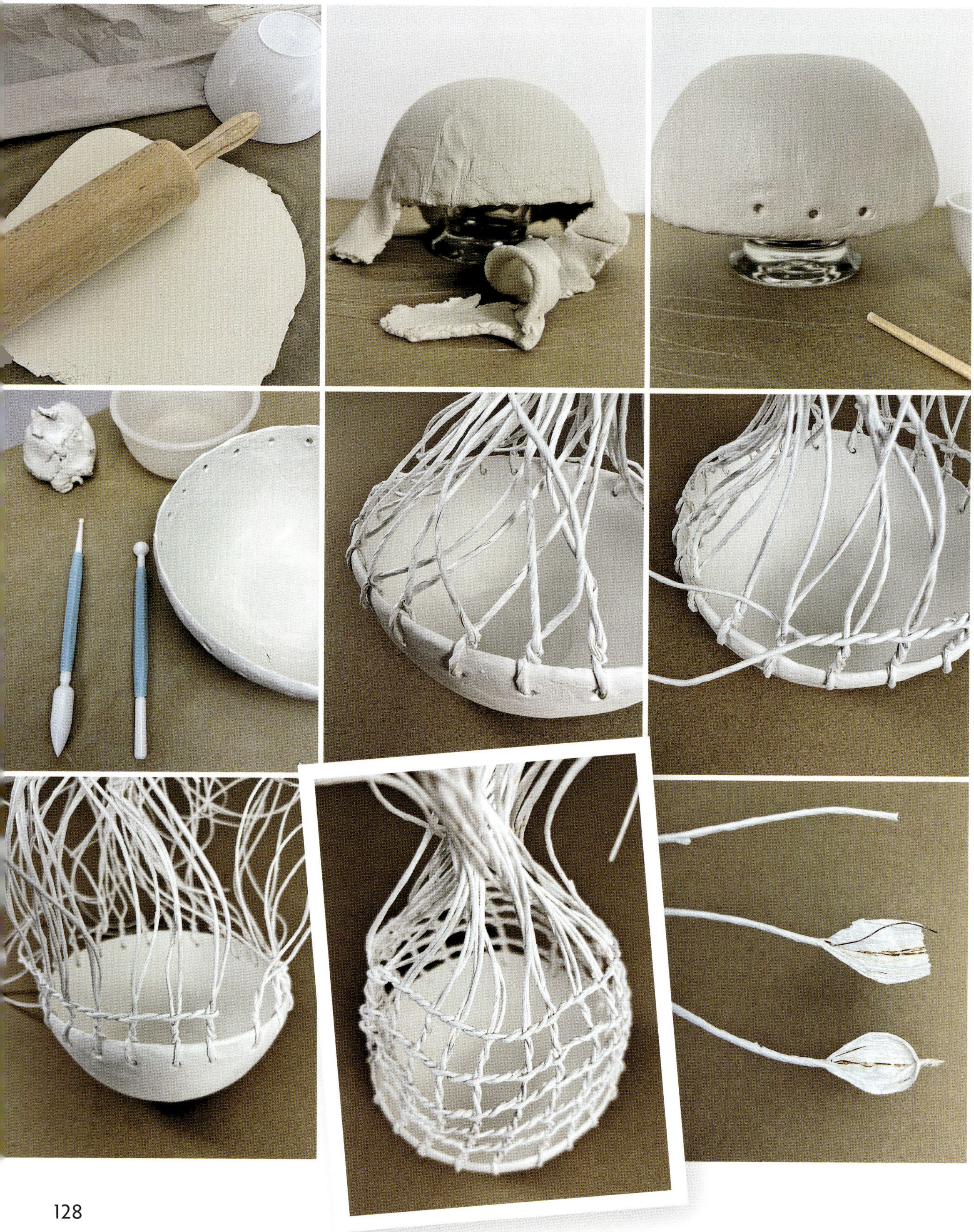

wie die Schale hoch ist. Es werden so viele Stücke benötigt, wie Löcher in der Schale sind.

7 Ein Papierdrahtstück durch eines der Löcher fädeln, in den Bruch legen und direkt über dem Schüsselrand die beiden Enden zweimal miteinander verdrehen.

8 Den letzten Schritt mit allen Stücken des Papierdrahts ausführen. Alle Papierdrähte sollen dann nach oben zeigen.

9 Mit weiteren Strängen des Papierdrahts die Querstreben um die senkrechten Drahtstreben zwirbeln, bis ein spannendes Geflecht entstanden ist. Jede Querstrebe sollte ca. 2 m lang sein, auch im Bruch um einen horizontalen Doppelstrang gelegt und dann um die anderen senkrechten Streben Stück für Stück gedreht werden.

10 Die Enden der senkrechten Stränge entgegen der Wickelrichtung drehen, den freigelegten Draht abschneiden und das Papierende zu einem Blatt ausformen. Die einzelnen Tentakel schließlich noch schön ausrichten.

TIPP

Statt die Enden der Tentakel zu einem Blatt auszuformen, kann man sie auch zu einer kleinen Schnecke einrollen.

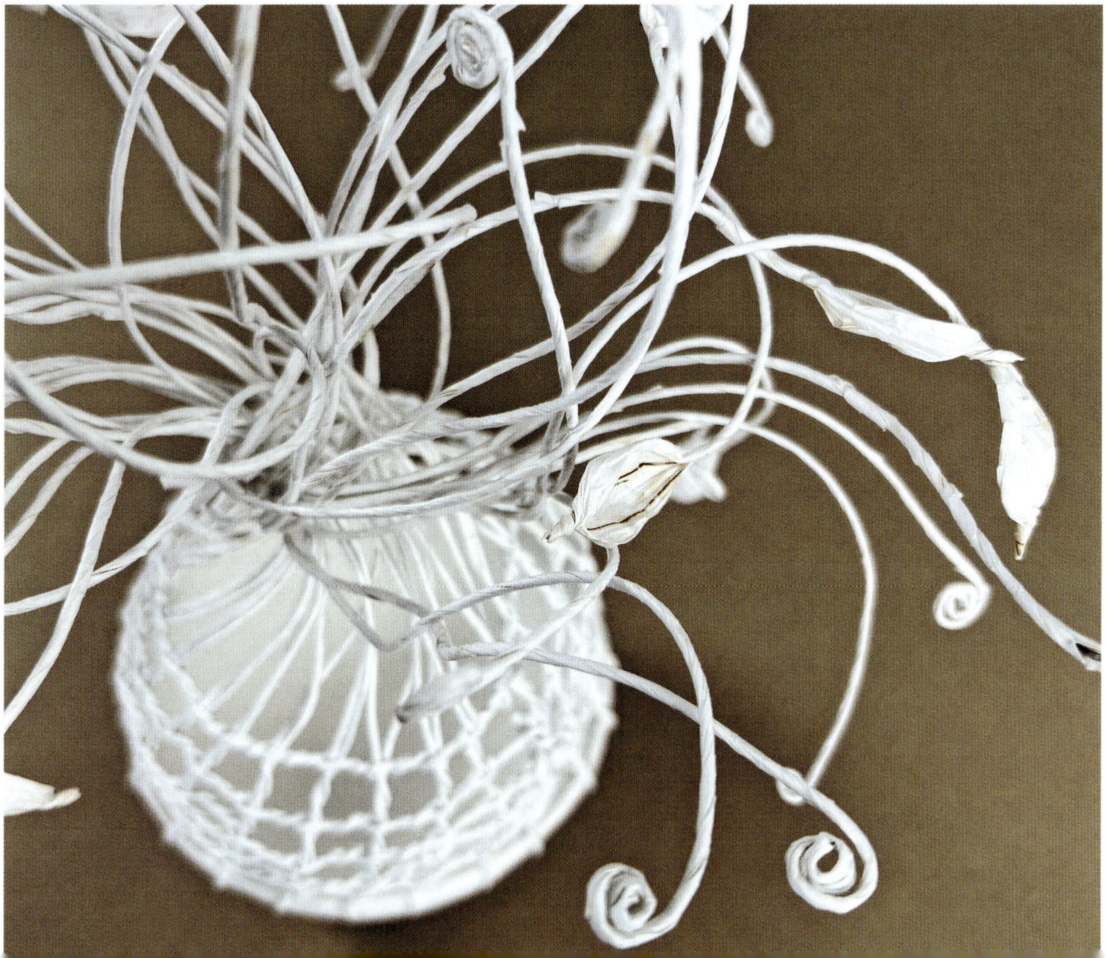

Japandi-Ring

Metallringe mit ein wenig Dekoration sind im Scandi-Stil immer sehr angesagte Kränze. Diese Variante greift ein paar geometrische Details auf und passt so bestens zum Japandi-Thema.

Alle Details sind aus Verpackungsmaterial. Hier kann man seiner Fantasie freien Lauf lassen.

MATERIAL

Verpackungsmaterial aus Schaumstoff (oder Packpapier, Alufolie)
Metallring *(Ø 60 cm, Stärke: 0,5 cm)*
Papierklebeband
1–2 Packungen Gipsbinden *(Breite 10 cm, Länge 5 m)*
Schere
Wasserschale
Acrylfarbe *(Weiß)*
Pinsel
Pappröhren *(z. B. von Garnspulen)*
Tafelfarbe *(Schwarz)*
Holzleim

ANLEITUNG

1 Den Schaumstoff (o. Ä.) um den Metallring positionieren, mit Papierklebeband am Metallring festkleben und alles umwickeln.

2 Gipsbinden in handliche Stücke schneiden. Wasser in die Schale geben und die Stücke kurz durch das Wasser ziehen, auf den verdickten Teil vom Ring legen und glatt streichen. Die Gipsbindenstücke sollten sich dabei immer etwas überlappen. Mindestens zwei bis drei Schichten

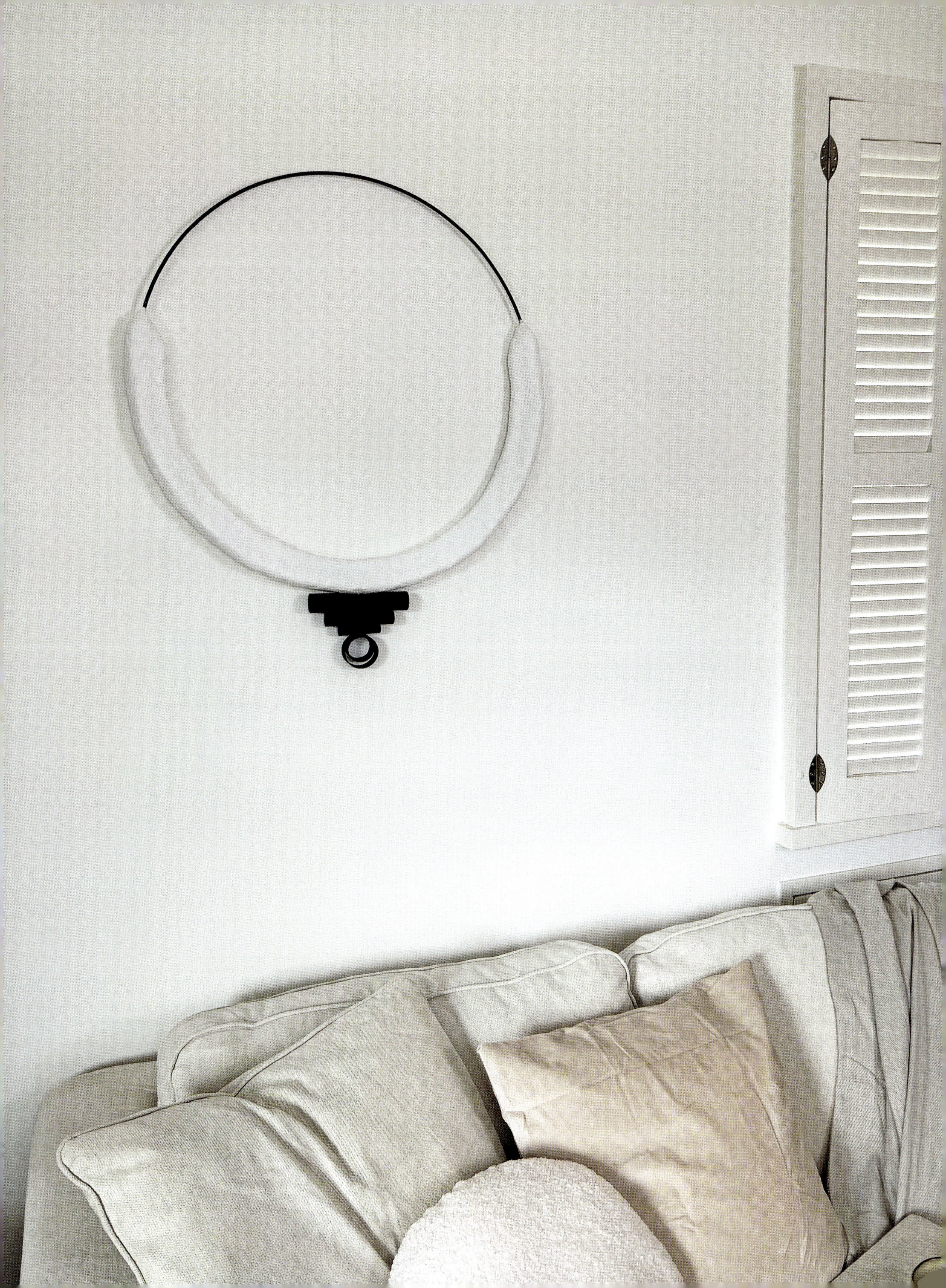

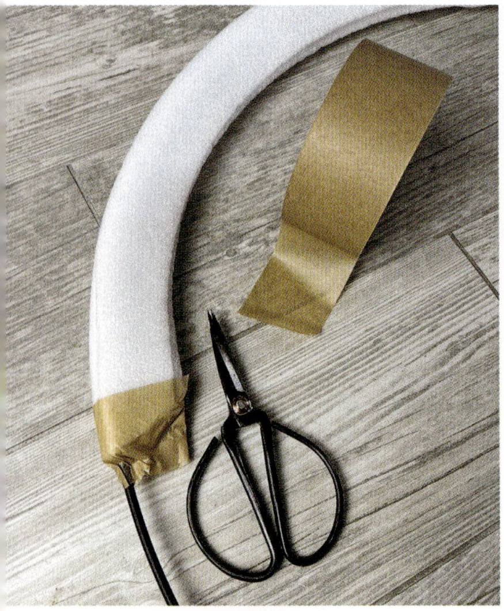
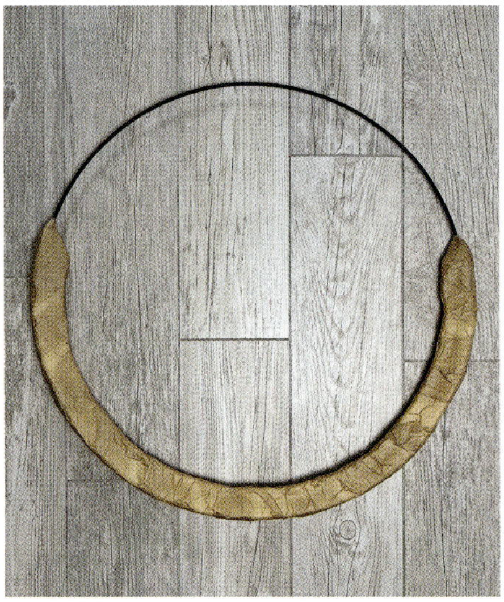
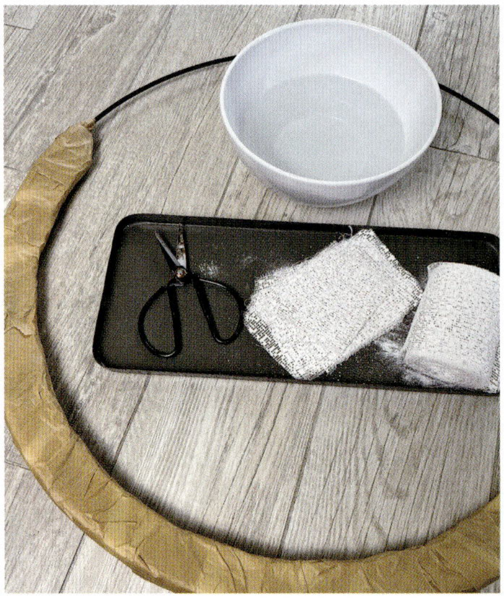
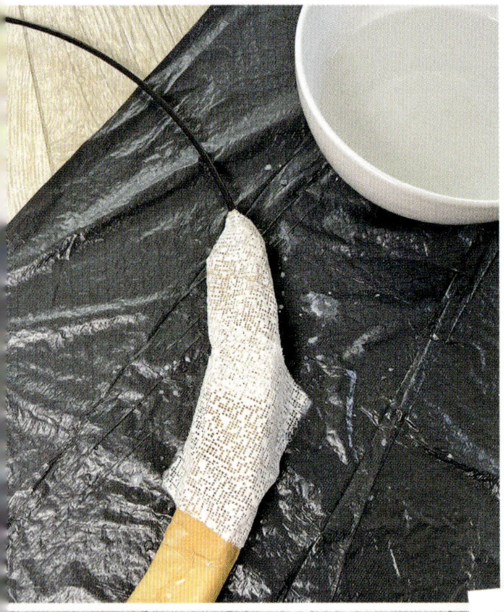
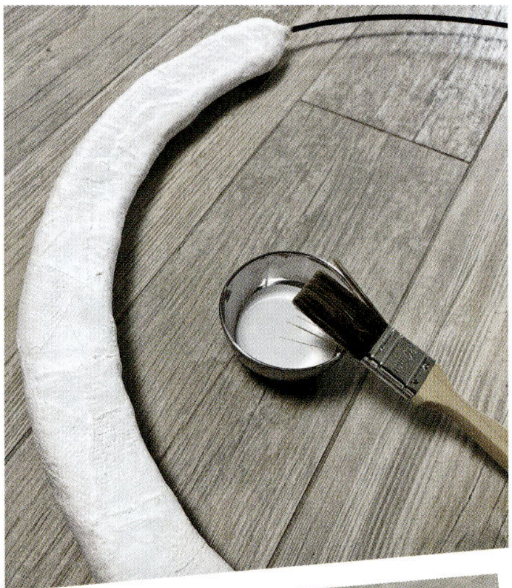
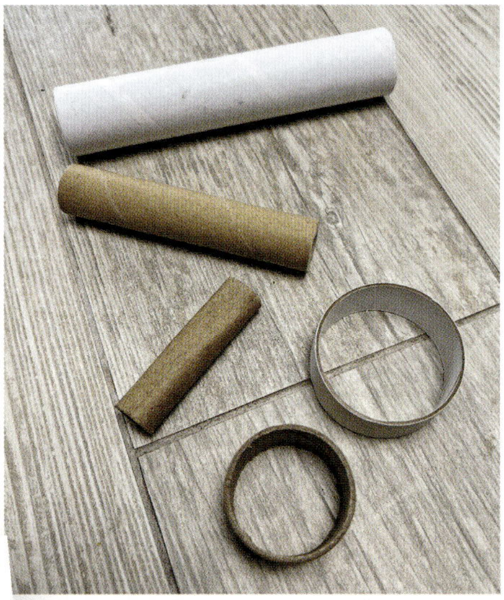
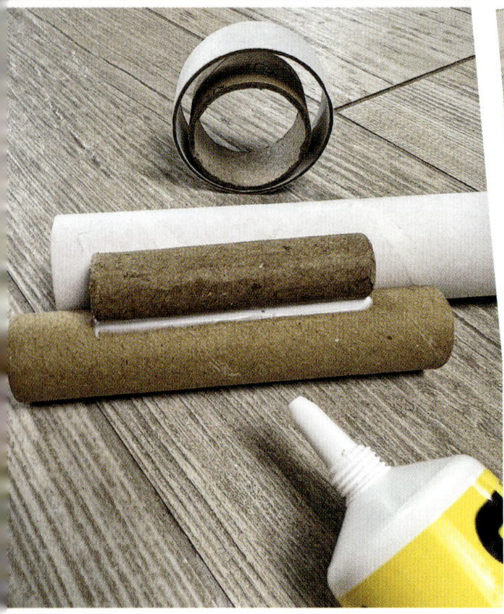
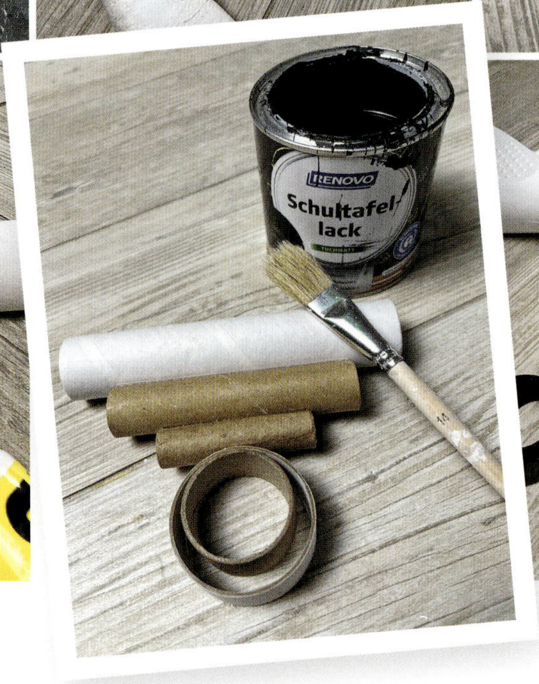
RENOVO
Schultafel-
lack
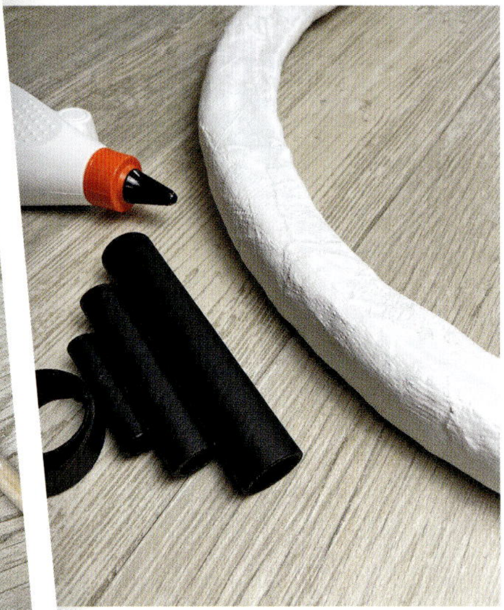

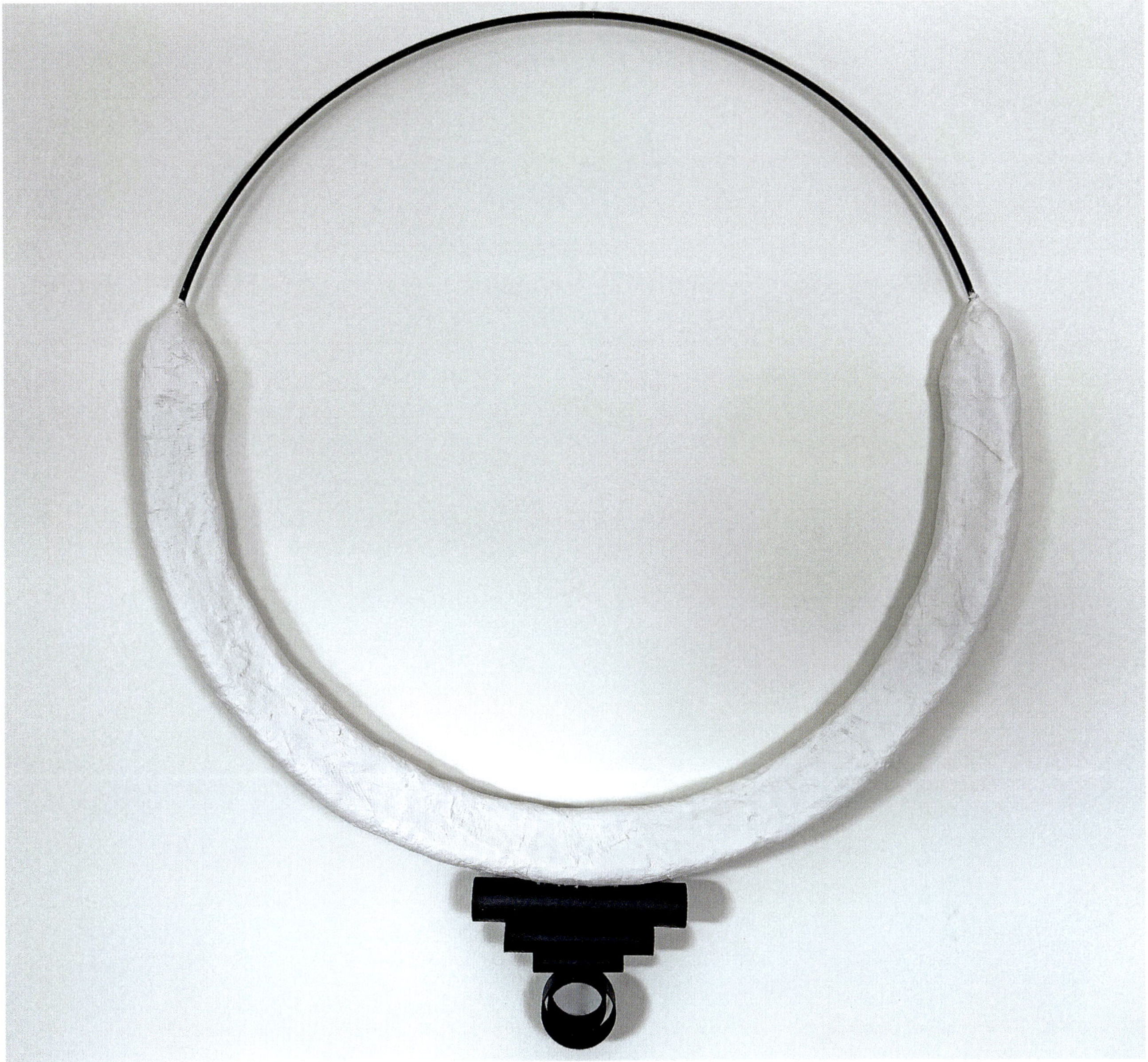

auftragen und alles schön mit den Fingern glätten.

3 Die Gipsbinden ca. 1 Tag gut durchtrocknen lassen. Dann mit weißer Farbe bemalen.

4 Die Papphröhren aufeinanderkleben und mit schwarzer Tafelfarbe bemalen. Beide Teile gut trocknen lassen.

5 Anschließend den Papphröhrenteil an den eingegipsten Teil leimen.

TIPP

Der Ring kann auch mit einer Kette oder an einem hübschen Band an einem Deckenhaken angebracht werden und sich dann schön um die eigene Achse drehen.

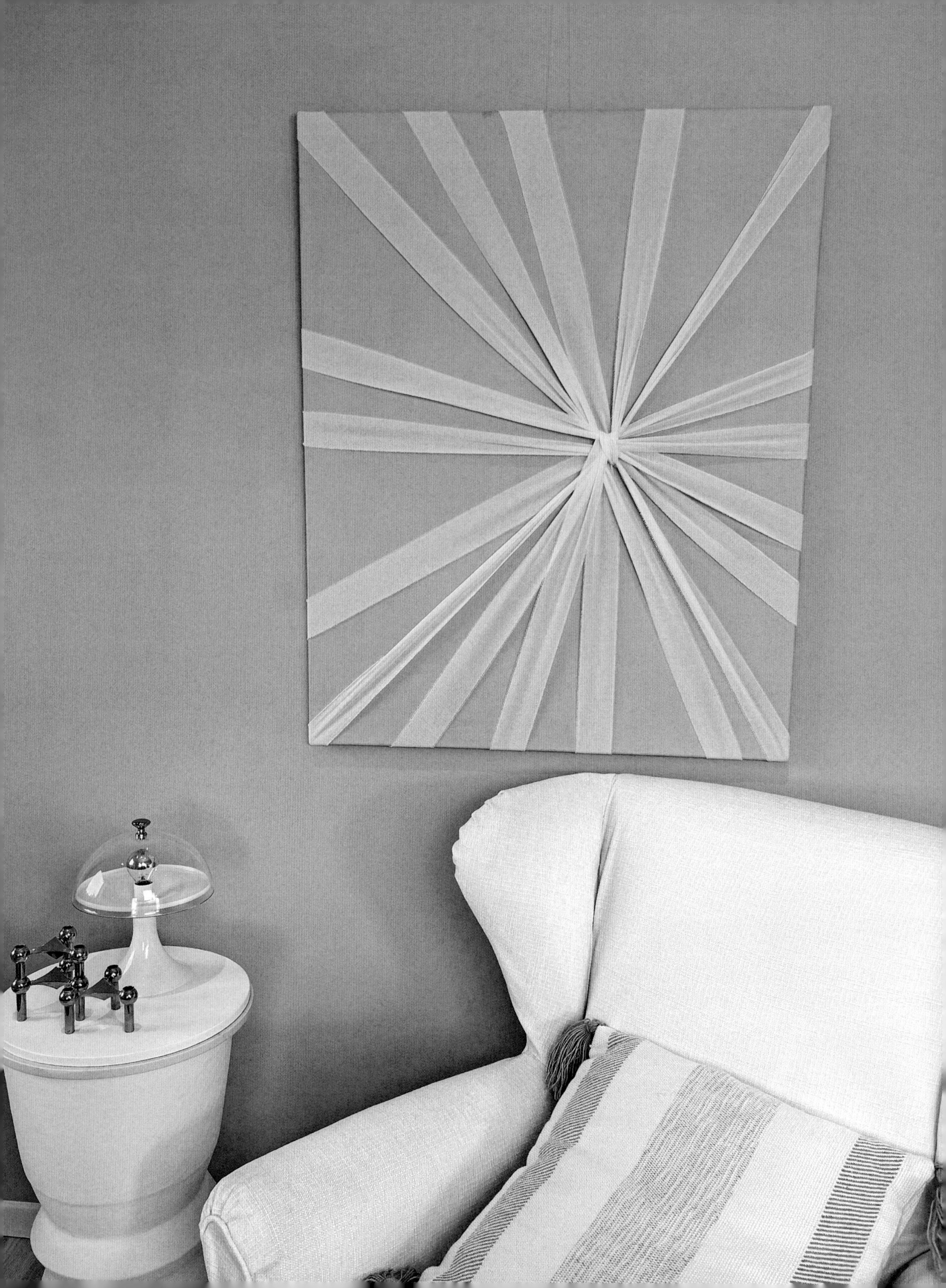

Falsch verbunden

Es ist kinderleicht, eine einfache Leinwand in einen tollen Eyecatcher zu verwandeln. Bei diesem Bild ist der Hauptakteur simples Verbandsmaterial, falsch machen kann man im Grunde nichts. Erlaubt ist alles, was gefällt. Nur eins ist zu beachten: Einfache Mullbinden eignen sich hier leider nicht, man benötigt waschbare Verbandsbinden.

Man kann das Bild „all white" kreieren. Es sieht auch toll aus, wenn man zuvor die Leinwand farblich grundiert, die Binde jedoch in Weiß belässt. Oder man gestaltet Leinwand und Binde in der gleichen Farbe.

MATERIAL

3 Rollen Verbandsbinde *(elastisch, waschbar; Breite 4 cm, Länge 5 m)*
Leinwand *(60 x 70 cm)*
Tacker für Holz *(Handtacker für Möbel)*
Schere

ANLEITUNG

1 Den Anfang einer Binde über eine Ecke der Leinwand legen und an der Rückseite am Keilrahmen festtackern.

2 Die Binde quer hinüber zur anderen Ecke spannen und auch dort auf der Rückseite festtackern.

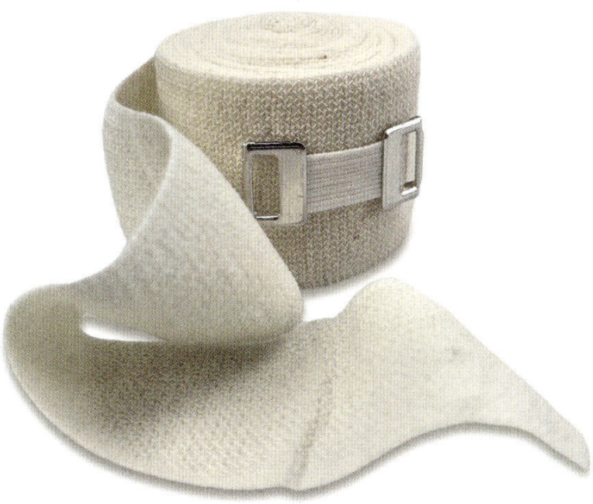

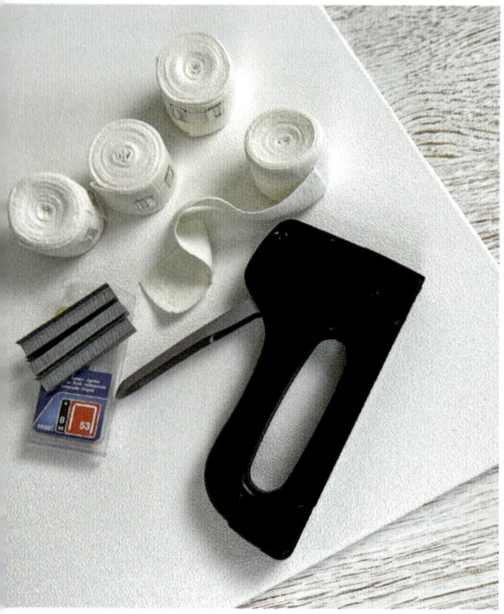

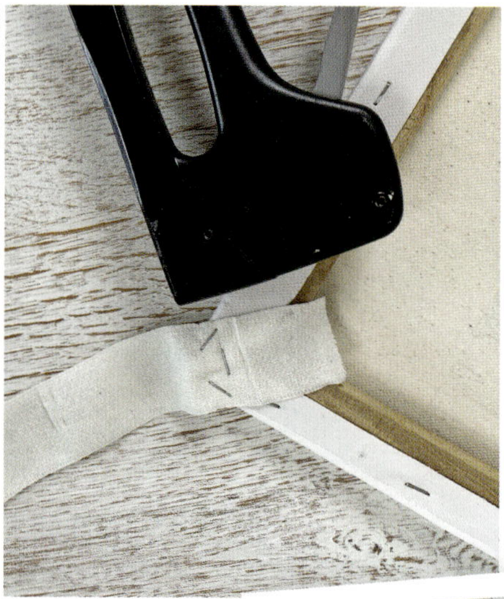

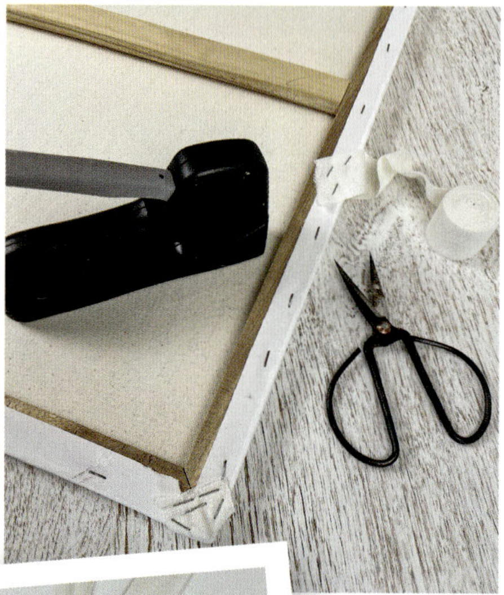

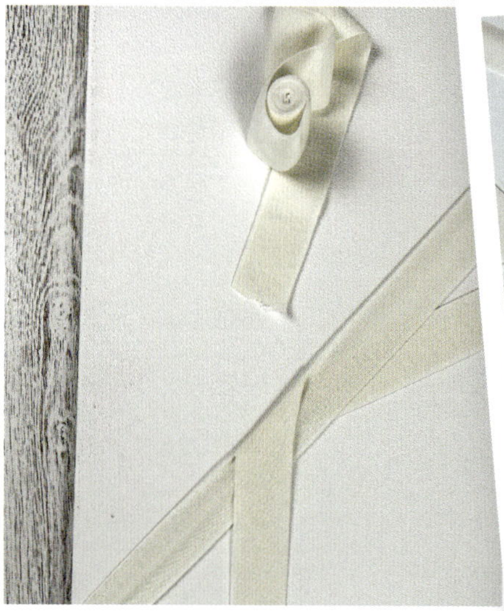

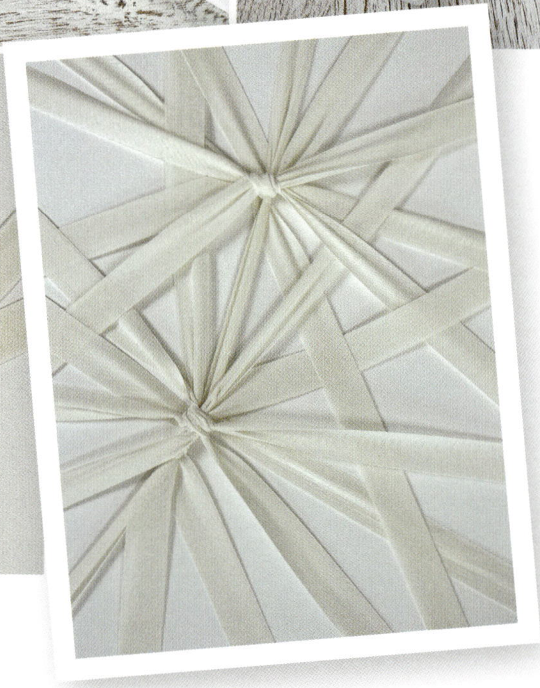

TIPP

Einen besonderen Effekt erzielt man, wenn man das Bild in derselben Farbe wie die Wand streicht. Das Bild „verschwimmt" dann regelrecht mit der Wand.

3 Die Binde an der Rückseite abschneiden.

4 An einer anderen Stelle des Keilrahmens die Binde hinten festtackern, um die bereits vorhandenen Querstreben wickeln und an der gegenüberliegenden Seite wieder hinten am Keilrahmen befestigen.

5 So weiter verfahren, bis ein schönes Muster entstanden ist.

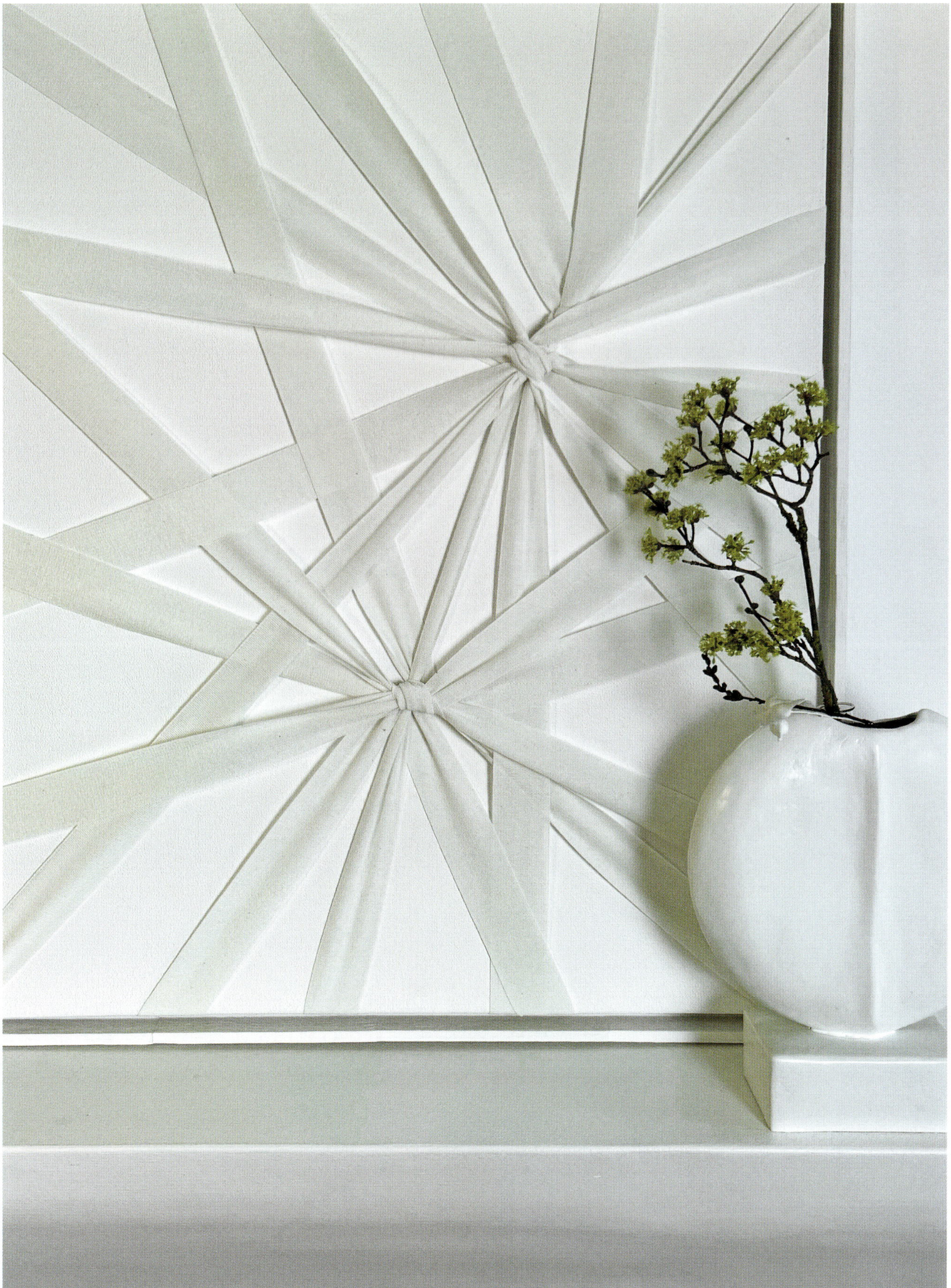

Luftige Steine

Diese Steine bestehen im Grunde nur aus einem Luftballon, der in Gips eingepackt wird. Der Ballon verbleibt einfach im Inneren. Diese kugelförmigen Steine müssen nicht perfekt rund sein. Im Gegenteil: Wenn sie richtig rund wären, würden sie ständig wegkullern.

Mit Gips kann man sehr gut leichte, luftige Steine modellieren, die sich ohne Kraftaufwand umdekorieren lassen. Mehrere Steine in unterschiedlichen Größen als kleine Gruppe wirken besonders schön. Farblich kann man sie auch noch nach Belieben z. B. an die Wand- oder Bodenfarbe anpassen.

MATERIAL

Luftballon
Papierklebeband
Gips
2 Schalen
Löffel
Acrylfarbe *(Weiß)*
Pinsel

ANLEITUNG

1 Luftballon aufpusten, zuknoten und den Knoten mit Papierklebeband überkleben, damit er möglichst flach wird.

2 Eine Handvoll Gips nach Herstellerangaben mit kaltem Wasser in einer Schale anrühren. Der angesetzte Gips sollte ohne

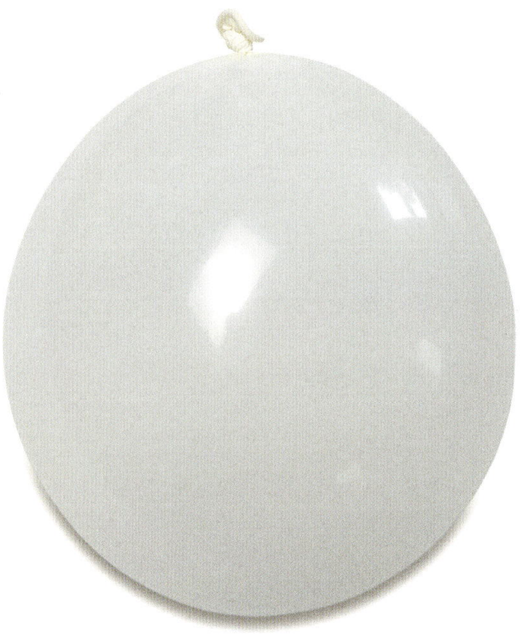

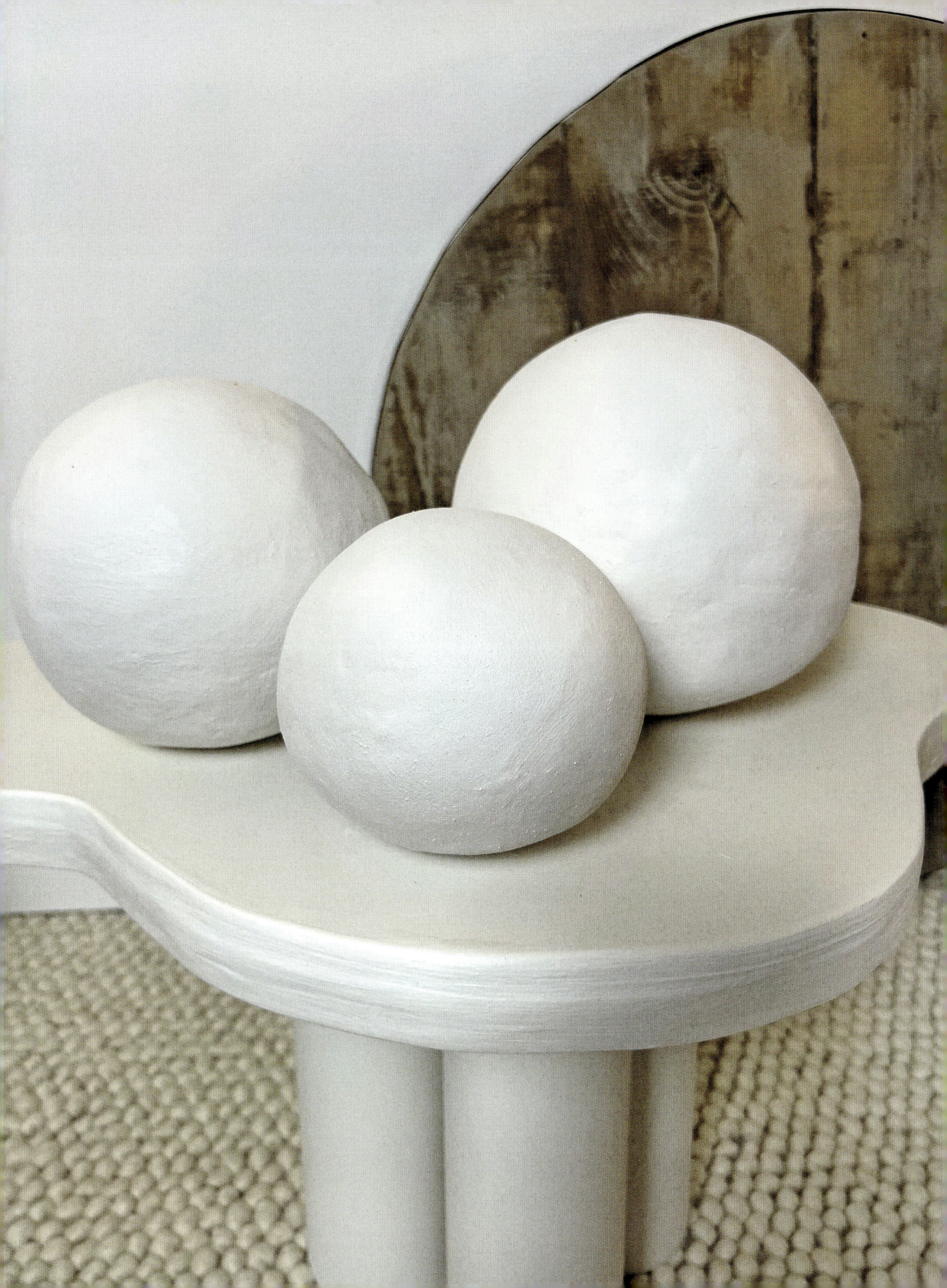

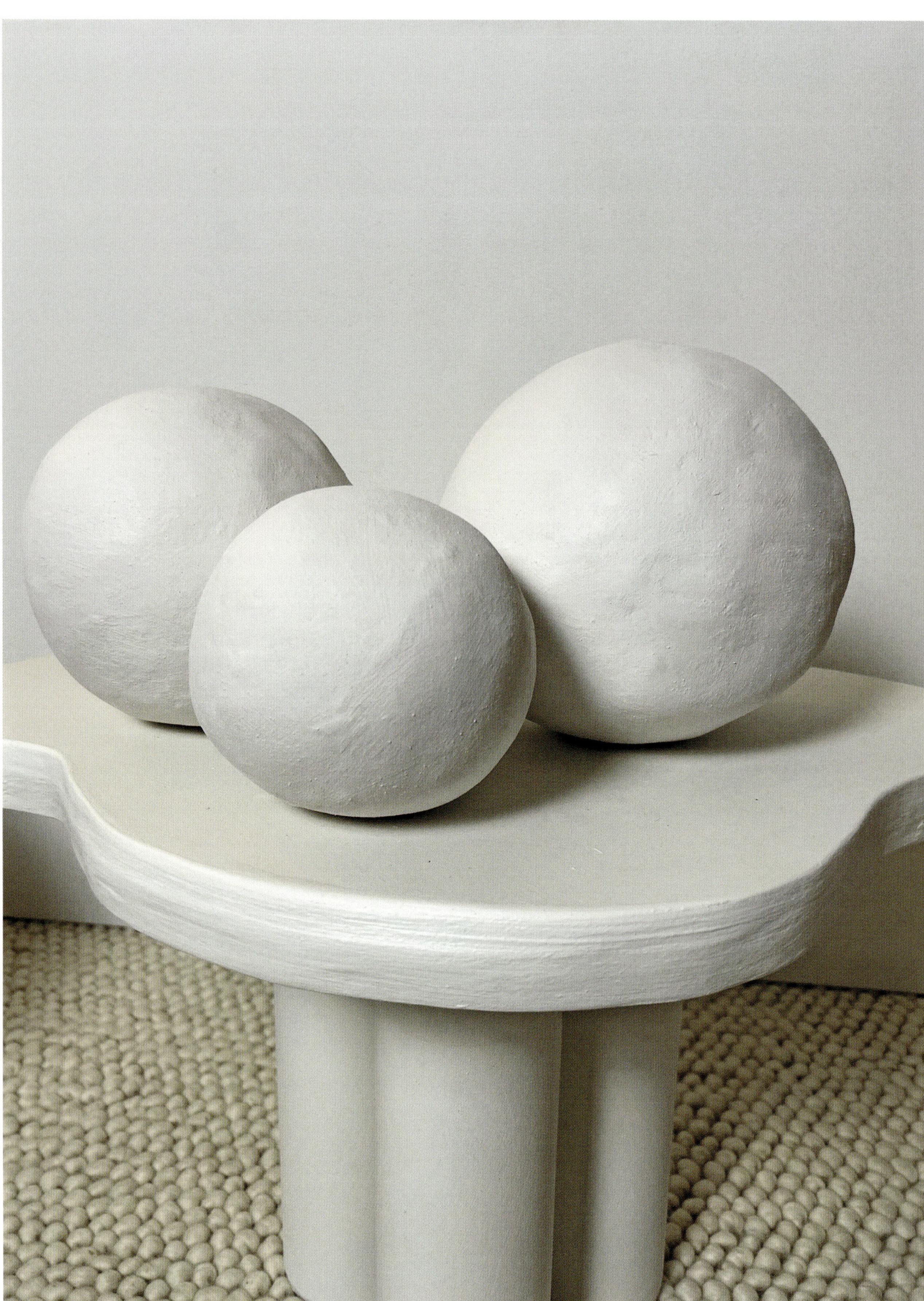

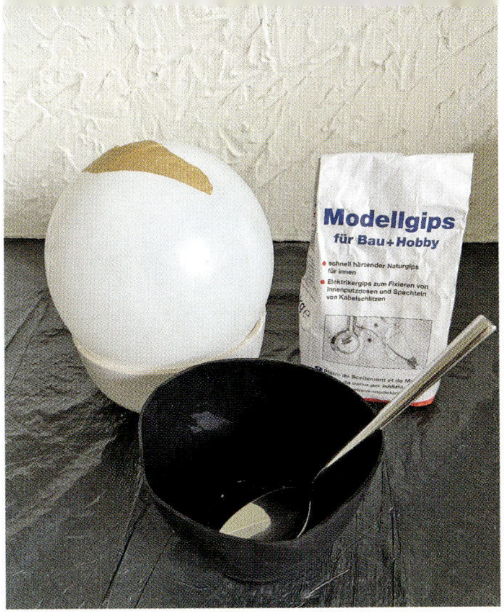

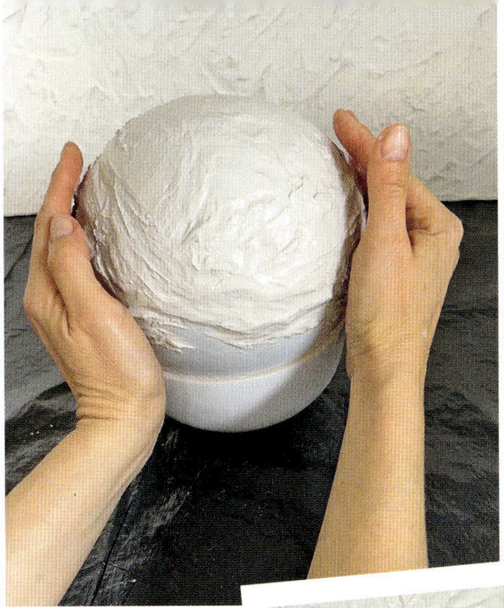

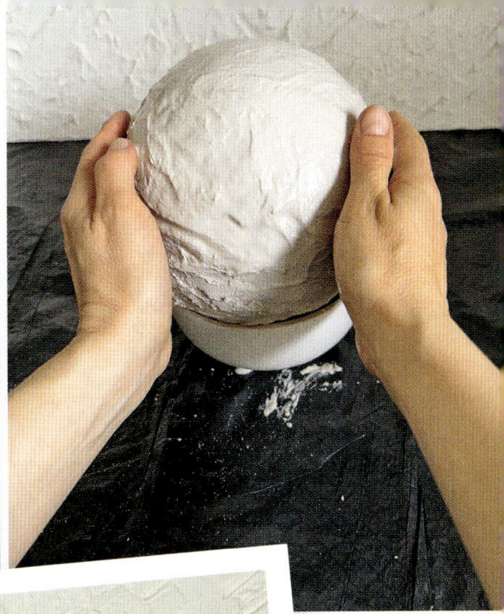

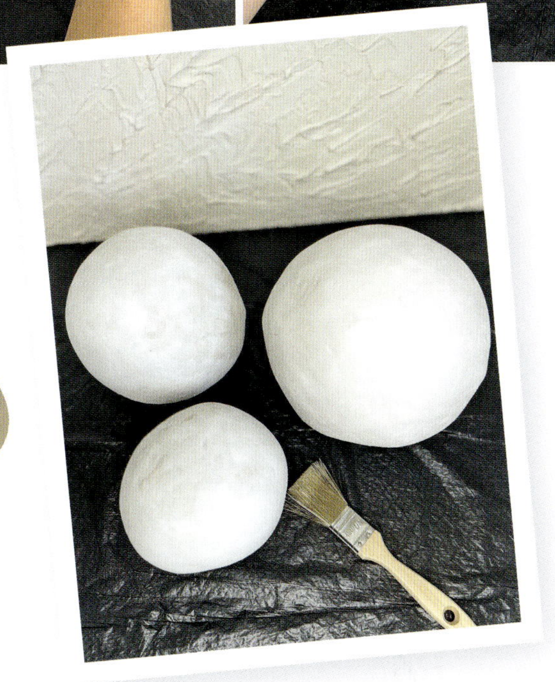

TIPP

Statt mit Gips kann man diese Steine auch aus anderen Massen herstellen (Beton, Spachtel-, Beton-, Fugenmasse, Raysin). Man kann auch verschiedene Massen in diversen Schichten verwenden. Damit eignet sich dieses DIY auch super, um diverse Reste aus dem eigenen Materiallager aufzubrauchen.

Klumpen und quarkähnlich sein, also ziemlich dickflüssig.

3 Den Luftballon in die andere Schale legen. Mit den Händen auf die obere Hälfte des Ballons eine Lage Gips aufbringen. Den Gips ca. 1 Stunde trocknen lassen.

4 Anschließend erneut eine Handvoll Gips ansetzen, damit die andere Seite des Ballons bestreichen und trocknen lassen.

5 Danach zur Stabilisierung noch eine weitere, etwas flüssigere Schicht Gips auf den ganzen Ballon auftragen. Diese Schicht auch wieder gut trocknen lassen.

6 Dann noch mal etwas Gips ansetzen. Dieser sollte jetzt aber die Konsistenz von Buttermilch haben. Mit diesem recht flüssigen Gips den ganzen Ballon einreiben, bis eine einheitliche Oberfläche entsteht. Die Kugel sollte mindestens 1 Tag gut durchtrocknen und dabei ab und zu gedreht werden.

7 Zuletzt die Kugel mit weißer Acrylfarbe bemalen.

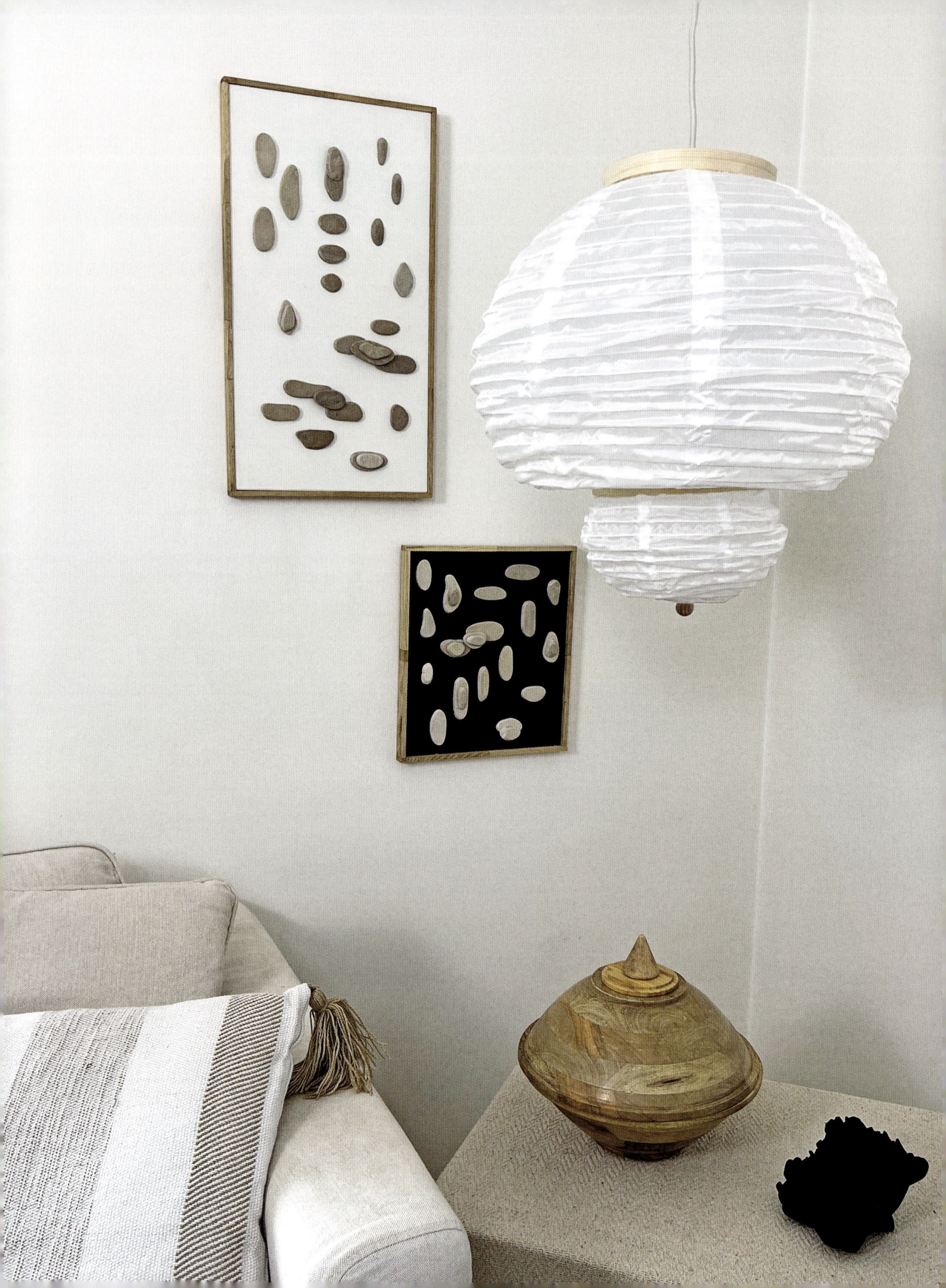

Doppeldecker

Normalerweise sind diese tollen Lampions aus Reispapier. Das ist aber recht empfindlich und die original Doppeldecker-Lampen sind recht teuer. Diese DIY-Version ist aus Outdoor-Solar-Lampions gebastelt und hat keine 20 Euro gekostet. Der Stoff lässt sich sogar vernähen und ist gut abwischbar.

Die zwei Ringe setzen schöne Akzente. Man kann sie aus Bastelspan, Bambusringen oder dicker Pappe machen. Wer mag, kann die Ringe auch schwarz streichen.

Ganz bewusst wurde hier auf die akkuraten runden Formen verzichtet. Die Kugeln wurden bewusst abgeflacht, da die Lampe so viel mehr Stil und Individualität ausstrahlt.

MATERIAL

Schraubendreher
großer Solarlampion *(Ø 45 cm)*
kleiner Solarlampion *(Ø 22 cm)*
Draht *(Ø 2 mm)*
Zangen
Nadel und Faden
Bastelspan
Bastelkleber
Heißkleber
Pendelleuchte

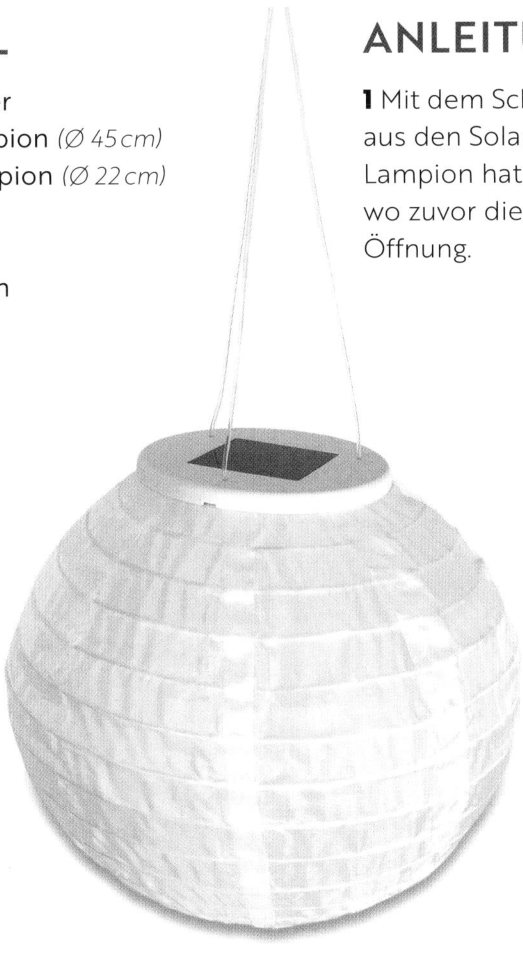

ANLEITUNG

1 Mit dem Schraubendreher die Elektrik aus den Solarlampions ausbauen. Jeder Lampion hat nun eine kleine Öffnung, wo zuvor die Elektrik war, und eine große Öffnung.

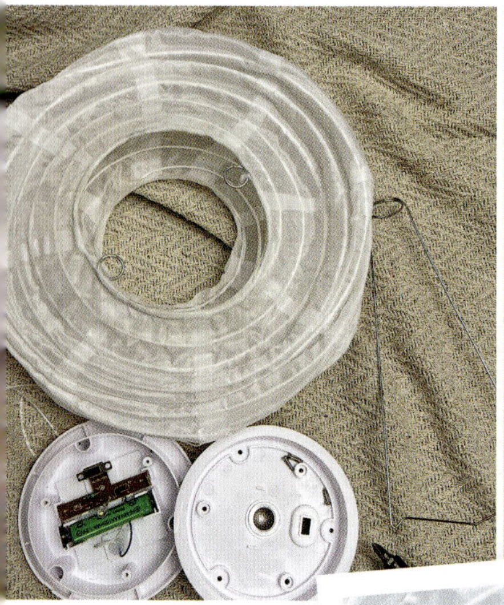
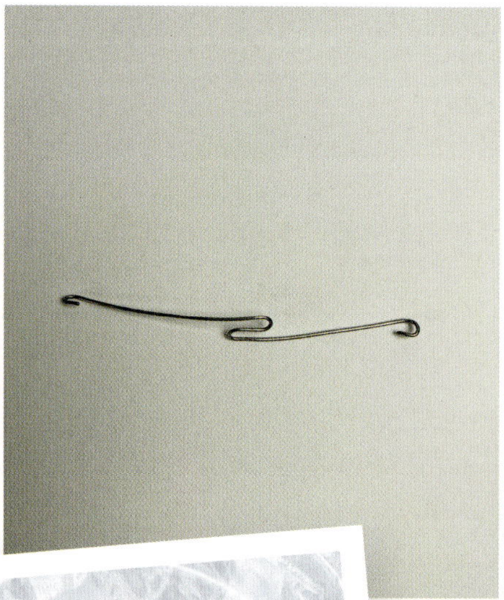
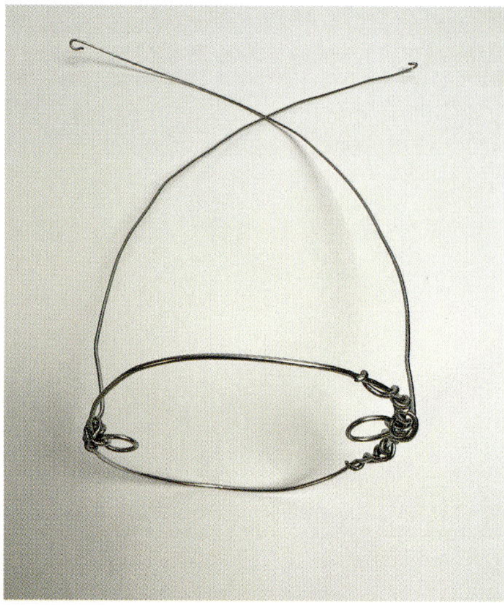
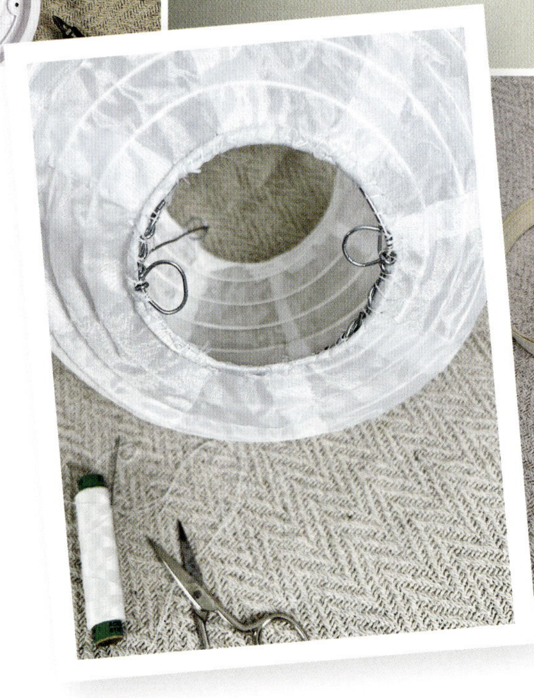
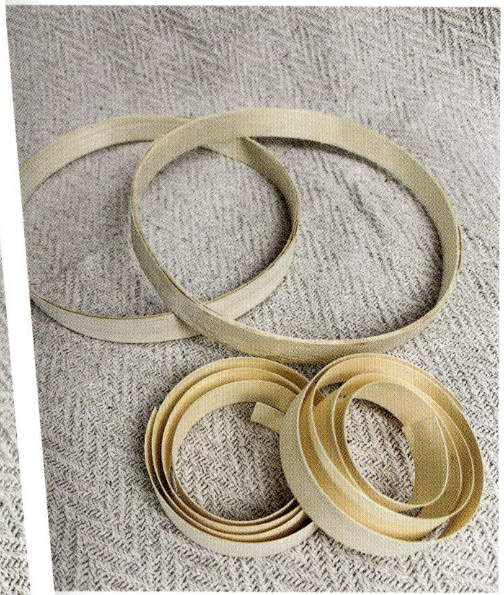

2 Aus einem Drahtstück die spätere Aufhängung der Pendelleuchte formen.

3 Ebenfalls aus dem Draht ein neues Skelett formen. Dieses Drahtgerüst im Inneren des Lampions verbindet nun die beiden Öffnungen miteinander.

4 Das Drahtgerüst an der kleinen Öffnung festnähen.

5 Zwei Spanringe mit einem Durchmesser von 16 cm formen: dazu Bastelspan in mehreren Runden mit Bastelkleber verkleben.

6 Beide Lampions nun miteinander verbinden. Dazu die kleinen Öffnungen beider Lampions zusammen vernähen, wobei einer der Spanringe dazwischen eingearbeitet wird.

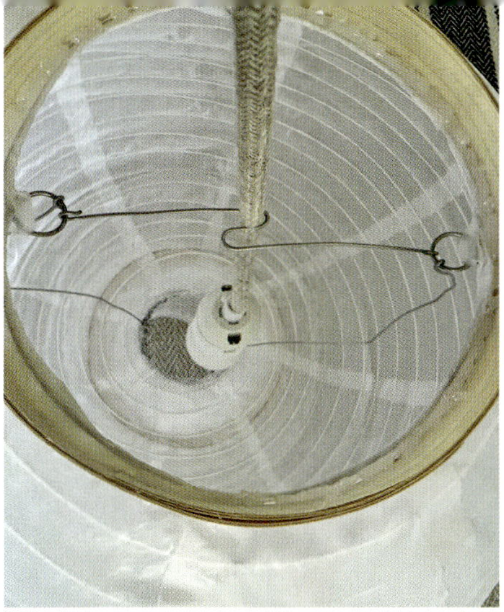

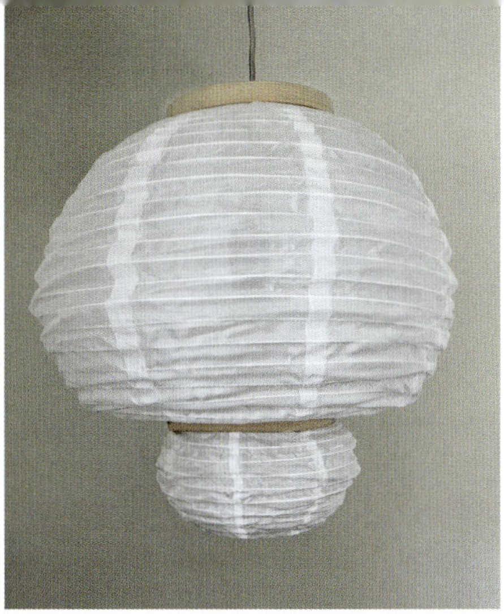

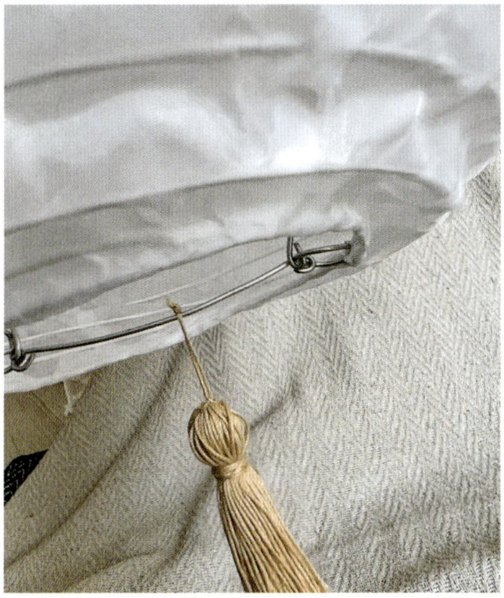

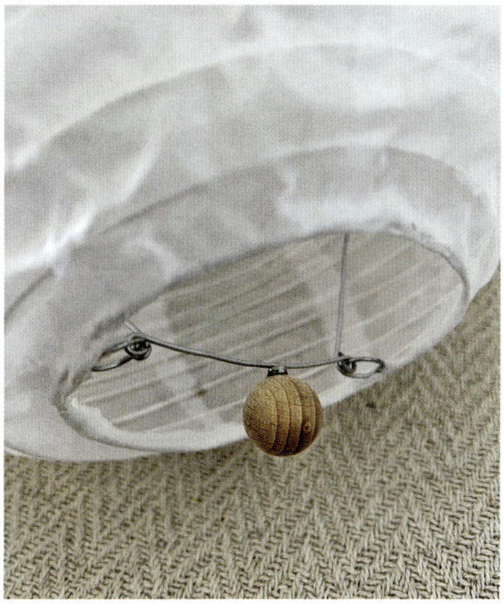

7 Damit der Ring in der passenden Position verbleibt, diesen nun an einigen Punkten mit Heißkleber an den Lampions befestigen.

8 Am oberen Lampion den zweiten Ring mit Heißkleber befestigen.

9 Die zuvor gebastelte Drahtaufhängung am oberen Lampion anbringen und den Lampenschirm an einer Pendelleuchte befestigen.

10 Zum Schluss noch die Drahtkonstruktionen im Innern so auseinanderbiegen, dass die Lampions eine schöne (unrunde, abgeflachte) Form bekommen.

TIPP

Extradeko: an der unteren Öffnung des Doppeldeckers einen Querdraht anbringen. Daran eine Quaste oder eine Holzkugel hängen.

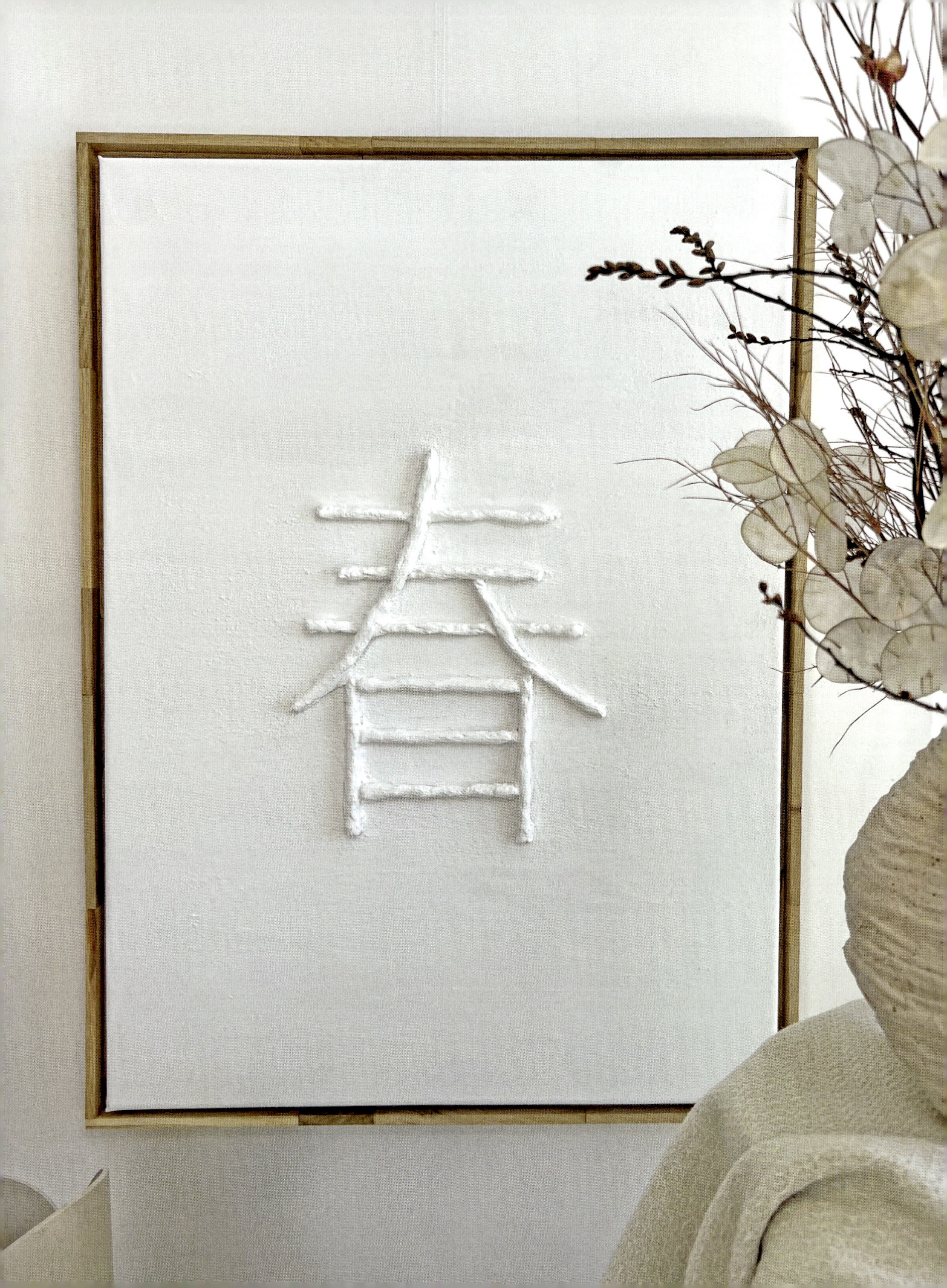
春

Japanischer Frühling

Japanische Schriftzeichen sehen sehr hübsch aus und als Strukturbild kann man damit schnell und einfach tolle Statements setzen. Dank Internet muss man dazu keinesfalls Japanisch studiert haben, Vorlagen für Schriftzeichen findet man unkompliziert über Suchmaschinen. Das Zeichen für „Frühling" erinnert ein bisschen an ein Haus oder eine kleine Pagode. Für etwaige Übersetzungs- oder Schreibfehler übernehme ich dabei keine Haftung. Ich habe mich nach Kräften bemüht, es möglichst genau nach der Internetvorlage abzubilden.

Auch die grobe Struktur des Bilds ist ein Statement und ganz bewusst nicht akkurat geglättet. Es sei an Wabi-Sabi erinnert.

Um das Bild herum kann man aus Leisten oder Holzklötzchen einen sogenannten Schattenfugenrahmen basteln. Der ist etwas größer als das Bild, und die Leinwand liegt dann quasi im Rahmen drin. Dadurch erhält das Kunstwerk eine schöne Tiefe. Eine detaillierte Anleitung zum Bau eines Schattenfugenrahmens aus Klötzchen findet man auf meinem Blog unter www.chalet8.org.

MATERIAL

Alufolie
Heißkleber
Leinwand *(50 x 70 cm)*
Strukturpaste
Borstenpinsel *(klein und groß)*
Farbe *(Weiß)*

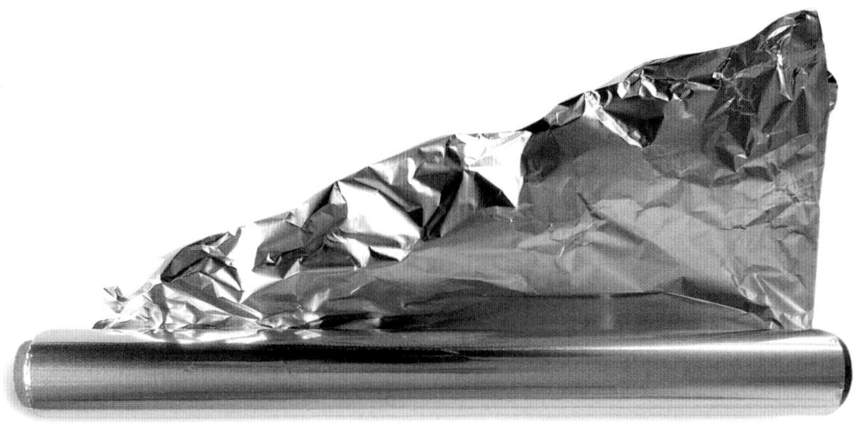

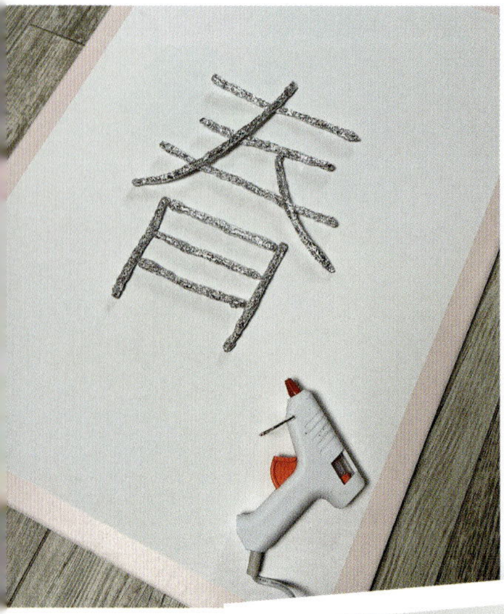

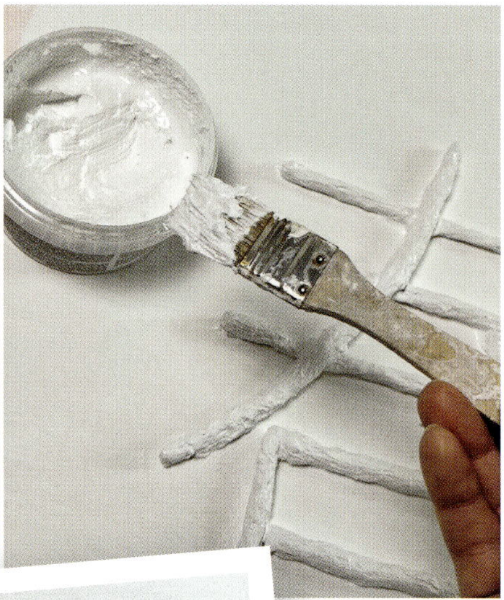

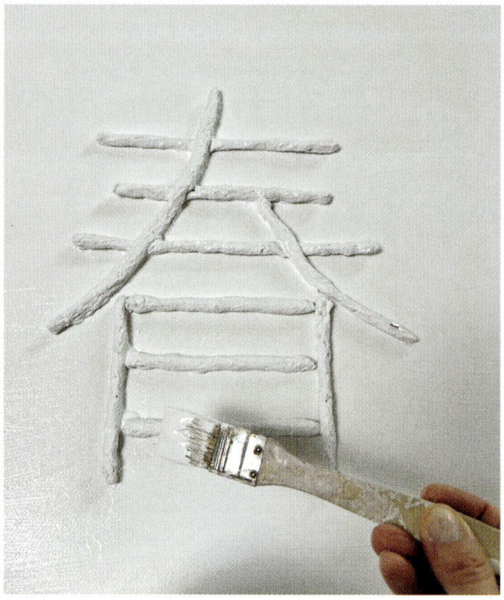

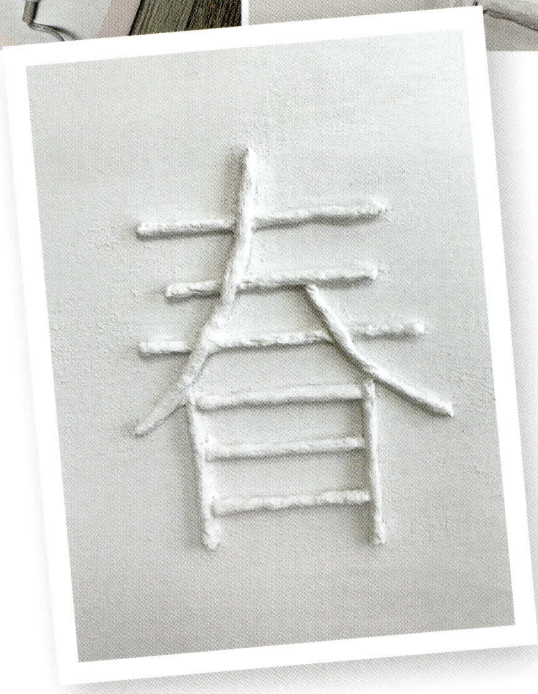

ANLEITUNG

1 Aus Alufolie dünne Rollen formen und damit ein japanisches Schriftzeichen herstellen.

2 Das Schriftzeichen mit Heißkleber auf die Leinwand kleben.

3 Mit Strukturpaste und kleinem Pinsel das Schriftzeichen bestreichen. Die Strukturpaste immer horizontal ausstreichen.

4 Mit weißer Farbe und großem Pinsel die gesamte Leinwand inklusive Schriftzeichen bemalen. Dabei auch immer den Pinsel horizontal führen.

TIPP

Geschenkidee zu Geburtstag oder Hochzeit: Initialen statt Schriftzeichen.

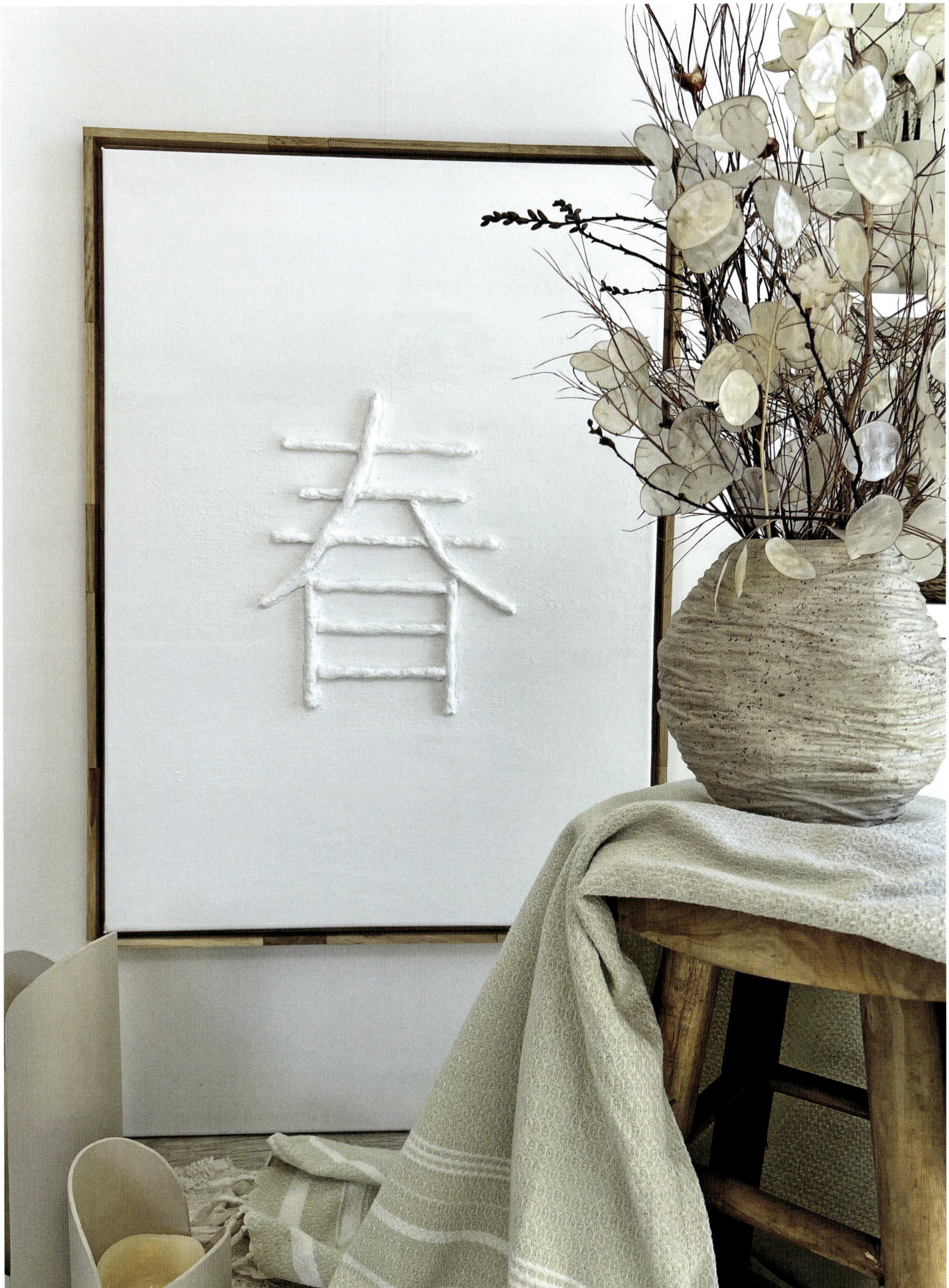
春

Limewash

Limewash-Wände sind im Japandi-Stil sehr angesagt. Sie sehen samtig wolkig aus, ein bisschen wie pudrig marmoriert. Aber was ist Limewash eigentlich? Das Wort kommt aus dem Englischen, „lime" bedeutet „Kalk". Das „wash" bezieht sich darauf, dass der Kalk mit viel Wasser angerührt wird und dann mit einem breiten Pinsel über die Wand gebürstet wird. Die Wand wird sozusagen gewaschen. Limewash ist eine alte Technik, um Wände zu streichen, erlebt aber gerade ein modernes Revival. Früher hat man damit eher Außenwände, Ställe und alte Gemäuer behandelt. Heute zieht Limewash in gestylte Wohnzimmer ein und ist besonders beliebt bei minimalistischen, modernen Wohnstilen. Genauer gesagt wird mit „Limewash" nicht nur die Technik bezeichnet, sondern auch das Material: zerkleinerter Löschkalk, der in Wasser aufgelöst zur Spachtelmasse verarbeitet wurde, auch bekannt als Sumpfkalk.

Kalkfarbe hat aber ihre Vor- und Nachteile. Für Mauerwerk und Wände, die nur verputzt wurden, eignet sie sich super. Aber mit unseren Dispersionsfarben oder gar Latexfarben ist Kalkfarbe nicht kompatibel. Wenn man sich dafür entscheidet, eine Wand mit Limewash zu gestalten, sollte man sich vorher gut einlesen und beachten, was vorher mit der Wand geschah. Oft sind erst mal umfangreiche Vorarbeiten nötig, bevor Limewash aufgetragen werden kann. Ebenso kompliziert wird es, wenn man Limewash mit anderen Farben überstreichen möchte. Inzwischen gibt es aber auch Fototapeten im Limewash-Look, das könnte vielleicht eine Alternative sein.

Statt mit Kalkfarbe kann man den schönen Limewash-Effekt aber auch mit herkömmlicher Wand- oder Kreidefarbe erzielen. Wichtig ist, immer schön kreuzförmig mit weichem Pinsel, nur ganz leichtem Druck und mit viel Wasser zu arbeiten. Dabei sollte man zwei bis drei Grundfarben aus einer Farbwelt haben, die man im Wechsel auftragen kann. Der Untergrund muss saugfähig sein.

Limewash-Marmorschalen

Bevor man gleich eine ganze Wand im Limewash-Look streicht, ist dieses Projekt mit den Terrakottaschalen eine gute Fingerübung. Für dieses Marmorschalen-Projekt eignen sich kleine Proben von Wandfarben super, um die dunkleren Farbkomponenten anzumischen. Die Basis für alle drei Komponenten ist hier immer weiße Fassadenfarbe. Insgesamt braucht man also vier kleine Farbschalen: weiße Fassadenfarbe pur, abgemischt mit Dunkelgrau und viel Wasser, vermengt mit Beige und viel Wasser, weiße Fassadenfarbe mit viel Wasser.

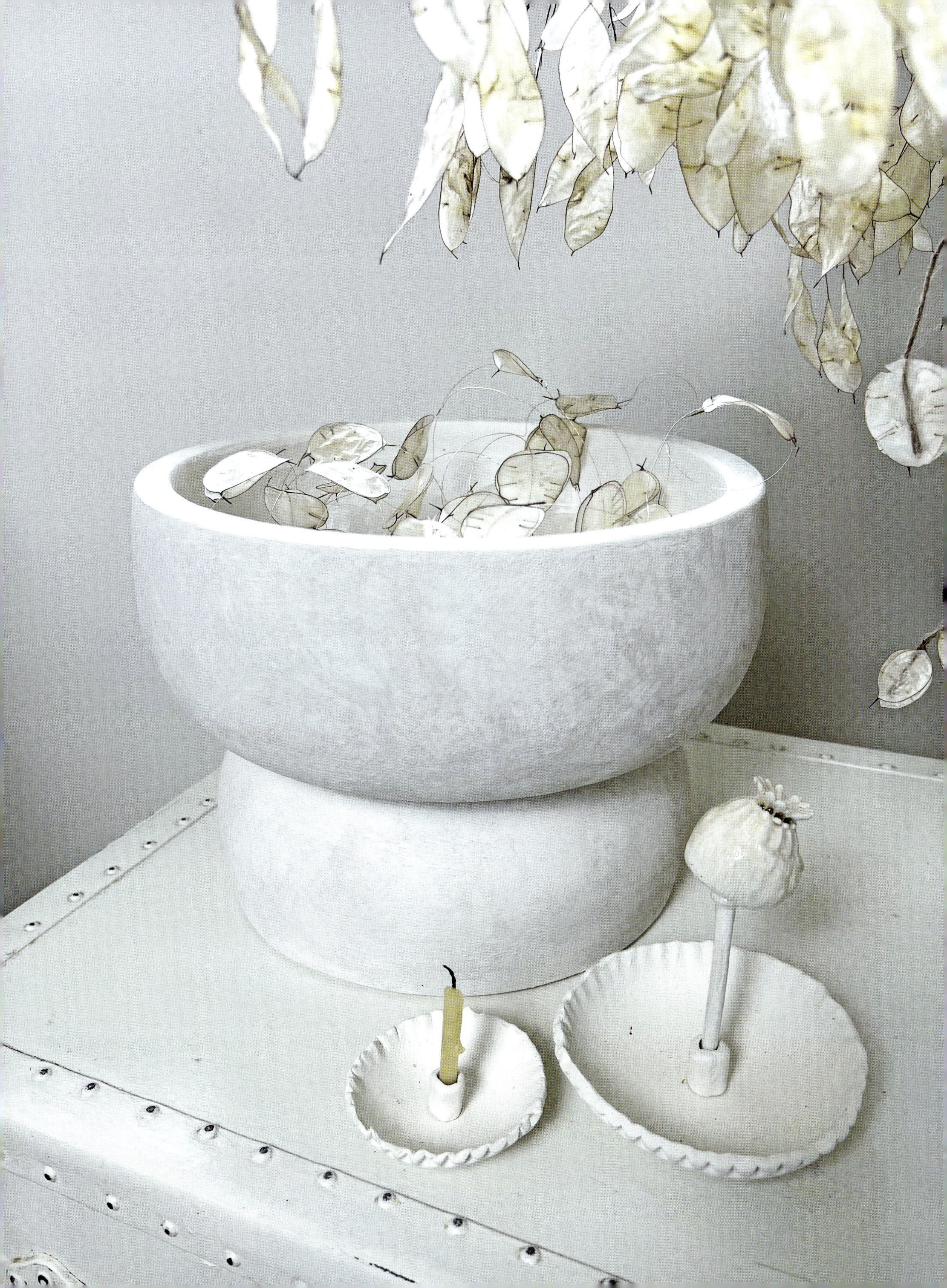

MATERIAL

2 Terrakottaschalen verschiedener Größe
Montagekleber
Fassadenfarbe *(Weiß)*
weicher Pinsel
Wassersprühflasche
Farbreste *(Grau, Beige)*
Kerzen
(oder LED-Spots + Abdeckplane + Schere)

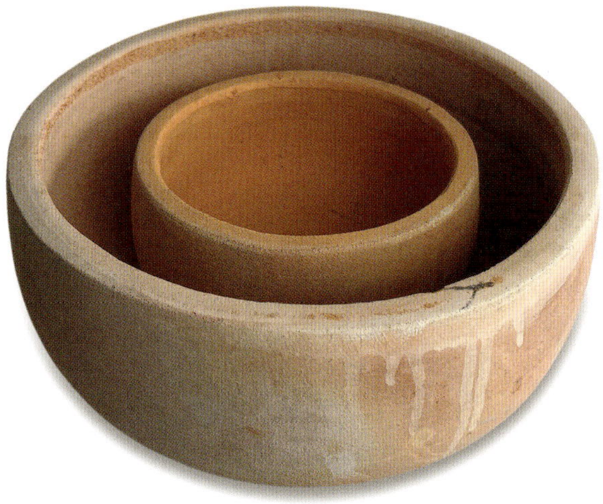

ANLEITUNG

1 Die beiden Terrakottaschalen mit dem Montagekleber (Boden an Boden) verbinden und den Kleber 1 bis 2 Stunden aushärten lassen.

2 Anschließend die gesamte Konstruktion innen und außen mit weißer Fassadenfarbe anmalen.

3 Jetzt kommt die Technik wie oben beschrieben zum Einsatz. Zuerst die Doppelschalen mit Wasser einsprühen. Dann verdünnte graue Farbe kreuzförmig auftragen. Anschließend verdünntes Beige auftragen. Bei Bedarf noch mal mit verdünntem Weiß darüberpinseln. Die Innenseiten der Schalen bleiben strahlend weiß.

4 Die Doppelschale nun schön mit Kerzen oder LED-Lichtern dekorieren. Damit die LED-Spots nicht so sichtbar sind, einfach etwas Abdeckplane in Quadrate schneiden, diese mittig bündeln und die entstandene Blume in das Loch in der Schale stecken. Die Folie streut das Licht sehr angenehm und man sieht die Spots nicht mehr direkt.

TIPP

Auch für den Außenbereich eignen sich diese tollen Marmorschalen prima. Evtl. dann zusätzlich matten Klarlack über die Schalen sprühen.

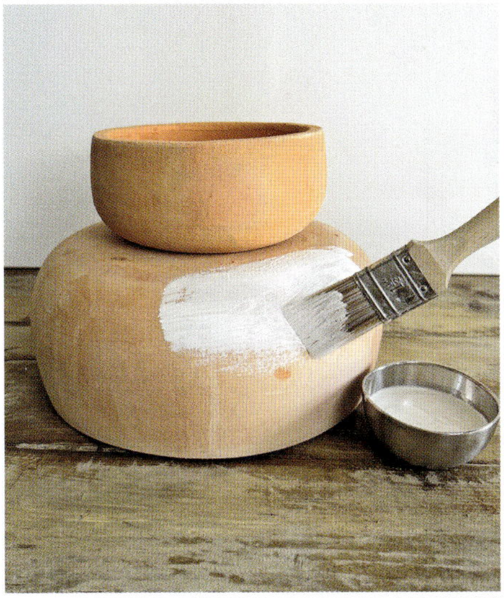
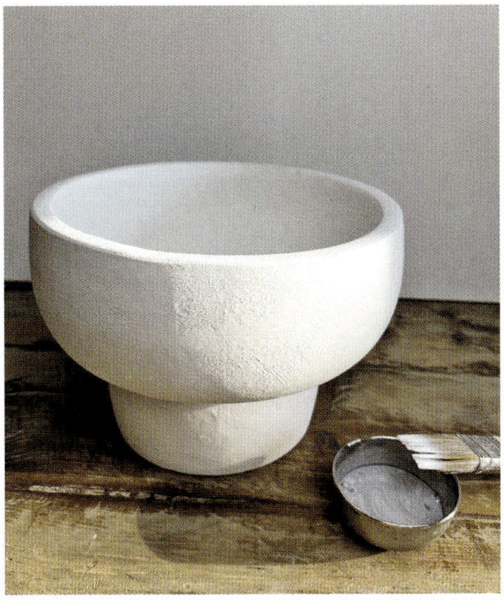
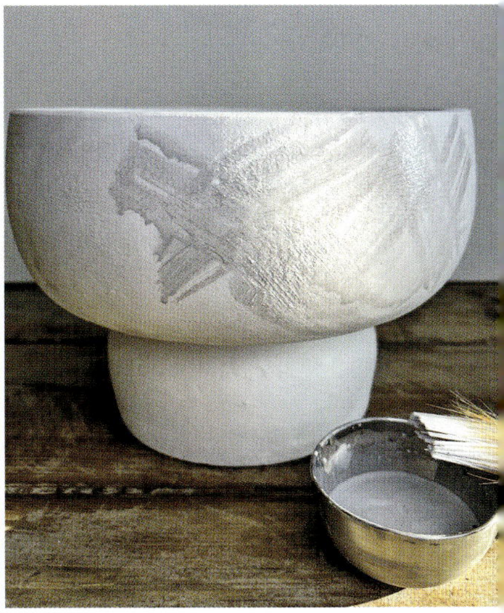
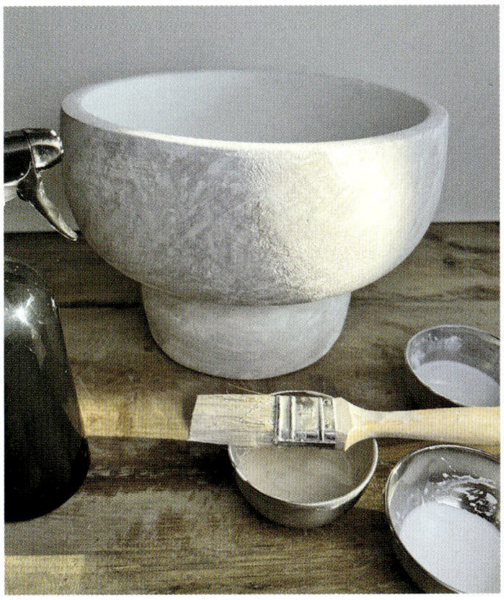
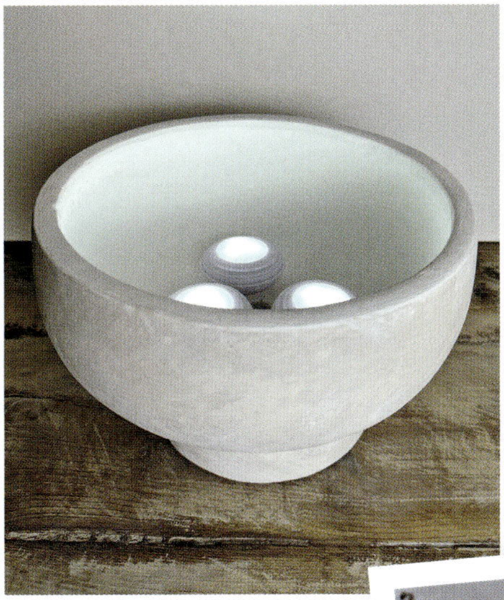
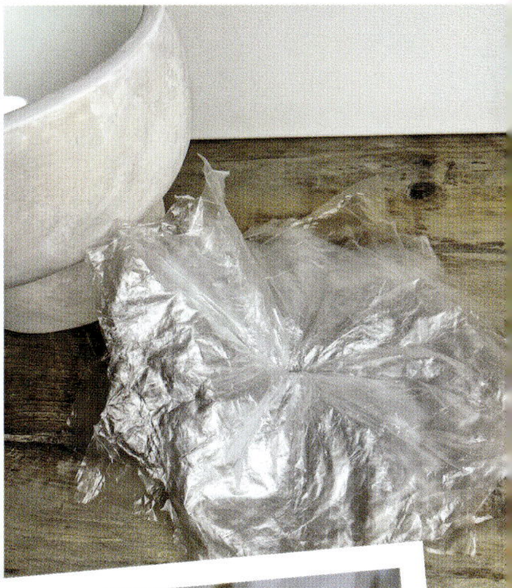
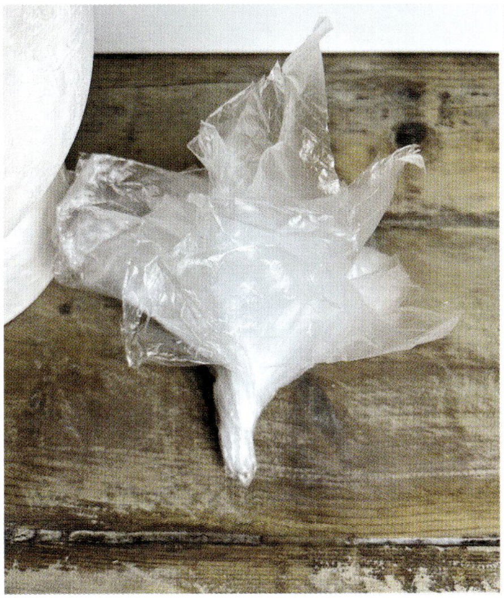
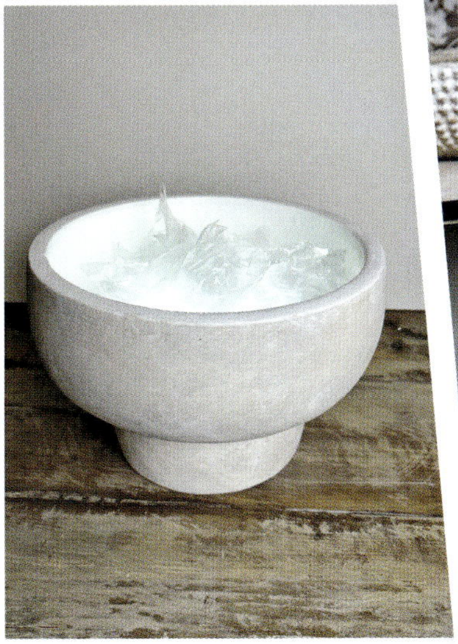
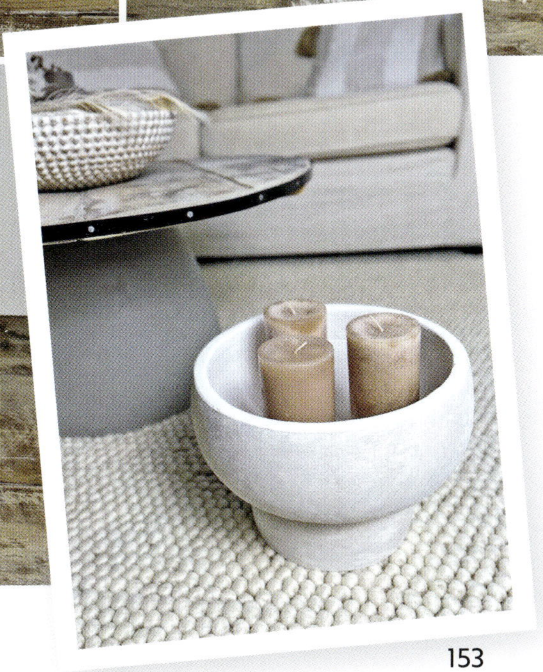

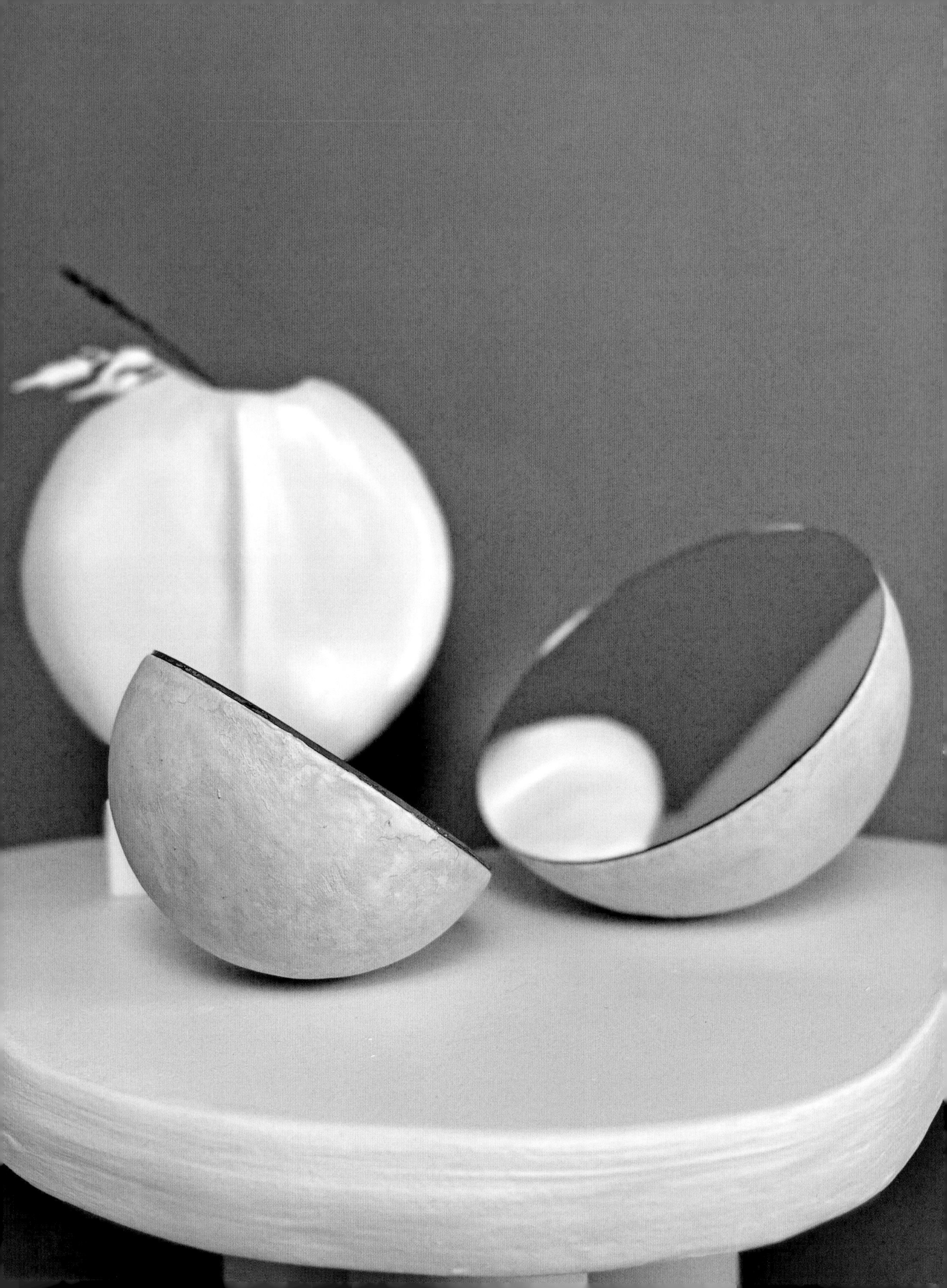

Hohlspiegel

Diese Spiegel sind stylish, können das Sonnenlicht schön einfangen und reflektieren, oder man kann sie als Schminkspiegel benutzen. Durch den eingefüllten Sand lassen sie sich toll in Schräglage bringen. Dazu einfach die Hohlspiegel schräg halten, schütteln und dann abstellen. Sie bleiben dann in der schiefen Position. Wenn einem das zu wackelig ist, kann man die Schalen auch auf einen Ring stellen, ähnlich wie bei der „Spalt-Tablette" (siehe Seite 24). Als Doppelpack in zwei verschieden Größen sieht das DIY besonders lässig aus.

MATERIAL

Messer
Styropor-Halbschalen *(Ø 15, 20 cm)*
Spachtelmasse
Einmalhandschuhe *(nach Bedarf)*
weicher Pinsel
Farben auf Wasserbasis *(Weiß, Beige, Grau; stark verdünnt mit Wasser)*
Klarlack-Versiegelung *(Klarlack von Rust-Oleum)*
Sand
Rundspiegel *(Ø 15, 20 cm)*
Montagekleber

ANLEITUNG

1 Mit dem Messer den hochstehenden Rand der Styropor-Halbschalen abschneiden, damit der Rand plan wird.

2 Außen auf die Halbschalen eine dünne Schicht Spachtelmasse auftragen. Diese erst mit den Fingern auftragen (ggf. Hand-

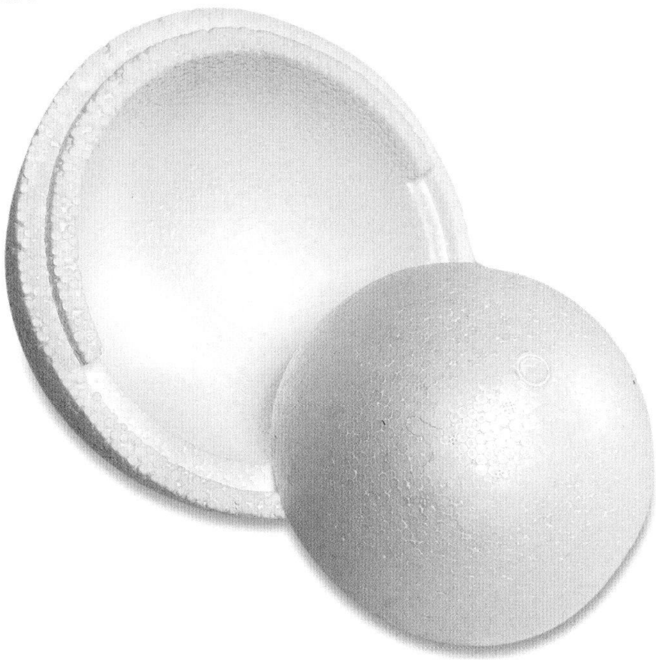

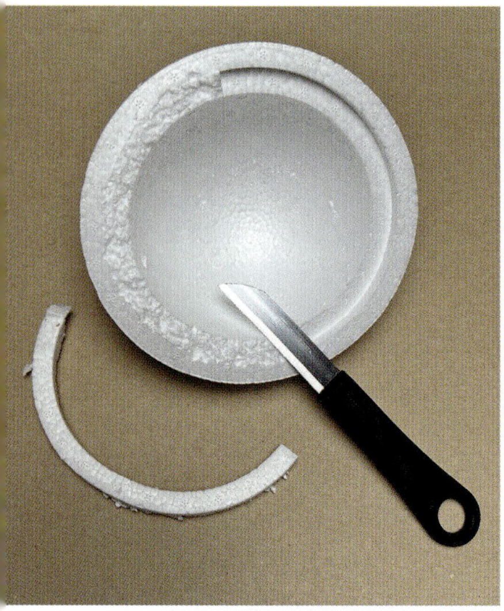

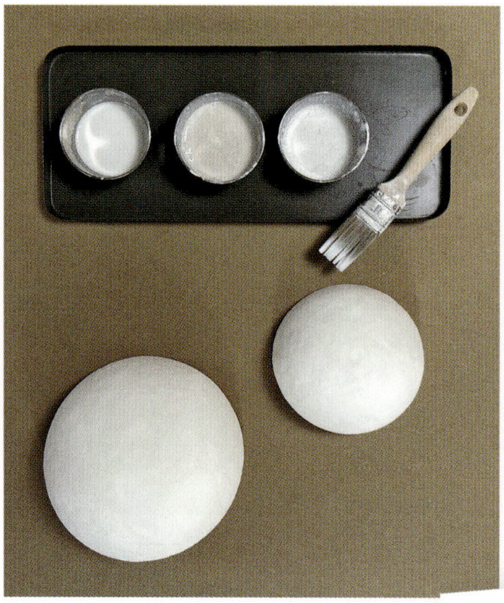

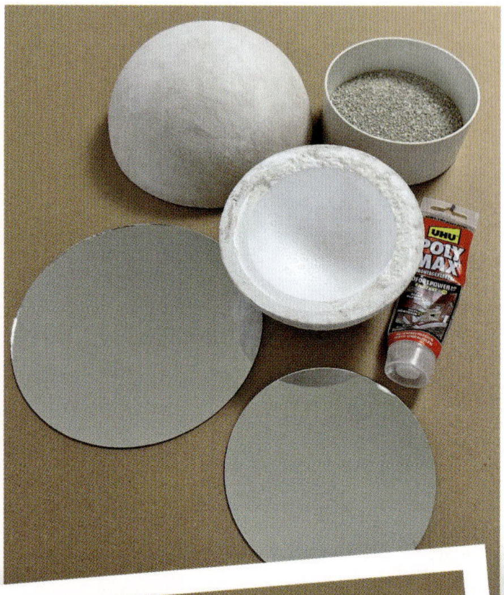

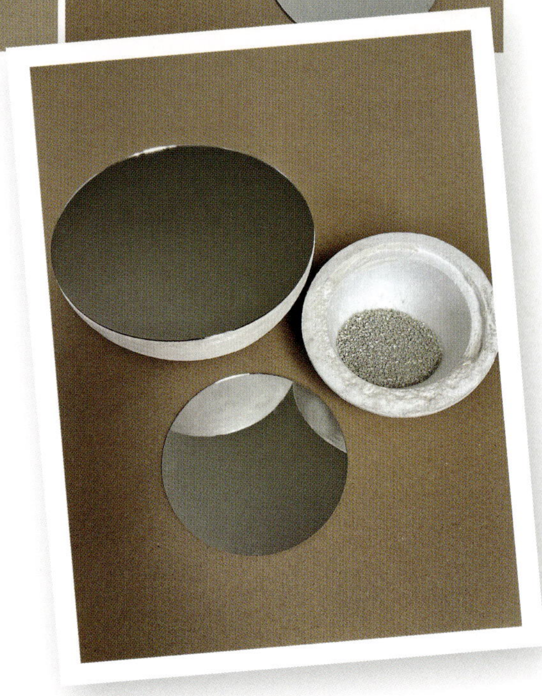

schuhe tragen) und, nachdem die Masse etwas angetrocknet ist, diese mit einem nassen Pinsel glätten.

3 Nacheinander die drei Farben kreuzförmig mit dem Pinsel auftragen, bis ein schönes Marmormuster entstanden ist. Zwischen den Farbwechseln sollte die vorherige Farbe etwas antrocknen. Anschließend die Farbe noch mit Klarlack versiegeln.

4 In die Halbschalen etwas Sand einfüllen. Nicht zu viel, sonst kommt die Schale später nicht in Schräglage. Zu wenig Sand ist aber auch nicht gut, denn dann bleiben die Halbschalen nicht schräg stehen. In die große Schale wurden hier ca. 270 g und in die kleine ca. 50 g Sand gefüllt.

5 Die runden Spiegel mit Montagekleber auf die Halbschalen kleben.

TIPP

Stehen die Spiegel im geeigneten Winkel zueinander auf der Fensterbank, kann man sich die Sonne schön ins Zimmer holen.

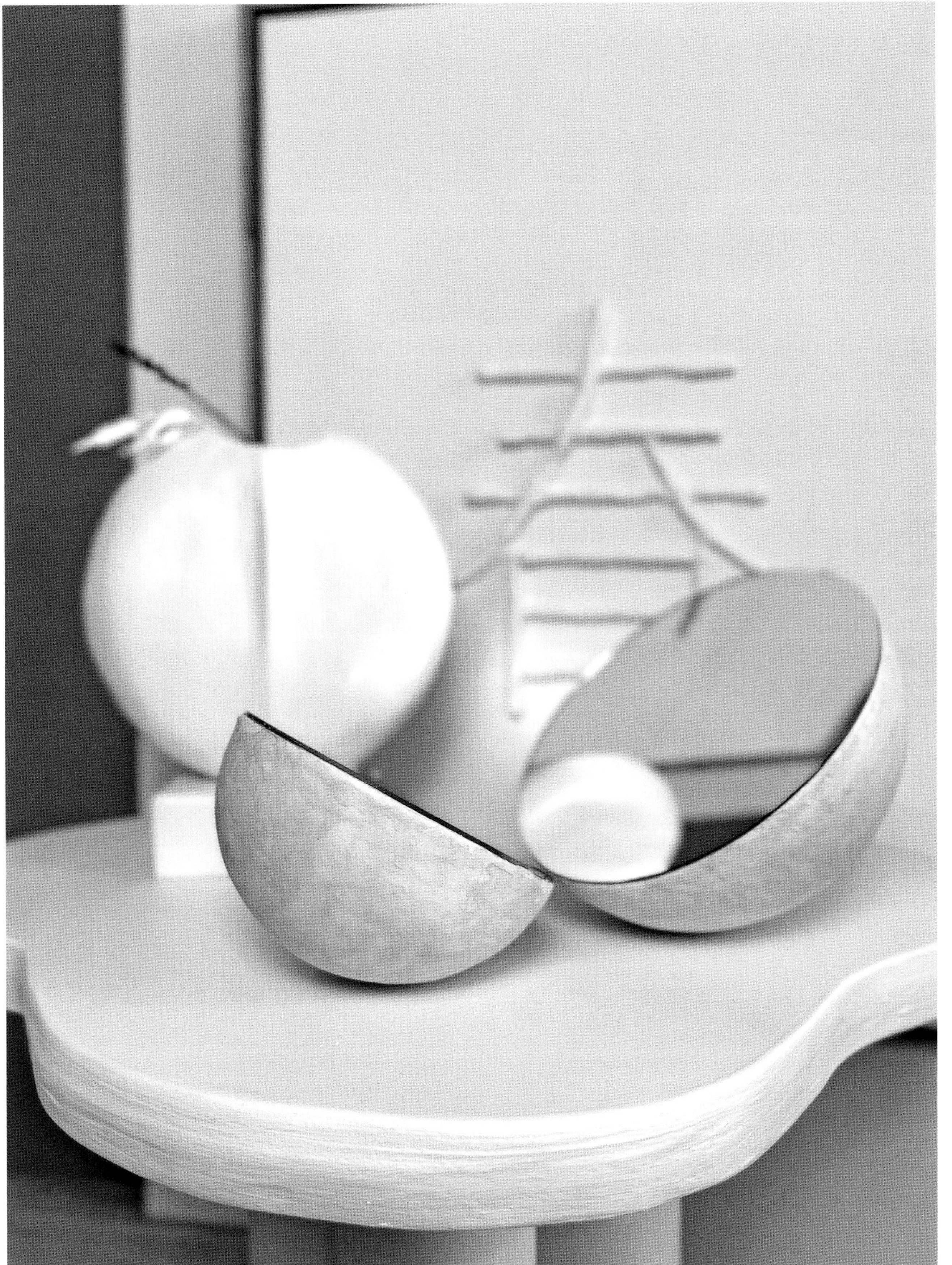

Danksagung

Ein Buch schreibt sich ja selten von allein. An dieser Stelle möchte ich mich bei allen bedanken, die mich bei diesem Projekt unterstützt haben. In erster Linie danke ich dem tollen Team vom Christophorus Verlag, denn ohne diesen Support wäre das Buch nur eine Idee in meinem Kopf geblieben. Viele Anregungen zu den Projekten habe ich auf Social Media gefunden und besonders Juli (@joilijou) inspiriert mich immer sehr mit ihren tollen Ideen. Meinem Papa und meiner Freundin Tine (@diykannstduauch) danke ich fürs Korrekturlesen. Ein herzliches Dankeschön geht auch an die Sponsoren: Rust-Oleum und Rayher. Herzlichen Dank auch an meine Familie und alle Freunde, die mich monatelang durch mein kreatives Chaos begleitet haben und sehr viel Geduld mit mir hatten. Memo an euch: Ich habe jetzt wieder Zeit und kann auch wieder Besuch empfangen.